| 제3판 |

유아 논리·논술 교육

김혜라 김지영
지경진 성연승
공저

양서원

머리말

'논리 · 논술'은 단어만 들어도 왠지 어렵고 딱딱한 느낌이 드는 것이 사실이다. 그러나 논리 · 논술은 인간이 인지적으로 발달하고 성장하는 데 매우 중요한 사고의 기술이다. 최근 4차 산업혁명 시대로 변화하면서 인간이 담당했던 단순한 일들은 자동화 프로그램과 기계가 대체할 것으로 전망되면서 인간만의 사고력과 창의력은 더욱 더 중요하게 여겨진다. 앞으로 우리에게 제시될 새롭고 불분명한 문제에 대처하기 위해서는 사람 및 기술과의 연대를 바탕으로 한 비판적 사고와 창의적 사고 능력을 키워야 한다. 뿐만 아니라 수시로 선택해야 하는 결정의 순간에 올바른 결정을 내리기 위해서는 합리적이고 도덕적인 판단을 할 수 있어야 한다. 이러한 판단 능력은 우리의 삶을 보다 더 풍요롭고 가치 있게 해 줄 것이다. 이렇듯 우리의 사고와 밀접한 관련이 있는, 그러나 어렵고 딱딱하게 느껴지는 논리 · 논술 능력을 키우기 위해서는 어떻게 해야 할까?

이 책은 어렵고 딱딱하게 느껴지는 논리 · 논술 교육을 보다 쉽고 즐거운 내용으로 전달하고자 하는 의도로 집필되었다. 논리 · 논술 교육은 단지 일회적으로 책을 읽거나 글을 써서 습득되는 능력이 아니다. 어렸을 때부터 다양한 형태의 사고 훈련과 노력이 필요하다. 이 책에서는 논리 · 논술 능력을 성취하기 위해 요구되는 다양한 사고의 유형과 그 하위 내용들을 유아가 쉽고 재미있게 할 수 있는 활동으로 재구성하여, 즐거움 속에서 유아가 논리 · 논술 능력을 키워나갈 수 있도록 하였다. 또한 이 책에 소개된 내용들은 누리과정과 연계되어 유아교육기관 현장에서 다양한 방식으로 활용하기에 적합하도록 구성하였다.

이 책은 유아의 논리 · 논술 교육을 크게 이론과 실제 부분으로 나누어 기술하였다. 이론 부분에서는 유아 논리 · 논술 교육의 개념 및 의의, 논리 · 논술 교육과 관련된 다양한 사고, 논리 기법, 누리과정과 유아 논리 · 논술 교육, 유아 논리 · 논술 교육을 위한 환경구성 등을 다루었다. 이론 부분은 최대한 어렵지 않게 집필하고자 하였고 유아교육현장에서 쉽게 적용할 수 있는 예를 가능하면 많이 제시하고자 하였다. 또한 이번 각 장마다 유아 논리 · 논술 교육 실시를 위해 생각해 보거나 토의해 볼 문제를 제시하였다. 실제 부분에서는 누리과정 다섯 개 영역별 논리 · 논술 교육활동과 생활주제별 논리 · 논술 교육활동을 work sheet와 함께 제공하여 독자의 이해를 돕고 편의성을 높이고자 하였다.

이 책을 통해 대학에서 유아교사의 꿈을 키우며 배우고 있는 학생, 유아교육현장에서 사랑과 애정으로 아이들을 교육하고 있는 교사, 자녀의 교육에 노심초사 애쓰고 있는 부모가 논리 · 논술 교육을 쉽고 흥미롭게 이해하고 지도할 수 있기를 기대한다.

끝으로 이 책이 나오기까지 애써 주신 양서원 박철용 회장님을 비롯한 출판 관계자 여러분께도 진심으로 감사의 마음을 전한다.

2018년 3월

저자 일동

차 례

Part I 유아 논리 · 논술 교육의 이론

Part II 유아 논리 · 논술 교육의 실제

Part 1

유아 논리·논술 교육의 이론

Chapter 1

유아 논리 · 논술 교육의 기초

논리 · 논술 교육은 주로 고등교육 분야에서 강조되어 왔다. 그러나 최근에 들어서는 논리 · 논술 교육과 사고력, 창의력 등의 연관성이 부각되면서 이른 시기부터 논리 · 논술 교육의 필요성이 제기되고 있다. 1장에서는 유아를 대상으로 하는 논리 · 논술 교육의 개념과 의의에 대해 살펴보고자 한다.

1. 유아 논리 · 논술 교육의 개념

1) 유아 논리 교육의 개념

① 논리의 개념

논리(論理)란 국어 사전적인 의미로, 말이나 글에서 사고나 추리 따위를 이치에 맞게 이끌어 가는 과정이나 원리, 사물 속에 있는 이치, 사물끼리의 법칙적인 연관을 말한다. 한자로 '논(論)'이라는 글자는 말씀 언(言)과 질서, 법칙, 원리라는 뜻을 가진 '바퀴 륜(侖)'이 합쳐진 형성 문자에 '다스릴 리(理)'가 합쳐진 말이다. 따라서 논리라는 한자어를 풀어보면, '말의 법칙과 원리를 따지는 것'을 말한다. 또한 영어로 논리는 logic, reasoning에 해당하는 말이다. logic은 그리스어의 logos에서 유래된 말이다. logos란 '세다, 모으다, 배열하다, 말하다, 표현하다'의 뜻을 지닌 legein이라는 동사에서 전환된 명사로, '말, 생각, 사유, 사고, 논리'라는 뜻 이외에도 '개념, 판단, 정의, 이유, 이성, 진리, 사상, 법칙, 이론, 학문' 등의 뜻을 지니고 있다. 그리고 reasoning이란 추리(推理) 또는 추론(推論)으로 어떠한 판단을 근거로 삼아 다른 판단을 이끌어 내는 것을 말한다.

② 논리학이란

논리학이란 '사유의 법칙의 과학(science of the laws of thought)'으로 어떻게 해야 오류에 빠지지 않고 올바른 사유를 진행할 수 있는지, 진정한 지식을 얻기 위해서는 어떠한 법칙과 형식을 지켜야 하는가 하는 사유의 규범을 연구하는 학문을 가리킨다. 문법을 알아야 올바른 문장을 쓸 수 있고, 정확한 표현을 할 수 있는 것과 같이, 논리학을 알아야만 올바른 사유를 하며 정확한 지식과 사상을 가질 수 있다. 또한 논리학은 '추리의 과학(science of reasoning)'이라고도 한다. 논리학은 올바른 추론의 형식을 연구하는 학문으로, 그릇된 추론으로부터 올바른 추론을 판별해내는 원리와 방법을 탐구하는 학문이다.

사유를 연구하는 학문에는 논리학 외에도 심리학이 있다. 심리학은 사유의 사실과 내용을 다루고, 논리학은 사유의 형식을 다룬다는 점에서 두 학문은 차이가 있다. 사유의 형식적 · 규범적 법칙을 연구대상으로 삼는 논리학과는 달리, 심리학은 사유 혹은 사고의 사실적 · 자연적 법칙을 연구한다. 즉, 심리학은 사고를 연구대상으로 삼되, 바르게 생각하든 그르게 생각하든 간에 사람이 실제적으로 생각하는 그대로의 심리적 사실에 관한 법칙을 연구하는 것이지, 사고할 때 지켜야 할 규범적 법칙을 연구하는 것은 아니다. 논리학은 올바른 사유, 사고를 하기 위해 지켜야 할 규범을 연구하는 학문이다. 심리학자들이 사람이 어떻게 추론하는가를 기술하고, 그 추론이 발생하는 조건에 관심을 쏟고, 추론의 결과가 인간 행동과 삶에 어떤 영향을 미치는가를 관찰하기도 한다. 그러나 논리학은 추론 중에서도 올바른 추론만을 문제 삼되, 추론의 내용이 아니라 추론의 형식에 관심을 둔다.

| 표 1-1 | 논리학과 심리학 비교

	논리학	심리학
같은 점	사유를 연구하는 학문	
다른 점	사유의 형식을 다룸	사유의 내용을 다룸
	사고를 하기 위해 지켜야 하는 규칙	사람이 실제적으로 생각하는 심리적 사실에 관한 법칙
	올바른 추론에 관심을 둠	사람이 어떻게 추론하는가에 관심을 둠

논리학은 추론 중에서도 올바른 추론, 즉 건전 · 타당한 추론의 형식을 연구하는 학문이다. 올바른 추론이란 연역적으로 건전 · 타당한(solid and valid) 추론과 귀납적으로 건전한(inductively sound) 추론을 말한다. 추론은 전제와 결론으로 이루어져 있는데, 타당한 추론의 형식을 가지고 있으면서 전제가 참일 때 결론도 반드시 참이 되어 따라 나오는 추론을 건전 · 타당한 추론이라 한다.

③ 유아 논리 교육

논리의 정의에 따르면, 논리 교육이란 말이나 글에서 사고나 추리 등을 이치에 맞게 이끌어 가는 원리, 그리고 사물의 이치나 법칙성을 가르치는 것이라 할 수 있다. 그렇다면 유아에게 다소 어려운 논리를 어떻게 가르칠 것인가?

유아에게 말이나 글을 논리적으로 이끌어 나가는 방법과 사물의 이치 및 법칙성을 가르치기 위해서는 먼저 생각의 개념(concept)에 대한 교육이 이루어져야 한다. 개념은 합리적이고, 논리적이며, 비판적으로 사고하는 철학적 사고의 골격을 이루는 것이다. 개념은 단어를 이해함으로 인해서 습득으로 될 수 있다. 단어는 우리의 생각과 말을 담을 수 있는 기본 단위로, 단어의 의미를 제대로 이해한다면 개념 습득이 용이해질 수 있다(황경식, 1993). 또한 개념은 어떤 일에 익숙해 질 때, 즉 그 일에 대한 충분한 지식을 습득하였을 때 획득될 수 있다. 우리는 어떤 일에 대한 경험이 반복되어 그 일에 익숙해 질 때 '개념을 파악했다'고 말하기도 한다(정대련, 2009). 따라서 유아의 개념 습득을 위해서는 단어에 대한 충분한 교육과 다양한 방면의 지식을 습득하는 것이 필요하다. 유아기는 어휘의 습득이 급격히 증가되는 시기이므로, 단어 교육과 함께 개념에 대한 교육이 충분히 이루어지도록 한다.

또한 유아를 위한 논리 교육에서는 문장(statement)을 문법에 맞게 사용하고, 문장을 통해 의사전달을 할 수 있게 하는 교육이 이루어져야 한다. 각 낱말은 모여서 문장을 이루고, 논리학의 기본 단위인 명제(proposition)는 이 문장으로 이루어진다. 따라서 먼저 문장이 명확하게 뜻을 전달할 수 있을 때 주장의 논리성을 살펴볼 수 있다. 유아기는 문장의 올바른 사용에 대한 교육을 시작하기에 적합한 시기이다. 유아기 이전에 한 단어 혹은 두세 단어로 의사를 표현하다가, 유아기에 이르면 유아는 점차 복잡한 문장 구조를 구사하게 된다. 이때 문법적으로 올바른 문장 구조를 사용하여 자신의 의도하는 바를 제대로 전달할 수 있는 능력을 기르도록 하는 것이 중요하다.

유아들에게 이유(reason)와 근거(basis, ground)에 대해 생각해 보게 하는 것도 논리 교육을 위해 필요하다. 이유는 어떤 관점이나 행동을 설명하거나 뒷받침하기 위해 내세우는 진술이다. 이유는 어떤 결론이나 결과에 대한 논리적 근거를 말하는데, 이유는 행동이나 주장에 대한 상대방의 이해도를 높일 수 있다. 근거란 어떤 것을 정당화하거나, 설명하거나, 증명하기 위해 필요한 것이다. 유아들에게 책을 읽을 때 주인공의 행동에 대한 이유를 "왜 그랬을까?", "근거는 무엇일까?"하고 물어 생각해 보도록 하고, 자신의 감정이나 행동, 생각의 이유와 근거를 물어보고 대답해 보도록 한다. 이처럼 평소에 이유를 제시하며, 근거 있는 주장을 하고, 행동이나 감정에 대한 자신만의 관점을 확립하기 위한 습관을 기르도록 하는 것이 필요하다.

2) 유아 논술 교육의 개념

① 논술의 개념

논술(論述)이란 어떤 주제에 관한 의견을 논리적으로 서술하는 것을 말한다. 이때 표현하는 형식은 말 또는 글이 될 수 있다. 좁은 의미에서는 논술은 논술 시험 또는 논술 고사를 일컫는 말로써 쓰이기도 한다. 논술 시험은 표현 방식에 따라 말로 하는 구술면접식 논술과 글로 하는 서술식 논술의 두 가지 형식이 있다. 즉, 논술 교육이란 어떤 주제에 대해 의견을 논리적으로 서술하는 것을 가르치는 것이라 하겠다.

② 좋은 글의 요건

좋은 글이란 상황성, 충실성, 독창성, 명료성, 적절성, 정확성, 완결성, 통일성, 일관성을 갖춘 글을 말한다(김문오, 2006). 내용적인 측면에서는 글을 쓰는 목적과 예상되는 독자, 설정된 주제 등에 부합하는 상황성이 필요하다. 또한 내용이 진솔하고 성실한지와 관련되는 충실성을 지녀야 하며, 고정관념이나 기존 상식에서 벗어나 개성적인 창의성이 드러나는 독창성을 지녀야 좋은 글이라 할 수 있다. 형식적인 측면에서 좋은 글이란 어휘, 문장, 맥락 등이 알기 쉽고 분명한지와 관련된 명료성이 필요하다. 또한 불필요한 내용을 줄이고, 의미전달을 효과적으로 하는 적절성, 표현에 있어서 어법에 맞게 글을 쓰는 정확성을 갖추어야 좋은 글이라 할 수 있다. 종합적인 측면에서는 글 전체가 유기적으로 짜여져 완결성을 지니고, 글의 시점이나 어조, 문체, 관점 등이 일관성을 지녀야 하며, 단락 내에서나 글 전체에서 일정하게 질서가 유지되어 통일성을 지닌 글이 좋은 글이라 할 수 있다.

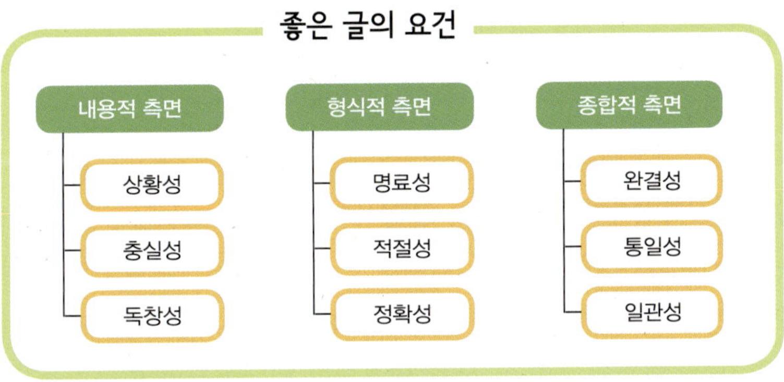

③ 효과적으로 말하기

효과적으로 말하기 위해서는 정확하게 말해야 하고, 효과적인 비언어적 의사소통 기술이 필요하다. 정확하게 말하기 위해서는 음성학에 대한 지식을 가지고, 표준 발음법으로 정확하게 발음해야 한다. 또한 적절한 단어와 문장을 구사하여 의사를 정확하게 전달하여야 한다. 비언어적 의사소통에는 태도, 표정, 자세, 몸짓 등이 있다. 화자로서 성실한 태도를 가지고, 부드러운 표정과 바른 자세로, 눈맞춤이나 고개 끄덕이기와 같은 적절한 몸짓을 사용하면 듣는 사람의 주의와 관심을 집중시켜 효과적으로 의사전달을 할 수 있다.

④ 유아 논술 교육

논술 교육은 어떤 주제에 관한 의견을 논리적으로 말 또는 글로써 표현하도록 가르치는 것을 말한다. 유아를 위한 논술 교육은 유아들에게 말과 글로써 논리적으로 자신의 생각을 표현하는 방법을 기르도록 해야 한다. 논술은 그 정의에서 논리를 포함하고 있으므로, 유아를 위한 논술 교육은 기본적으로 논리 교육이 밑받침되어야 한다. 또한 기본적인 쓰기, 말하기 교육을 통해 논리적인 사고를 효과적으로 표현하는 능력을 기르도록 해야 한다. 다만 유아는 쓰기에 익숙하지 않을 수 있으므로 쓰기를 강조한 논술 교육보다는 자신의 생각을 다양한 방법으로 표현할 수 있도록 하는 교육하는 것이 바람직하다.

2. 유아 논리 · 논술 교육의 의의

1) 현대사회와 논리 · 논술 교육

인류는 수렵채집사회에서 농업사회, 산업사회, 정보사회로 끊임없이 발달해 왔다. 현대사회는 인터넷 기반 정보사회를 넘어서서 사물인터넷, 클라우드 등의 정보통신 기술 확장으로 인해 4차 산업혁명 시대로 변화하고 있다. 4차 산업혁명 시대는 인간과 인간, 사물과 사물, 인간과 사물이 상호 연결되고 빅데이터와 인공지능 등으로 보다 지능화된 사회를 의미한다. 초연결성, 초지능화 융합 기술을 활용하여 지금까지 인간이 담당했던 단순 직업군이 사라지고 자동화 프로그램과 기계가 일자리를 대체할 것으로 전망된다. 반면 전문지식이 필요한 직업군의 일자리는 늘어날 것으로 전망된다.

현대사회에 적응하기 위해서는 비판적 사고와 창의적 사고 능력을 지니고 복합 문제를 해결할 수 있는 인재 양성이 요구된다. 사람들의 긴밀한 연대, 사람과 기술의 연대 및 유연한 사고, 창의적 발상 등을 통해 앞으로 우리에게 제시될 새롭고 불분명한 문제를 풀어나가야 한다. 이러한 현대사회의 특징에 따른 논리 · 논술 교육의 필요성을 살펴보면 다음과 같다.

① 정보 및 기술을 획득 · 처리하기 위한 논리 · 논술 교육의 필요성

현대사회에서 쏟아져 나오는 수많은 정보 및 새로운 기술을 효과적으로 획득하고 처리하기 위해 논리 · 논술 교육이 필요하다. 인간 생활은 정보의 획득과 처리의 결과에 따라 좌우되기 때문에 정보를 신속하게 획득하고 처리할 수 있는 능력을 길러야 한다(김병무, 2005). 오늘날에는 매일 수많은 양의 정보가 방출되고 있다. 이는 정보의 팽창을 넘어서 정보의 폭발, 홍수, 과잉으로까지 이야기되고 있다. 정보의 범람과 혼란의 시대를 사는 우리에게 필요한 것은 개별 정보들의 사회적 · 정치적 맥락과 관계를 이해하는 비판적 관점의 구축이다. 비판적 사고력의 개발을 통해서 우리는 넘치는 정보들 속에서 나와 공동체에게 유용한 것, 바람직한 것 등을 선택하여 활용할 수 있을 것이다.

또한 새롭게 등장하는 기술 및 인공지능을 수용하고 새로운 기술의 융합 및 인공지능과의 공존 체계를 구축하기 위한 모색이 필요하다. 방대한 정보와 데이터를 처리할 수 있는 기술, 각 분야 전문가의 협업 등을 습득하고 활용하기 위해서는 논리 · 논술 교육을 통해 논리적인 사고 능력의 배양과 적극적인 자기 의사 표현 능력, 타인과의 협력기술의 개발이 중요하다.

② 세계화 시대에 글로벌 인재 육성을 위한 논리 · 논술 교육의 필요성

세계화 시대에 적응하여 생활할 수 있는 세계시민을 양성하기 위해서는 논리 · 논술 교육이 필요하다. 정보통신기술 및 융복합 과학기술의 급격한 발달 등에 따라 전 세계는 하나의 지구촌으로 변해가고 있다(김영철 · 허경철 · 이용남, 2009). 인터넷을 비롯한 각종 통신망의 확산으로 물리적인 제약을 받는 지리적 공간을 뛰어 넘어 사이버 공간이라는 새로운 공간이 출현하였다(Webster, 1997). 첨단 과학기술의 발달로 세계는 사이버 공간에서의 교류뿐만 아니라 세계 여행, 이민, 유학 등 실제적인 교류도 원활하게 이루어지고 있다. 이와 같은 세계화 시대에서 우리의 사회 · 문화를 세계에 개방하고 다양한 세계 문화를 수용하며, 전 인류적 차원에서 서로 협력하기 위해서는 논리 · 논술 교육을 통해 합리적인 사고력과 효과적인 의사소통 기술을 지닌 인재를 육성해야 한다.

③ 창의적 인재의 필요와 논리 · 논술 교육의 필요성

현대사회에서 중요시되는 창의성의 개발을 위해 논리 · 논술 교육이 필요하다. 표준화된 공정에 맞추어 수작업에 의해 대량생산에 참여하는 노동형태를 갖춘 산업사회(이영찬 · 임영규 · 정혜숙, 2010)와 달리 4차 산업혁명 시대에는 개인의 창의성과 전문성에 의존하는 생산양식으로 전환되어 간다. 이미 3D 프린터가 활성화되면서 개인적 요구를 반영한 다품종 생산이 가능해졌다. 로봇과 인공지능의 능력이 어디까지 향상될 것인지 상상도 어려운 수준이다. 이러한 사회에서는 기존 지식을 수동적으로 받아들이는 단계에 머무르지 않고 스스로 지식을 찾고 새로운 영역을 개척해야 한다. 고정관념을 깨고 열린 사고를 통해 새로운 것을 창조하기 위해서는 인간의 창의적 능력이 필수적이다. 창의력이 개발되기 위해서는 문제해결력, 의사소통능력, 협동능력, 자기주도성, 정보화능력 등의 지식과 기능기반이 풍부해져야 한다(김영철 · 허경철 · 이용남, 2009). 이와 같은 능력은 효과적으로 사고하고 표현하는 능력에 기반하므로 창의성 개발을 위해서는 논리 · 논술 교육이 필요하다.

④ 사회적 참여의 증가로 인한 논리 · 논술 교육의 필요성

현대사회에서는 개인의 사회적 참여의 기회가 늘어남에 따라, 자신의 생각을 논리적으로 표현할 수 있는 논리 · 논술 교육이 필요하다. 정보통신기술의 발달에 의해 멀티미디어를 통한 쌍방향 통신이 가능해져서 모든 분야에 걸쳐서 시민의 직접적인 참여가 용이해지고 있다(김병무, 2005). 인터넷 이용자들은 정보를 기계적으로 받아들이는 수용자에 그치는 것이 아니라 각자의 의견을 개진하며 민주주의를 실현하고 있으며 문화의 흐름을 주도하는 주체로 등장하기 시작했다. 네티즌들은 하루에도 수천만 명씩 인터넷 공간을 돌아다니며 사회의 각종 분야에서 일어나는 사회문제나 이슈들에 대해 비판적으로 참여하고 있다. 사회참여가 확대된 현대사회에서는 자신의 생각과 이념을 표현 · 주장하는 것이 많이 요구되므로, 논리 · 논술 교육을 통해 당면 문제를 합리적 · 비판적으로 사고하고, 자신의 견해를 효과적으로 피력하는 능력을 길러야 할 것이다.

2) 유아 발달과 논리 · 논술 교육

유아기는 만 3세경에서 만 5세경까지 또는 취학 전 시기까지를 말한다. 이 시기에는 신체 · 운동 발달로 인해 활동 범위가 넓어지고 주위에 대한 적극적인 탐색이 이루어지게 된다. 또한 유아기의 뇌의 성장과 상징의 사용은 언어 · 인지 능력의 발달을 촉진한다. 유아기에는 사회적 관계망이 확대됨으로써 놀이, 상호작용, 의사소통, 모방 등을 통해 지식과 정보를 습득하고 정서를 조절하는 능력과 사회적 기술을 배우게 된다. 유아기의 발달 특징과 그에 따른 논리 · 논술 교육의 의의에 대하여 알아보도록 하겠다.

① 유아 신체 · 운동 발달과 논리 · 논술 교육

유아기에는 영아기에 비해 성장속도가 다소 감소되지만, 신장과 체중이 꾸준히 증가한다. 이로 인해 신장에 대한 머리 크기의 비율이 줄어들어, 길고 홀쭉한 모습으로 변한다. 뇌와 신경계 역시 영아기보다 발달 속도는 느리지만 계속적인 성장으로, 5세 경에는 성인 두뇌의 90%까지 성장하게 된다. 유아기에 들어서면서 운동기술의 급속한 발달로 인해 달리기, 뛰기, 계단 오르내리기, 공 던지고 받기, 자전거 타기, 그네 타기 등 다양한 대근육 운동이 가능하다. 또한 눈과 손의 협응 및 소근육의 통제도 급속히 발달하여, 글씨 쓰기, 색칠하기, 가위로 오리기, 수저로 식사하기, 단추 채우기, 구두끈 매기 등의 보다 정교한 소근육 활동을 할 수 있다.

유아기는 영아기에 비해 신체 · 운동 발달 측면에서 논리 · 논술 교육을 위한 기반이 갖추어지는 시기라고 볼 수 있다. 유아들은 신체적 성장과 운동 능력의 발달로 인해 활동 반경을 넓혀 적극적으로 주변을 탐색할 수 있게 되고, 이로 인해 환경으로부터 보다 많은 정보를 수집할 수 있게 된다. 뇌의 꾸준한 성장으로 인해 정보 처리 능력이 발달하게 되고, 이는 논리적 사고를 위한 토대가 된다. 소근육 운동 기술이 발달하여, 글이나 그림, 조형물 등으로 자신의 생각과 감정을 다양하게 표현할 수 있게 된다.

② 유아 인지 · 언어 발달과 논리 · 논술 교육

유아기에는 인지 및 언어 발달이 빠른 속도로 진행된다. 유아기 동안 뇌의 성장으로 인해 정보의 효율적인 처리 능력 및 기억능력이 발달한다. 유아기 사고의 중요한 변화는 상징의 사용이 가능해지는 것이다. 상징의 사용으로 정신적 표상에 의한 사고와 가상놀이를 할 수 있게 된다. 상징을 사용할 수 있는 능력의 발달은 단어 획득을 가속화하여 유아기에 사용할 수 있는 단어의 수가 급격히 증가하게 된다. 또한 유아는 연령의 증가에 따라 보다 복잡한 문장을 사용할 수 있게 되고, 문법에 숙달하게 된다. 이러한 언어능력의 발달로 인해 유아들은 타인과 의사소통과 상호 작용이 보다 효율적으로 이루어지게 된다.

유아기는 이와 같은 인지 · 언어 발달상 특징으로 인해 논리 · 논술 교육을 시작하기 적합한 시기임과 동시에, 논리 · 논술 교육이 필요한 시기라고 할 수 있다. 먼저, 상징적 사고능력은 유아가 눈앞에 존재하지 않는 대상이나 사건에 대해서도 정신적 표상에 의한 사고가 가능하게 되는데, 이는 이후 논리적인 사고의 기초가 된다. 그러나 유아는 전조작기로 논리적인 조작이 미숙한 시기로, 여전히 자기중심적 사고, 물활론적 사고, 인공론적 사고, 전환전 추론, 직관적 사고 등 비논리적 사고의 특징을 가지고 있다. 따라서, 다른 사람의 관점을 고려할 수 있는 능력, 현상의 원인과 결과 간의 관계를 논리적으로 추론하는 능력, 전체와 부분의 논리적인 관계를 이해하는 능력 등의 발달을 촉진하기 위하여 논리적인 사고를 할 수 있도록 교육이 이루어져야 한다. 또한 유아기에는 다양한 단어를 사용하여 복잡한 문장을 구사할 수 있게 되는데, 이는 논술 교육의 기반이 된다. 그리고 유아기에 이루어지는 언어발달과 의사소통 능력의 증가로 인해 표현의 기회가 증가하는데, 이때 보다 효율적인 상호 작용이 이루어지기 위해서는 자신의 생각과 감정을 명확하고 효과적으로 전달하는 방법에 대한 교육이 뒷받침되어야 할 것이다.

③ 유아 사회 · 정서 발달과 논리 · 논술 교육

유아기는 영아기에 비해 인간관계의 폭이 넓어지고, 형제관계 및 또래관계에서 분노, 공포 등의 정서적 긴장을 경험하게 된다. 그러나 언어능력과 정서조절 능력의 발달로 인해 정서표현을 통제하거나, 사회적으로 허용되는 방식으로 보다 세련된 방법으로 표현하게 된다. 놀이에 있어서 가상놀이와 사회화된 놀이의 출현으로 인해 유아는 인지 발달이 촉진되고 사회적 기술을 습득하게 된다. 또한 유아기에는 애착대상에서 분리 · 개체화되면서 자기통제, 자율감, 자조능력, 자아개념 등 자아를 발달시키게 된다. 유아기는 성인의 기대에 부응하려고 하는 전인습적 도덕 발달 단계로, 부모나 외부 대상의 기대 및 가치를 내면화하는 능력의 발달로 인해 초자아가 나타나기 시작한다.

유아기에 원활한 사회 · 정서 발달이 이루어지기 위하여 유아에 대한 논리 · 논술 교육이 필요하다. 유아기에는 폭넓은 사회적 상호 작용의 증가로 인해 효과적인 의사소통 능력이 요구되기 시작한다. 또한 다양한 인간관계에서 경험하게 되는 정서를 조절하고, 세련되게 표현하기 위하여 정서에 대한 이해와 상황에 대한 판단력, 언어로 자신의 의사를 표현하는 능력 등이 필요하게 된다. 유아는 자아의 발달로 인해 자기주장과 고집이 강해지는데, 이때 상황적 맥락과 상대방의 관점을 고려하는 능력 및 효과적인 자기표현 능력이 뒷받침되어야 외부 세계와의 갈등을 효과적으로 해결해 나갈 수 있다. 도덕적 판단 능력은 합리적이고 비판적인 사고를 바탕으로 발달할 수 있을 것이다. 따라서 사회적 접촉이 증가하고 자아가 발달하는 유아기에 외부와 조화로운 생활을 영위해 나가기 위해서 유아에 대한 논리 · 논술 교육이 이루어져야 한다.

생각해 볼 문제

1. 4차 산업혁명 시대의 도래에 따른 유아의 논리 · 논술 교육을 위해 유아교사의 역할 및 유아교사가 갖추어야 할 자질에 대하여 토의하시오.
2. 유아 논리 · 논술 교육을 위해 그림책 활용의 장점이 무엇인지 논의하시오.

Chapter 2

유아 논리 · 논술 교육과 사고

인간은 생각하는 존재이다. '나는 생각한다. 고로 나는 존재한다'라는 데카르트의 말처럼 인간은 생각을 통해서 자신이 존재한다는 것을 인식할 수 있게 된다. 2장에서는 유아의 논리 · 논술 교육과 관련된 다양한 형태의 사고(思考)에 대해서 살펴보고자 한다.

1. 비판적 사고

1) 비판적 사고의 개념

비판이란 사물의 옳고 그름을 가리어 판단하거나 밝히는 것으로 사물을 분석하여 각각의 의미와 가치를 인정하고, 전체 의미와의 관계를 분명히 하며, 그 존재의 논리적 기초를 밝히는 것을 의미한다. 비판적 사고에 대한 연구는 존 듀이로부터 시작된다. 듀이는 '반성적 사고'라는 개념을 사용하여, '어떤 신념이나 가정된 지식의 형식을 그것의 근거와 그것이 도달하려는 결론을 조명하여 적극적이고 지속적으로 조심스럽게 고려해 보는 것'이라고 정의하였다(Dewey, 1910, How we think, p.6, 최훈 2010에서 재인용).

듀이의 '반성적 사고' 개념 정의 후 비판적 사고에 대한 많은 정의가 이루어졌다. 스턴버그(1985)는 비판적 사고를 '사람들이 문제를 해결하고 결정을 내리고 새로운 개념을 배우기 위해 사용하는 정신적 과정이자 전략이며 표현 방식'이라고 하였고, 에니스(1969)는 '무엇을 믿고 무엇을 할 것인지를 결정하는 합리적이고 반성적인 사고'라고 하였다. 미국철학회의 델피 보고서는 '해석, 분석, 평가 및 추론을 산출하는 의도적이고 자기 규제적인 판단이며 그 판단에 대한 근거가 제대로 되어 있는가, 개념적, 방법론적, 표준적, 맥락적 측면들을 제대로 고려하고 있는가에 대한 설명을 산출하는 의도적이고 자기 규제적인 판단'이라고 정의하고 있다. 김영정(2004)은 '주어진 규칙이나 틀에 따라 기계적, 무의식적, 무반성적으로 사고가 진행되는 것이 아니라 스스로 무슨 사고가 진행되고 있는지를 능동적으로 의식하면서 사고하는 것'이라고 하였다. 립맨(1988)은 '준거에 따르며 자기 수정적이고 상황에 민감한 훌륭한 판단을 할 수 있으며 책임감 있는 사고'라고 정의하고 있다. 이를 종합해보면 비판적 사고란 어떠한 상황에서 그것을 그대로 받아들이는 것이 아니라 그것이 정말 그러한가, 그 증거가 무엇인가를 찾으려는 노력의 과정이라고 할 수 있다.

2) 유아의 비판적 사고

비판적 사고가 어떠한 상황에서 그것을 그대로 수용하는 것이 아니라 정말 그러한가, 그 증거가 무엇인가를 찾으려는 노력의 과정이라고 정의한다면 유아에게 비판적 사고가 가능한가?

유아는 항상 '왜?'라는 질문을 끊임없이 하는 존재이다. 유아는 성인들이 쉽게 받아들일 수 있는 사실이나 사물에 대해서도 '왜 그러한가'라는 질문을 한다. 유아가 지니고 있는 이러한 태도가 바로 비판적 사고의 시작점이 될 수 있다. 많은 것을 알고 싶어 하고 왜 그러한가 궁금해 하는 유아의 특성은 어떤 현상에 대해서 그대로 수용하고 받아들이기보다는 조금 더 생각하고 조금 더 근거를 찾게 되며 이러한 태도는 유아를 비판적 사고로 이끌게 된다.

최근에는 유아도 비판적으로 사고할 수 있고 비판적 사고 교육이 필요하다는 주장이 제기되고 있다(Blosser, 1985; Nicoll, 1996). 이들은 일부 영재 교육에 치우쳐 왔던 비판적 사고가 유아들에게도 교육적 효과가 있을 것이라고 주장한다.

스프리터(1991)는 유아에게 비판적 사고에 대한 교육의 필요성을 제기하면서 몇 가지 이유를 제시하고 있다.

첫째, 유아기에 비판적 사고 교육을 실시한다면 추상적인 사고 기술이 더 효과적으로 적용되고 전이될 수 있다. 비판적 사고는 질문을 통해서 촉진될 수 있는데, 유아의 의견을 유도하고 명료화하고 해석하고 가정하고 논거를 요구하는 질문을 통해서 유아는 추상적인 사고 기술을 더 효율적으로 발달시킬 수 있다.

둘째, 이미 성장한 아동의 고정된 사고 양식을 바꾸는 것보다 사고 양식 습관이 고정되기 이전에 비판적 사고 교육을 실시하는 것이 더 기대 효과가 크다.

셋째, 초·중등학교 시기는 학교 교육에서 학습하고 기억해야 하는 많은 공부의 양으로 인해 다양한 과목에 존재하는 비판적이고 탐구적인 차원을 추구할 시간적·공간적 여유가 부족하다. 따라서 비판적 사고 교육이 유아기부터 실시되어 유아가 비판적으로 사고할 수 있는 능력을 키워 줄 필요가 있다는 것이다.

3) 유아 논리·논술 교육과 비판적 사고

앞서 말했듯이 유아는 '왜?'라는 질문을 끊임없이 하는 존재이다. 질문이 바로 유아가 세상을 알아가는 방법이다. 여기에서는 유아의 비판적 사고를 위해서 반대로 유아에게 질문을 해야 한다는 점을 이야기하고자 한다.

립맨, 파울 등은 유아가 비판적 사고를 할 수 있도록 하기 위해서는 교사가 '왜?'라는 질문을 끊임없이 해야 함을 주장한다(Lipman, Sharp, & Oscanyan, 1980; Paul, Binker, Jensen, & Kreklau, 1990). 립맨 등(1980)과 파울 등(1990)은 유아의 비판적 사고를 촉진하기 위해서는 '왜?'라는 질문, 특히 탐구를 위한 질문이 효율적이라고 한다. 다양한 형태의 질문을 통해 유아는 자신의 생각에 대해서 보다 명료화할 수 있고, 생각의 이유와 타인의 관점, 그 생각의 근원 등에 대한 사고를 확장시킬 수 있다. 이러한 사고는 유아의 논리를 강화해 주는 역할을 하게 된다. 생각에 대한 이유와 근거를 찾는 과정을 통해 유아는 보다 객관적이고 합리적이며 논리적인 사고를 할 수 있게 된다. 따라서 유아 논리·논술 교육과 질문을 통한 비판적 사고의 교육은 서로 큰 관련이 있다.

조선희와 전명남(1998)은 립맨 등과 파울 등이 제안한 비판적 사고를 위한 질문을 여섯 가지로 범주화하였다.

첫째, 생각을 명료화하는 질문으로 유아가 자신의 생각이나 추상적 개념들을 쉽게 명료하게 표현할 수 있도록 하기 위한 질문이다. 이러한 질문을 통해 유아는 자신이 한 말을 한 번 더 생각해 보며 자신의 생각이 정확하게 무엇인지를 알게 된다.

생각을 명료화하는 질문의 예

'쉽게 말해 주겠니?'
'그 말이 무슨 뜻이니?'
'좀 더 자세히 말해 줄래?'
'예를 들어 말해 볼래?'
'누구 철수처럼 생각하는 사람이 또 있니?'

둘째, 전제 혹은 가정을 탐색하는 질문으로 유아가 자신이 한 말이나 어떤 상황에 대한 전제를 생각해 보도록 하기 위한 질문이다. 이러한 질문을 통해 유아는 자신의 말에 대한 전제를 더 확고히 할 수 있고, 그 전제가 달라졌을 때는 자신의 생각이 어떻게 달라질 것인지에 대한 고려도 할 수 있게 된다.

전제 혹은 가정을 탐색하는 질문의 예

'너는 ~를 ~라고 생각하고 그 말을 한 것이니?'
'만약 내 생각이 틀렸다고 생각하면 왜 그렇게 생각하는지 말해 볼래?'

셋째, 이유 · 증거 · 원인을 탐색하는 질문으로 유아가 자신의 행동이나 사고 또는 어떠한 상황에 대한 이유와 증거 및 원인을 생각해 보도록 하는 질문이다. 이러한 질문을 통해 유아는 자신의 말에 대한 근거를 정확하게 제시할 수 있게 된다.

이유 · 증거 · 원인을 탐색하는 질문의 예

'왜 그렇게 생각하니?'
'그 이유가 무엇이니?'
'무엇이 그렇게 되도록 했다고 생각하니?'

넷째, 관점이나 시각의 다양성을 탐색하는 질문으로 유아가 자신만의 관점이 아닌 타인의 입장에서 어떤 상황을 생각해 보도록 하는 질문이다. 이러한 질문을 통해 유아는 모든 사람이 동일한 시각을 지니고 있는 것이 아니고, 다른 사람의 입장과 나의 입장이 다를 수 있다는 것을 알 수 있게 된다.

관점이나 시각의 다양성을 탐색하는 질문의 예

'너와 다른 생각을 할 수도 있을까?'
'다른 사람은 어떻게 생각할까?'
'만약 이렇게 말하는 사람이 있다고 해봐. 너는 뭐라고 말할래?'

다섯째, 함축된 의미와 결과를 탐색하는 질문으로 유아가 직접 겪지 못한 상황의 결과를 예측해 보도록 하거나 어떤 상황의 함축된 의미를 생각해 보도록 하기 위한 질문이다. 이러한 질문을 통해 유아는 보다 자신의 생각이나 표현을 풍부화시킬 수 있고 창의적이고 상상적인 사고를 발달시킬 수 있다.

함축된 의미와 결과를 탐색하는 질문의 예

'네 말대로 하면 어떻게 될까?'
'네 말대로 하면 ~ 될텐데 그래도 괜찮을까?'
'나중에는 어떻게 될 것 같니?'

여섯째, 알게 된 방법이나 정보원을 탐색하는 질문으로 유아가 이미 알고 있는 사실이나 당연하게 여기고 있는 것을 알게 된 방법이나 경로를 생각해 보도록 하는 질문이다. 이러한 질문을 통해 유아는 자신이 알고 있는 지식에 대한 신뢰성을 생각해 볼 수 있다.

알게 된 방법이나 정보원을 탐색하는 질문

'어떻게 그걸 알았니?'
'그건 확실한 것이니?'
'다른 사람들은 그것을 어떻게 알게 되었을까?'

이러한 질문을 통해 유아가 비판적으로 사고하는 태도와 방법을 획득하게 되고, 유아의 비판적 사고는 유아의 논리 향상에 도움을 줄 것이며, 유아의 논술 능력 향상에도 중요한 역할을 할 수 있을 것이다.

소크라테스의 대화법

소크라테스는 델포이 신전으로부터 신탁을 받는다. '너는 그리스에서 가장 현명한 남자이다.' 이 신탁을 받은 소크라테스는 자신보다 더 나은 사람을 찾기 위해 평생을 돌아다닌다. 왜냐하면 그는 자신이 무지하다는 것을 잘 알고 있었기 때문이다. 소크라테스는 현명하다고 하는 사람들을 찾아가서 여러 가지를 물어보았는데 그때 사용한 방법이 대화법이다.

소크라테스는 대화를 통해 사람이 어떤 사고를 하고 있는지를 표출시킨다. 또한 스스로 무엇을 생각하는가에 대한 것을 인식하도록 만들어 자신의 사고를 보다 정교화하고 발전시키도록 한다. 소크라테스 대화법을 산파술적 대화법이라도 한다. 산파는 아기를 대신 낳아줄 수는 없지만 산모가 아이를 낳는 데 정서적인 공감과 함께 아기를 낳을 때 도움이 되는 조언들과 행동을 제시해 주는 역할을 한다. 이처럼 소크라테스는 사람들에게 자신이 직접 지식을 전달해 주는 방법보다 사람들 스스로 지식을 얻을 수 있도록 많은 질문과 대화를 선택하였다.

소크라테스의 대화법은 생각나는 대로 하는 대화가 아니다. 소크라테스 대화법은 모든 사고에 논리, 즉 구조가 있다는 아이디어에 기초하고 있다. 논리란 '관계'를 말하며 부분들 간 관계에 따라 사고는 하나의 체계를 이루게 된다. 대화는 분명한 목적이 있어야 하고 그 목적을 성취하기 위해서 질문이라는 방법이 필요하다. 목적을 달성하기 위해 질문을 던지고 질문에 답을 하면서 유아는 자신이 생각하고 있는 것을 보다 확실하게 구조화시킬 수 있다.

2. 창의적 사고

1) 창의적 사고의 개념

창의성이 뛰어난 사람들은 관계없어 보이는 것들 간에 유사성을 찾아내는 능력이 뛰어나다. 다른 사람들은 전혀 생각하지 않는 방향으로 새로운 것을 만들어내는 사람들의 능력으로 인해 인류는 지금까지 발전해 왔다. 인류의 발전을 가능하게 한 창의적 사고란 참신하고 색다른 방법으로 사고하고 독특한 해결책을 낼 수 있는 능력을 의미한다.

길포드(1956)는 인간의 창의성에 대하여 오랜 시간 연구하였는데, 그는 인간의 사고를 수렴적 사고와 확산적 사고로 구분하고 그중 확산적 사고는 문제해결을 위해 다양한 해결책과 답을 찾는 사고라고 하였다. 확산적 사고의 범주로 유창성, 융통성, 독창성, 정교성 등의 요소를 포함시켰으며 많은 창의성 검사들이 길포드가 제시한 기준을 사용하고 있다. 토렌스(1977)는 창의력이란 문제를 인식하고 이를 해결하기 위해 아이디어를 만들고 가설을 세우고 검증하며 그 결과를 전달하는 과정이라고 정의하였다. 토렌스는 길포드가 제시한 발산적 사고의 네 가지 범주 이외에도 결점과 문제에 대한 민감성 및 재정의하기 등의 요소를 추가하여 창의성을 설명하고 있다. 월라흐와 코간(1967)은 창의적인 사람들은 연상적 사고를 잘하여 새로운 문제 해결을 위해서 수많은 관계 목록을 끌어낸다는 것을 발견하여 창의적 사고와 연상적 사고의 관련성을 주장하였다. 김영채(1999)는 창의적 사고를 발산적 사고에만 한정시키지 않고 협의의 창의성, 광의의 창의성, 과정으로서의 창의성으로 분류한다. 협의의 창의

창의적인 인간의 특성(Torrance, 1975)

- 감동을 느낄 수 있다.
- 이타적이다.
- 늘 무엇엔가 골몰한다.
- 신비로운 것에 대한 호기심을 가지고 있다.
- 어려운 일에 도전한다.
- 표면상 수줍음을 타기도 한다.
- 비판하되 건설적이다.
- 용기가 있다.
- 깊고 진지한 신념을 가지고 허례허식을 거부한다.
- 전통적 건강 비법을 거부한다.
- 탁월성에 대한 욕망이 있다.
- 결단력이 있다.
- 색다른 가치체계를 지니고 있다.
- 결점 찾기를 잘한다.
- 별난 놈이란 표현에 개의치 않는다.
- 고독을 즐긴다.
- 근면하다.
- 자신의 시간을 별나게 보낸다.
- 사업 수완은 오히려 부족한 편이다.
- 실수를 잘하지만 결코 싫증 내지 않는다.
- 적대적이거나 부정적이지 않다.
- 괴짜 같은 행동을 한다.
- 인내심이 있다.
- 타인의 아이디어를 수용할 줄 안다.
- 가끔 역행하기도 한다.
- 사태를 유보하기도 한다.
- 단호하지만 자발적으로 행한다.

성은 길포드의 발산적 사고와 같은 개념이다. 광의의 창의성은 새롭고 유용한 어떤 것을 생산해 내는 행동을 의미한다. 마지막으로 과정으로서의 창의성은 기존의 정보들을 특정한 요구 조건에 맞거나 유용하도록 새롭게 변형하거나 조합하는 것을 의미한다. 최근에는 창의적 사고를 개인의 정의적 성향, 인지적 능력, 환경 및 복합적 접근인 차원에서 인지적 · 개인적 특성, 사회적 맥락 및 사회문화적 환경 등의 다차원적인 요소들과 관련되어 있다(Simonton, 2002)고 보는 견해도 제시되고 있다.

2) 유아의 창의적 사고

유아는 창의적이다. 유아는 말하기, 그리기, 노래하기, 춤추기, 만들기와 같은 다양한 영역에서 자신의 생각과 느낌을 창의적으로 표현한다. 예를 들어, 한 유아가 하늘에 떠 있는 태양을 보면서 '태양이 지구보다 크다고 하는데 왜 지구 안에 쏙 들어와 있지?'라는 질문을 한다. 이 유아는 물론 과학적 지식의 부족으로 이러한 말을 한 것이다. 하지만 어느 성인이 '태양이 지구 안에 쏙 들어와 있지?' 라는 창의적이고 상상력이 풍부한 표현을 할 수 있겠는가? 유아가 하는 말을 듣다 보면 어쩜 저렇게 재미있는 생각을 할 수 있을까 깜짝 놀라게 된다.

창의성은 유아기의 특성이기도 하지만 동시에 계발되고 증진될 수 있는 특성이라고 한다. 특히 고정관념으로 사고가 굳어져 버린 성인기보다 유연하고 독특한 사고체계를 지닌 유아기가 창의성 계발과 증진에 있어서 중요한 시기이다. 창의성의 계발 및 증진을 이해서는 무엇보다 자신들만의 독특한 사고체계를 지닌 유아기에 대한 이해가 중요하다(Torrance, 1975; Runco, 1996; Amabile, 1996). 토렌스(1969)는 창의성이 높은 유아가 기존의 지능 검사에서 자신들의 능력만큼 인정받지 못하는 경우가 있는데, 이는 유아의 사고는 검사의 응답을 평가하는 데 쓰이는 규격화된 차원이나 행동의 규범을 단순하게 따르지 않기 때문이라고 설명하고 있다. 즉, 유아는 본질적으로 창의적인 존재이고 기존 질서를 그대로 답습하지 않는 존재이므로 이 시기 창의적 사고를 향상시킬 수 있도록 하는 교육이 바람직하다.

창의적인 유아는 유머가 있고, 경직되지 않은 태도로 여러 활동에 임하며 어려운 과제에 기꺼이 도전하고자 하는 태도를 지녔다. 또한 주의집중 시간이 길고 집중력과 높은 흥미도를 유지한다. 또한 엉뚱한 생각을 많이 하기도 하여 또래에 의해서 가끔 괴짜나 바보 같은 생각을 하는 아이라고 인식되기도 한다. 하지만 자신감이 있고 솔직하며 재미있고 독창적인 아이디어로 인해 친구들 사이에 인기가 있다.

하지만 안타깝게도 창의성은 일반적으로 학교에 입학하고 나서 점점 감소하는 것으로 나타난다. 이 시기의 아동은 학교생활에 적응하고 권위를 수용하면서 창의적으로 사고하는 기회를 점점 잃어가는 것 같다. 따라서 학령기 아동이 창의성 슬럼프에 빠지지 않도록 다양한 생각을 자발적으로 표현하도록 장려하고 인습과 융통성의 조화, 수렴적 사고와 확산적 사고의 조화를 이룰 수 있도록 이끌어 주는 것이 중요하다 (박찬옥 외, 2010).

| 표 2-1 | 참고 자료: 유아 종합 창의성 검사의 하위 검사 구성 및 측정 범주

범주	검사명	검사 내용	측정 내용
언어	검사 1 빨간색 연상하기	빨간색을 보고 연상되는 물건이나 느낌, 생각을 적어보게 하는 활동	유창성 융통성 독창성
도형	검사 2 도형 완성하기	태극기의 가운데 선만 9개를 제시하여 그 선을 이용해 그림을 그리는 활동	유창성 융통성 독창성
신체	검사 3 동물 상상하기	창의적 사고의 기초가 되는 상상력을 측정하기 위해 전래동화나 우화에 등장하는 동물 5마리를 등장시켜 상상력을 자극하는 활동	상상력
언어	검사 4 색다른 나무치기	전통놀이의 비석치기와 같은 형식으로 세워져 있는 나무를 색다른 방법으로 쓰러뜨리도록 하는 활동	유창성 융통성 독창성

3) 유아 논리 · 논술 교육과 창의적 사고

창의적 사고는 문제에 대한 새로운 해결 방안 또는 개선된 해결 방안을 찾아내는 사고이다. 어떻게 해야 창의적 사고를 잘할 수 있을까? 칙센트미하이(1996)는 우리가 '창의적'이라고 불릴 만한 아이디어나 업적은 한 개인의 머릿속에서 나오는 결과물이 아니라고 한다. 그것은 기존의 지식체계로부터 배워 무지를 일깨울 수 있는 영역, 무수히 쏟아져 나오는 새로운 업적을 인정하고 입증해 주는 현장, 그리고 개인이라는 세 가지 요소가 어우러져 빚어내는 상승작용의 결과물이라고 한다. 즉, 창의적인 사고를 한다는 것은 개인이 기존의 지식을 바탕으로 하여 새로운 아이디어를 산출해 내고 그 아이디어를 활용 · 적용할 수 있는 환경이 뒷받침되어야 가능하다.

창의적 사고를 위해서는 소극적인 측면에서 창의적 사고를 방해하는 장애 요소들을 제거하는 노력을 할 수 있다. 순응하는 태도를 버리고 새로운 생각이 어떻게 판단될지에 대한 걱정을 버리고 답을 당장 찾으려는 조급증을 없애는 노력을 통해 창의적 사고가 더 촉진될 수 있다. 창의적 사고를 위한 적극적인 측면으로는 직접적인 교육이 가능하다. 창의적 사고는 교육을 통해 개발되고 향상될 수 있다(Csikszentmihalyi, 1996). 토랜스는 창의적 '기술'을 가르칠 수 있고, 창의적인 기술을 습득하게 되면 창의적인 행동이 일어날 가능성이 더 높아질 수 있다고 확신하였다. 하지만 그러기 위해서는 끈기, 용기, 자신의 일에 대한 사랑과 같은 특성들이 함께 존재하여야 한다고 주장하였다. 즉, 적어도 탁월한 창의적 성취를 위해서는 '강렬한 열망'이 있어야 한다는 것이다.

유아의 논리 · 논술 교육에서도 창의적인 사고 교육이 가능하다. 창의적 사고의 훈련을 통해 유아는 자신의 논리에 대한 근거를 독창적이면서도 정교하고 유창하게 제시할 수 있다. 또한 창의적인 사고는 논리적 사고, 직관력과 조화를 이루어야 더 향상될 수 있다(한기정, 1993). 다음에는 창의적 사고의 요소인 유창성, 융통성, 독창성, 정교성의 훈련을 위한 활동 예를 제시하고자 한다.

먼저 유창성은 특정한 문제 상황이 주어졌을 때 제한된 시간 내에 많은 아이디어를 생산해 내는 능력을 의미한다. 예를 들어 '사과'하면 떠오르는 아이디어를 가능하면 많이 이야기하기, '신문지를 이용해서 할 수 있는 일을 모두 이야기하기' 등의 활동은 유아의 유창성에 대한 능력을 보여준다. 유창성을 향상시키기 위해서는 다음과 같은 활동이 도움이 된다.

유창성 향상을 위한 활동

특정한 사물과 관련된 것을 자유롭게 떠올려 보기
어떤 대상에 대한 관점을 의도적으로 바꾸어서 생각해 보기
어떤 대상이나 현상들로부터 가능한 한 많은 것을 떠올려 보기
어떤 문제 상황에서 가능한 해결 방법을 많이 제시해 보기

융통성은 사물을 다른 각도에서 보고 여러 관점에서 보는 능력으로 단지 많은 생각을 떠올리는 것을 넘어서 여러 범주에 속하는 생각을 떠올릴 수 있는 것을 의미한다. 예를 들어 '옷걸이'를 옷을 걸어 두는 용도 이외에도 다양한 용도(다양한 범주의 용도)로 사용될 수 있는지에 대한 생각이 여기에 해당된다. 융통성을 향상시키기 위해서는 다음과 같은 활동이 도움이 된다.

융통성 향상을 위한 활동

어떤 대상에 숨겨져 있는 면을 보기
서로 관계가 없는 것 같은 사물의 공통점 찾아보기
결과로부터 거꾸로 생각해 보기
어떤 대상이나 현상들을 상징화해 표현해 보기

독창성은 기존의 생각과 다른 독특하고 새로운 생각을 만드는 능력으로 누구도 생각지 못한 아이디어를 내는 것을 의미한다. 예를 들어 나만의 로봇 만들기와 같은 활동은 유아의 생각이 얼마나 독창적인지를 보여 줄 수 있다. 독창성을 향상시키기 위해서는 다음과 같은 활동이 도움이 된다.

독창성 향상을 위한 활동

다른 사람과 같지 않은 생각해 보기
기존의 생각을 새로운 상황에 적용해 보기
지금까지 보지 못한 새로운 물건 고안해 보기
해가 없다면? 불이 없다면? 등의 상황에 대한 생각해 보기

정교성은 아이디어를 정교하고 세밀하게 구성하는 능력을 의미한다. 아무리 아이디어가 유창하고 독창적이더라도 정교하고 세밀하게 발전시키지 못한다면 의미가 없다. 거친 아이디어를 현실에 적용할 수 있도록 만드는 정교성으로 인해 창의적 사고는 우리가 살고 있는 세계에 대한 기여를 할 수 있게 된다. 정교성을 향상시키기 위해서는 다음과 같은 활동이 도움이 된다.

정교성 향상을 위한 활동

어떤 일을 하면서 혼자 말해 보기
떠오르는 생각을 조금 더 구체화하기
생각의 형성 과정을 세밀하게 나타내기
아이디어의 실현 가능성을 고려해 발전시키기

유아는 경직된 상황이나 분위기보다 자신이 놀이를 하는 것과 같은 편안한 분위기일 때 보다 자연스러운 태도로 문제 해결에 자발적으로 참여한다. 자발적 참여가 이루어질 때 유아는 자신이 지니고 있는 창의적 사고 능력을 충분히 발휘할 수 있게 된다. 따라서 유아의 창의적 사고를 이끌어내고 향상시키기 위해서는 놀이와 같은 자연스럽고 편안한 분위기, 개방적인 환경, 그러한 환경을 지원해 주는 교사나 부모의 역할이 중요하다(정대련, 2009).

창의성 증진을 위한 교수법

계획할 때 교사는

- 학생들이 할 일에 대해 분명한 목적을 설정한다.
- 자유와 제한점을 분명히 제시한다.
- 다양한 학습과 경험을 통해 학생들의 상상력을 고무한다.
- 학생들에게 협동할 기회를 제공한다.

가르칠 때 교사는

- 학생들이 성공에 대한 기준을 정하도록 도와준다.
- 예상치 못한 학습 기회를 활용한다.
- 개방적인 질문을 하고 비판적 반성을 격려한다.
- 일의 진행과정을 정기적으로 검토한다.

출처: QCA(Qualifications and Cirriculum Authority, 2005), 박찬옥 외, 2010에서 재인용.

3. 논리적 사고

1) 논리적 사고의 개념

논리란 '관계'의 측면이 매우 강하다. 논리적이라는 것은 '말과 말의 관계'를 고려해 보는 것, 즉 사용하는 말을 그 이전의 말과 의미적인 연결성을 유지하면서 지속하는 일이라고 할 수 있다(조선희, 2009). 어떤 주장이 무리 없이 일관되게 제시될 때, 즉 타당한 근거 위에 어떤 주장이 제시될 때 우리는 논리적이라고 말한다. 따라서 논리적이란 하나의 주장 혹은 문장 차원에서 결정되는 것이 아니라 두 개 이상의 문장들이 모여 어떤 주장을 할 때 그 문장들의 연결 관계에서 결정된다고 할 수 있다.

논리적 사고에 대한 학자들의 정의를 살펴보면, 이유 또는 근거가 분명하고 비약이 없으며 사건들 간의 관계를 타당성에 준거를 두고 검토하는 것(소홍렬, 2000; Wright, 1984), 어떤 주장이나 신념, 정보의 출처에 대한 정확성, 타당성, 가치를 판단하기 위해 객관적이고 지속적으로 분석하는 것(방명숙 외, 1995), 어떤 견해를 받아들일지 또는 어떤 행위를 할지 결정하기 위해서 주어진 언어적 · 비언어적 자료의 논리적 구조와 의미에 대한 파악을 토대로 개념, 증거, 준거, 방법, 맥락 등을 고려하여 최선의 판단을 내리는 것(한국교육과정평가원, 2002)으로 정의하고 있다. 즉 논리적 사고란 주장과 근거 간 유기적인 관계가 잘 성립되는가에 대한 합리적인 판단이라고 할 수 있다(박찬옥 외 , 2010).

2) 유아의 논리적 사고

유아의 논리적 사고는 언제부터 가능할까? 피아제와 인헬더(1958)는 유아들의 논리적 사고는 한계가 있다고 주장한다. 그러나 그 이후 연구들에서 과제를 다르게 사용하면 유아들도 논리적 사고가 가능하다는 결과를 제시하고 있다(Markman, 1978; McGarrigle, Grieve, & Hughes, 1978).

12개월 이후 영아들은 목적이 있는 행동을 할 수 있고 행동의 원인과 결과를 구분할 수 있다. 이 시기 영아들도 초보적인 인과관계에 대한 이해를 시작하는 것이다. 원인과 결과를 구분하고 이해하는 능력은 주장과 근거의 관계를 파악할 수 있는, 즉 논리적 사고를 할 수 있는 출발점이라고 할 수 있다.

특히 유아는 언어를 습득하고 이해하는 과정에서 논리적 사고를 적용하고 있다(조선희, 2009; Pinker, 2007). 논리는 언어와 관계가 깊다. 인간은 생각하는 것을 말이나 문자를 통해서 표현하기 때문에 인간의 사고를 이해하기 위해서는 그가 하는 말을 들으면 알 수가 있다. 4세 유아는 자신의 주장에 대한 근거나 이유를 표현하기 위해서 '~니까', '~아서', '~잖아요', '~라고', '~면(되지)', '~가?(의문문)', '~는데요', '~때문에', '~거든요' 등의 다양한 이유 표현을 사용한다(조선희, 2008). 이처럼 유아는 제한적이기는 하지만 사고하고 말을 하는 과정 전반에 거쳐 논리적으로 사고하는 것을 알 수 있다.

3) 유아 논리 · 논술 교육과 논리적 사고

유아의 논리적 사고를 증진시키기 위해서는 어떠한 방법이 가능할까? 여기에서는 논리적 사고를 향상시킬 수 있는 방법으로 관찰하기, 분류하기, 의사소통하기, 예측하기 등의 기술에 대해서 제시하고자 한다. 이러한 기술들은 유아가 보다 논리적으로 사고할 수 있도록 도움을 준다.

먼저 자신의 주장에 대한 근거를 명확하게 제시하기 위해서는 관찰이 매우 중요한 기술이다. 관찰은 우리의 오감을 이용해서 이루어진다. 보는 것, 듣는 것, 냄새 맡는 것, 만져 보는 것, 먹어 보는 것 모두 관찰할 때 사용된다. 오감을 이용한 관찰을 통해서 자신의 생각이나 주장을 내세울 수 있으며 이때 관찰한 내용이 자신의 주장에 대한 근거가 된다. 관찰은 추론이나 이론과 같은 인지적 과정이 아닌 경험적인 과정이다. 하지만 경험적 과정을 통해서 자신의 생각이나 주장을 갖게 되고 주장에 대한 근거가 마련될 수 있으므로 관찰은 인지적이고 논리적인 사고의 출발이라 하겠다.

유아와 함께할 수 있는 관찰의 예

유치원 가는 길

유아에게 일주일 동안 매일 '오늘 유치원에 가는 길에 무엇을 보았니?'라는 질문을 한다. 이러한 질문을 계속 하는 동안 유아는 같은 길이지만 유치원 가는 길에 대해서 조금씩 새로운 사실을 더 많이 알게 되고, 교사의 같은 질문에 더 풍부하고 다양한 반응을 보일 수 있을 것이다.

교사 : 오늘은 유치원 오는 길에 무엇을 보았니?

유아 : 오늘은 꽃을 보았어요. 개나리꽃이랑 목련꽃을 보았어요.

교사 : 어제는 꽃을 보지 못했니?

유아 : 어제도 보긴 봤는데 오늘이 훨씬 더 많이 봤어요.

교사 : 왜 그랬을까?

유아 : 봄이 되었기 때문에 꽃이 핀 것이에요(관찰(시각)에 의한 주장).

교사 : 봄이 되면 왜 꽃이 필까?

유아 : 날씨가 따뜻해서요(주장에 대한 관찰(촉각)에 의한 근거).

다음으로 논리적 사고를 위해서는 같은 속성끼리 분류하기는 기술이 필요하다. 같은 속성을 가진 대상끼리 무리지어 보는 행위인 분류하기는 책이나 장난감을 정리하기, 재활용품 분류하기 등 일상생활 속에서 쉽게 할 수 있다. 특성 속성에 따라 분류하기를 통해 유아는 관찰한 내용을 바탕으로 결론을 내리기 위해 필요한 기술이다.

유아와 함께할 수 있는 분류의 예

씨앗 분류하기

유아에게 다양한 종류의 씨앗을 한 접시에 담아서 준다. 호박씨, 해바라기씨, 잣, 완두콩, 검은콩, 강낭콩, 수박씨, 체리씨, 사과씨, 무궁화꽃씨, 나팔꽃씨, 채송화꽃씨 등. 유아에게 같은 종류의 씨앗끼리 모으고 분류된 씨앗에 이름을 붙이도록 한다. 왜 씨앗들을 그렇게 나누었는지 근거를 제시하도록 한다.

정서를 표현하는 언어 분류하기

물질적인 분류 이외에도 정서를 표현하는 언어에 대한 분류도 할 수 있다. 유아들에게 기쁘다, 좋다, 슬프다, 속상하다, 부끄럽다, 신난다, 재미있다, 아프다, 안타깝다 등 다양한 정서를 표현하는 낱말 카드를 제시하고 비슷한 의미의 단어끼리 모으도록 한다. 왜 그렇게 나누었는지 근거에 대해서 함께 이야기를 나눈다.

논리적인 사고를 위해서는 무엇을 하고 있는지, 무엇을 생각하고 있는지 사람들에게 알려야 한다. 다양한 표현 방식으로 자신의 생각을 알리는 방법이 바로 의사소통하기이다. 언어를 통해서 또는 그림, 지도, 그래프, 몸짓, 얼굴표정 등 다양한 방법으로 의사소통할 수 있다. 또한 다른 사람이 무슨 말을 하는지 귀 기울여 듣는 것 역시 의사소통하기에 포함된다. 논리 · 논술에서도 타인의 말에 귀 기울여 경청하는 것을 강조한다. 스스로 생각하기 위해서는 타인의 말에 귀를 기울일 수 있어야 한다(정대련, 2009). 듣기를 통해 다른 사람이 어떻게 생각하는지 알게 된다. 나의 생각을 알리고 다른 사람의 생각을 듣는 과정을 통해서 유아는 자신의 생각을 유지 · 수정 · 보완 · 발전시키게 된다.

유아와 함께할 수 있는 의사소통의 예

쓰레기를 함부로 버리면

'쓰레기를 함부로 버리면'이라는 주제로 유아들과 이야기 나누는 시간을 통해 유아가 어떠한 생각을 하고 있는지 자신의 언어로 말할 수 있다. 또한 친구의 말을 경청해서 듣고 친구의 생각은 어떠한지를 이해할 수 있다. 이러한 과정을 통해서 쓰레기를 어떻게 버려야 하는지, 쓰레기를 줄이기 위한 방법은 무엇인지에 대한 결론에 도달할 수 있다. 또한 유아들이 논의하는 과정과 논의 결과를 그래프나 표로 정리해서 언어적인 의사소통 이외의 표현적 의사소통이 이루어질 수도 있다.

마지막으로 논리적 사고를 위해서는 이전의 자료에서 보이는 패턴에 근거해서 가능한 결과에 대한 추측, 즉 예측하기를 들 수 있다. 관찰한 증거를 잘 활용한다면 보다 정확한 예측이 가능하다. 논리 · 논술 수업에서 교사가 유아에게 하는 중요한 질문 중 하나는 '어떻게 될까?'이다. '어떻게 될까?'라는 질문을 통해 유아는 관심과 흥미를 갖고 정확하게 관찰하고 현실을 파악할 수 있으며 결국엔 결론에 도달하게 된다. 물론 항상 정확하고 올바른 결론에 도달할 수는 없겠지만 이러한 예측하기 과정을 통해 유아는 자신의 주장에 대한 근거를 미리 생각해 볼 수 있게 되며 보다 논리적으로 사고할 수 있는 힘을 기르게 된다.

유아와 함께할 수 있는 예측의 예

어떻게 될까?

처음에는 관찰 가능한 물리적인 사실에 대한 질문을 통한 예측으로 시작하여 점차 유아들에게 삶의 가치와 관련된 질문에 대한 예측으로 옮겨간다.

'종이를 물에 넣고 한 시간 동안 그냥 놔두면 어떻게 될까?'

'꽃에 물을 주지 않으면 어떻게 될까?'

'전기를 아껴 쓰지 않고 낭비하면 어떻게 될까?'

'길가에 쌓인 눈을 치우지 않으면 어떻게 될까?'

이러한 질문으로 시작한 토의는 처음에는 어떻게 될지에 대한 예측을 하지만 점차 유아들의 실천적 행동으로까지 이어질 수 있기 때문에 매우 중요하다.

4. 도덕적 사고

1) 도덕적 사고의 개념

도덕이란 사회의 구성원들이 양심, 사회적 여론, 관습 따위에 비추어 스스로 마땅히 지켜야 할 행동 준칙이나 규범의 총체를 의미한다. 도덕은 외적 강제력을 갖는 법률과 달리 각자의 내면적 원리로서 작용하며, 또 종교와 달리 초월자와의 관계가 아닌 인간 상호 관계를 규정한다. 도덕적 사고는 선과 악을 구별하고 옳고 그름에 대한 판단, 인간관계에서 지켜야 할 규범에 대한 판단을 할 수 있는 능력으로 인간이 자신이 속한 집단 내에서 바람직한 행동을 할 수 있도록 하는 사고를 의미한다.

그렇다면 무엇이 우리를 도덕적으로 사고하여 바람직한 행동을 하도록 이끄는 것일까? 도덕에 대한 논의는 소크라테스부터 출발할 수 있다. 소크라테스는 '알면 행한다'라는 입장을 취하면서 '누구나 최고의 선으로 믿는 바를 반드시 추구하게 된다. 모든 덕은 최고의 선을 지향하기 때문에 무지한 사람을 제외하고는 누구나 반드시 유덕하게 된다'고 주장한다(도성달, 1997에서 재인용). 이러한 입장에서는 도덕적 사고는 반드시 도덕적 행동을 이끌어 낸다고 한다.

이와 반대로 아리스토텔레스는 아는 것과 행동하는 것은 별개의 것으로 생각했다.

무엇을 해야 하는지, 무엇이 우리의 삶을 더 성공적으로 만들 수 있는지 알면서도 그대로 행동하지 못하는 경우를 실제로도 발견하게 된다. 즉 도덕적 사고는 도덕적 의지가 없다면 도덕적인 행동을 이끌어 낼 수 없다는 것을 알 수 있다(설규주, 2002).

칸트는 도덕이란 행위의 결과나 보상과는 상관없이 단지 그것이 옳다는 이유로 행해져야 하는 어떤 것이라고 규정한다. 칸트는 행위의 결과는 우리의 의지에 따라서 결정될 수 없으므로 도덕적 근거가 될 수 없다고 보았다. 그러므로 선의지가 도덕의 유일한 근거가 된다. 선의지란 단지 옳다는 이유만으로 행동하고자 하는 것으로 도덕 법칙의 명령에 따르는 의지이다. 인간의 순수 이성은 선의지를 실천하도록 하는 힘으로 도덕 명령을 통해 '실천적'이 될 수 있다(강영안, 2000). 즉 도덕 법칙에 따르는 실천 이성을 통해 인간은 선의지를 실행하게 되는 것이다. 칸트는 소크라테스의 '알면 행한다'라는 명제를 '의지가 있으면 행한다'라는 명제로 바꾸어 놓으면서(설규주, 2002) 도덕적 의지가 있으면 도덕적인 행동으로 이어진다고 하였다.

칸트의 정언 명령

도덕 법칙은 무조건적인 명령, 즉 정언 명령의 형태로 제시된다. 어떤 조건이 붙은 명령, 예를 들어 '네가 선물을 받고 싶다면 청소를 해라'와 같은 가언 명령은 도덕 법칙이 될 수 없다. 전제가 되는 어떤 목적 없이 명령 그 자체가 목적인 명령이 도덕 법칙이 된다. 칸트의 정언 명령은 '너의 의지의 준칙이 항상 동시에 보편적 입법의 원리로 타당할 수 있도록 행위하라'이다. 이는 '너 자신이나 다른 사람의 인격을 항상 목적으로 다루고 결코 수단으로 다루지 말라'로 표현되기도 한다. 즉 칸트의 도덕 법칙은 보편성의 원리, 인간 존중의 원리를 포함하고 있다.

이러한 철학자들의 논의에서도 볼 수 있듯이, 도덕적 사고 자체도 중요하지만 도덕적 사고가 행동으로 이어지는가의 문제가 매우 중요하다. 도덕적 사고가 도덕적인 행동으로 연결되도록 하는 장치에 대한 고민이 여전히 남아 있다. 설규주(2002)는 이러한 장치를 세 가지로 제안한다. 첫째, 이익 개념 도입이다. 도덕적 사고와 도덕적 행동을 통해 정의롭고 이익이 되는 결과가 나타난다면 단지 의무감과 원칙 준수를 근거로 하는 것보다 도덕적 행동에 강한 동기가 될 수 있다. 둘째, 제한적 타율성 도입이다. 물론 도덕적 행동은 자율적으로 수행되었을 때 진정한 가치가 있다. 하지만 자신의 성향과 욕구의 한계에도 불구하고 선을 행하려는 의지를 스스로 갖는 것만을 의무로 볼 것이 아니라, 자신의 성향과 욕구를 거슬러 선을 행하도록 요구하는 외부의 강제에 따르는 것도 넓은 의미의 의무로 파악하는 것이다. 셋째, 동정심 도입이다. 동정심이 많은 사람에 대한 도덕성 교육은 그렇지 않은 사람보다 훨씬 수월할 수 있다. 동정심은 도덕적 행동을 하는 데 중요한 자원이 된다.

윌슨(1970)은 도덕적이라고 판단할 수 있는 기준을 보편성, 규정성, 우선성으로 제시한다. 보편성은 도덕적 판단이 일부 사람들에게만 편파적이어서는 안 되고 보편적으로 적용될 수 있어야 함을 의미한다. 어떤 특수한 사람이나 경우가 아니라 유사한 상황에서 모든 사람에게 적용되는 행동의 원리를 제시하는 것이 도덕적이라고 할 수 있다. 규정성은 도덕적 판단이 옳거나 선한 것으로서 반드시 지켜야 한다고 자신에게 규정하는 것을 의미한다. 즉 도덕적 판단이 선한 것인가 악한 것인가를 판단하는 것에 그치지 않고 행동으로 이어질 수 있도록 명령하는 것이다. 우선성은 도덕적 판단을 할 때 자신과 타인의 이익을 동등하게 고려하는 것을 의미한다. 이러한 기준은 다른 사람과 자신을 동등한 존재로 간주하고 있다는 것을 내포하고 있다.

2) 유아의 도덕적 사고

피아제(1965)는 5~13세 아동의 공기 놀이를 관찰하여 규칙의 존중에 대한 연구를 실시하였다. 이때 피아제는 아동에게 '이 게임의 규칙을 누가 만들었는가?', '누구나 이 게임의 규칙을 지켜야 하는가?', '이 게임의 규칙을 바꿀 수 있는가?' 등의 질문을 했다. 이러한 질문을 통해 아동이 생각하는 규칙이나 정의, 의도성에 대한 이해, 벌에 대한 태도 등을 근거로 하여 도덕성 발달 단계를 타율적 도덕성, 자율적 도덕성으로 구분하였다. 이때 피아제의 결론은 유아는 타율적 도덕성 단계에 있다는 것이다. 즉 규칙은 신이나 부모와 같은 권위적 존재에 의해서 만들어진 것으로 변할 수 없는 것이고, 따라서 그 규칙을 어겼을 때는 벌을 받아야 한다는 것이다. 타율적 도덕성 단계에서 자율적 도덕성 단계로 넘어가기 이전 아동은 과도기적 단계를 거친다. 이 시기에는 타율적 도덕성과 자율적 도덕성이 동시에 나타난다. 과도기적 단계를 지나면 대부분의 아동이 자율적 도덕성 단계에 도달한다. 이 단계의 아동은 규칙은 사람이 만든 것이고 규칙은 변경될 수 있다고 생각하며 도덕적 판단에서 상황적 요인을 고려하는 융통성을 보인다.

도덕적 사고의 발달을 위해서는 인지적 성숙과 사회적 경험이 중요한 역할을 한다. 유아는 자기중심적 사고가 감소하고 역할수용 능력이 발달함으로 인해 도덕적 문제를 여러 각도에서 조망할 수 있게 되는 것이다.

피아제 이후 연구에서도 도덕적 사고가 연령에 따라 발달한다는 것과 일치하는 결과를 얻게 되었다(Jose, 1990; Lapsley, 1996). 하지만 결과에 관계없이 보다 어린 유아들도 나쁜 의도를 가졌던 행위보다 좋은 의도를 가졌던 행위를 더 호의적으로 평가하는 연구결과(Nelson, 1980)도 제시되었다.

| 표 2-2 | 피아제의 도덕성 발달 단계

단계	아동의 도덕적 사고	사례
타율적 도덕성 단계	• 규칙은 신이나 부모와 같은 권위적 존재에 의해서 만들어진 것이므로 신성한 것이고 변경될 수 없는 것이다. • 행위의 의도보다는 행위의 결과에 기초해 도덕적 판단을 한다.	엄마 설거지를 돕다가 접시를 10개 깨뜨리는 것이 엄마 몰래 과자를 꺼내 먹으려다 접시를 1개 깨뜨리는 것보다 더 나쁘다고 판단
자율적 도덕성 단계	• 규칙은 사람이 만든 것으로 상황에 따라서 변경될 수 있다. • 행위의 결과보다 행위의 의도에 기초해 도덕적 판단을 한다.	엄마 설거지를 돕다가 접시를 10개 깨뜨리는 것보다 엄마 몰래 과자를 꺼내 먹으려다 접시를 1개 깨뜨리는 것이 더 나쁘다고 판단

3) 유아 논리 · 논술 교육과 도덕적 사고

윌슨(1990)은 이유가 없이 또는 잘못된 이유를 가지고 행동하는 사람과 정당한 이유를 가지고 행동하는 사람은 매우 중요한 차이가 있다고 주장한다. 이유 없이 또는 잘못된 이유로 행동하는 사람은 습관이나 충동, 두려움, 조건화 등에 의해 우연히 옳은 행동을 할 수 있지만, 정당한 이유를 지닌 사람은 진정으로 옳은 행동을 할 수 있다면서 도덕적으로 교육된 사람은 정당한 이유를 가지고 행동하는 사람이라고 주장한다.

일반적으로 꼼꼼하고 치밀한 '논리'로 문제를 해결하는 사람을 보면 인간적이지 못하다고 느끼기도 하고, 논리적으로 치밀하지는 않아도 상대방을 생각해 주는 사람을 인간적이라고 생각하기도 한다. 그렇다면 논리 · 논술과 도덕적 사고는 대립적인 것인가?

이 질문에 이지명(2007)은 '논리적 사고'는 글자 그대로 논리적인 방식으로 논리에 입각해서 또는 논리를 사용해서 사고하는 방식을 의미하고, 같은 관점으로 '도덕적 사고'는 도덕적인 방식으로 또는 도덕에 입각해서 도덕성을 기준으로 사고하는 방식을 의미한다고 주장하면서 '사고'라는 말 자체에 이미 논리의 의미가 포함되어 있다고 한다.

다음의 표는 이지명이 제시한 도덕적 사고를 위한 영역과 학습 요소이다. 이 표를 살펴보면 논리 · 논술에서 필요로 하는 요소들과 상당히 유사하다는 것을 알 수 있다. 즉 도덕적 사고는 삶에서 필요한 문제 해결 방안을 제시하고 행동하고 반성하는 것이고 논리 · 논술은 자신의 의견을 정리하여 논의하고 평가하는 것이다. 즉 문제 상황에 대한 분석을 통해 다양한 관점을 해결하는 과정과 자신의 의견을 논리에 맞게 정리하고 평가하는 과정은 매우 유사하다. 따라서 논리 · 논술 교육은 유아가 도덕적으로 사고하고 도덕적으로 행동할 수 있도록 하는 좋은 틀이 될 수 있다.

| 표 2-3 | 도덕적 사고하기의 영역과 학습 요소

영역	학습 요소
규범과 원리에 대한 이해	• 사실과 가치의 이해 • 정의 • 규율 정신 • 집단에 대한 애착 • 자율성 • 사람에 대한 이해 • 지식과 기술의 습득
문제 상황 탐구	• 가치 갈등 • 가치 명료화 • 가치의 확인, 비교, 대조 • 도덕적 추론 • 사태에 대한 인식, 분석
도덕적 상상력	• 공감적 이해 • 도덕적 정서(양심, 자아존중, 감정이입, 귀납적 훈육, 선에 대한 사랑, 겸손, 배려 등) • 도덕감 • 자신과 타인의 정서에 대한 이해 • 역할 채택 • 도덕적 반성 능력
도덕적 판단력	• 가치판단 • 도덕 이론의 현실에의 적용 • 도덕 이론 자체에 대한 비판 • 도덕적 결정
도덕적 행위	• 도덕적 능력 • 도덕적 실천 의지 • 도덕적 습관
행위에 대한 성찰	• 행위에 대한 반성

출처 : 이지명(2007), 도덕적 사고하기를 통한 논술지도전략, 윤리연구 64호.

다음으로는 유아의 도덕적 사고의 함양과 증진을 위해서 윌슨의 도덕성 네 가지 범주를 제시하고 유아교육에서 적용될 수 있는 활동에 대해 소개하도록 한다.

첫 번째는 다른 사람을 나와 동등하게 고려하기이다. 여기에는 사람의 개념 알기, 사람의 개념을 도덕 원리로 주장하기, 사람의 개념을 사람 지향적 차원에서 도덕 원리로 지지하는 정서 감정 가지기, 사람의 개념을 의무 지향적 차원에서 도덕 원리로 지지하는 정서 감정 가지기의 요소가 포함된다.

유아와 함께할 수 있는 활동 : 다른 사람을 나와 동등하게 고려하기

사람의 몸 탐색하기

사람은 누구나 똑같아요.

너와 나는 사이좋은 친구

우리는 모두 소중한 사람이에요.

다른 나라 사람들은 어떻게 생겼을까?

온 세상(지구)에 친구가 가득해요.

두 번째 범주는 사람들의 정서 감정을 인식하기이다. 이 범주에는 정서의 개념 알기, 나의 정서 감정을 인지하기, 타인의 정서 감정을 이해하기의 요소가 포함된다.

유아와 함께할 수 있는 활동 : 사람의 정서 감정 인식하기

기쁘다와 비슷한 말은?

슬프다와 비슷한 말은?

기쁠 때 나는요……

슬플 때 나는요……

지금 내 기분은……

친구의 기분은 어떨까?

세 번째 범주는 엄연한 사실적 지식과 사회적 기술을 습득하기이다. 이 범주에는 엄연한 사실에 관해 알기, 엄연한 사실의 정보원에 관해 알기, 언어적인 사회적 기술 습득하기, 비언어적인 사회적 기술 습득하기의 요소가 포함된다. 사실적 지식이나 사회적 기술은 언뜻 생각하면 도덕적 사고와 관련 없는 것처럼 보인다. 하지만 사실적 지식을 알아 나가는 과정과 사회적 기술을 습득하는 과정은 우리의 인지적 능력을 향상시키고 인지적 능력은 도덕적 사고의 습득에 중요한 영향을 미친다. 따라서 도덕적 사고를 위한 교육을 위해서 사회인지적 지식과 기술의 증진이 필요하다.

유아와 함께할 수 있는 활동 : 사실적 지식과 사회적 기술 습득하기

쇠는 물에서 뜰까?
자석에 붙은 것은?
봄에 새싹이 자라나요.
바른 자세와 바른 말로 인사해요.
우리말에는 높임말이 있어요.
친구에게 도움을 줄 수 있어요.
'찬구야, 도와줘'라고 말해요.

네 번째 범주는 도덕적 문제를 인식, 사고, 판단하여 행동하기이다. 이 범주에는 도덕적 문제인가를 타당하게 인식하기, 도덕적 문제에 대해 철저하게 사고하기, 도덕적 문제를 정당하게 결정하기, 도덕적 문제를 판단대로 행동하기의 요소가 포함된다. 윌슨은 도덕적 문제를 인식하고 판단하여 행동하는 문제를 도덕성의 가장 마지막 범주에 포함시키면서 타인에 대한 고려, 감정과 정서 인식, 사실적 지식과 사회적 기술 습득이 기초가 되어야만 비로소 도덕적인 문제를 인식하고 판단하고 행동에 옮길 수 있다고 파악하였다.

유아와 함께할 수 있는 활동 : 도덕적 문제를 인식, 사고, 판단, 행동하기

나쁜 마음, 좋은 행동이 있을 수 있을까?
소중한 것 나누어 갖기
너무 욕심을 부리면 안 돼요.
고집을 피우면 안 돼요.
차례를 지키면 행복해요.
규칙을 정해요.
서로를 위해서 규칙을 지켜요.
좋은 일을 하면 기분이 좋아져요.
잘못했을 때는 인정하고 사과해요.

5. 배려적 사고

1) 배려적 사고의 개념

배려란 도와주거나 보살펴 주려고 마음을 쓰는 것을 의미한다. 배려하고 배려받는 것은 인간이 가진 기본적인 욕구 중 하나이다. 모든 사람은 다른 사람의 배려를 받으면서 살아간다. 특히 기본생활을 혼자서 해결할 수 없는 유아들에게는 배려가 매우 필요하고 중요한 일이다. 인간은 타인을 배려할 줄 알아야 하며, 타인에게 이해되고 수용되며 존중받고 인정되어야 한다. 립맨(2005)은 배려한다는 것은 존중하는 것에 대해 관심을 집중시키는 것이며 그것의 가치를 받아들이고 그 가치를 유지하는 것이라고 정의했다. 배려는 누군가와 관계를 맺으며 살아가는 데 요청되는 삶의 기본 형태이다(서현석, 2007).

배려적 사고는 가치부여적 사고(appreciative thinking), 규범적 사고(normative thinking), 정서적 사고(affective thinking), 감정이입적 사고(empathic thinking), 행동적 사고(active thinking) 등 다섯 유형을 포함한다. 각 사고의 유형은 특정 영역에 한정된 개별적인 특성을 지녔다기보다 본질상 배려적 사고의 특성을 모두 공유하고 있다는 점에서 상호 보완적 성격을 지닌다(정대련, 2009). 배려적 사고의 다섯 유형은 다음과 같다(이춘희 · 정대련, 2008; Lipman, 2003).

먼저 배려적 사고는 가치부여적 사고이다. 가치부여란 가치를 높게 인정하거나 소중히 여기는 것이다. 타인에 대해 관심이나 염려를 보이는 모든 종류의 사고는 가치부여적 사고라고 할 수 있다. 여기에는 소중하게 여기기(prizing), 가치있게 여기기(valuing), 축하하기(celebrating), 마음에 간직하기(cherishing), 감탄하기(admiring), 존중하기(respecting), 보존하기(preserving), 칭찬하기(praising) 등이 속한다.

둘째, 배려적 사고는 규범적 사고이다. 규범적 사고는 실제와 이상을 비교하여 마땅히 이루어져야 할 바에 대해 고려하는 사고이다. 규범적 사고의 특성에는 요구하기(requiring), 의무 다하기(obliging), 강제적 의무 따르기(compelling), 적절함 알기(appropriate), 권면하기(enforcing), 강하기 요구하기(demanding), 기대하기(expectant) 등이 포함된다.

셋째, 배려적 사고는 정서적 사고이다. 정서적 사고는 감정이 이성의 작용에 방해하는 것이 아니라 감정이 이성과 융합될 수 있도록 하는 것을 의미한다. 너스바움(Nussbaum, 1992)은 감정이 없다면 판단도 완전하지 않다는 점을 제안하면서 진실을 표현하기 위해서는 감정도 표현되어야 함을 주장했다. 따라서 정서적으로 사고하고 배려하는 것은 이성적 사고와 논리적인 사고를 위해서 꼭 필요한 일일 것이다. 정서적 사고에는 좋아하기(liking), 사랑하기(loving), 길러 주기(fostering), 경의를 표하기(honoring), 화해하기(reconciling), 친근하기(friendly), 격려하기(encouraging) 등이 포함된다.

넷째, 배려적 사고는 감정이입적 사고이다. 감정이입이란 자신이 타인의 입장에서 그들의 감정과 경험에 빠져 보는 것을 의미한다. 즉 타인의 실제 속으로 투사하고 숙고하여 그 대상에 대해서 이해하는 것이다. 감정이입적 사고의 특성에는 고려하기(considerate), 동정하기(compassionate), 성원 보내기(curatorial), 주의를 기울여 돌보기(nurturant), 연대감 갖기(solicitous), 세심하게 주의를 기울이기(mindful), 진지해지기(serious), 상상하기(imaginative) 등이 있다.

다섯째, 배려적 사고는 행동적 사고이다. 행동 또한 자신을 나타내는 언어라고 할 수 있다. 관심을 갖고 가치부여를 하는 것을 정서적 사고라고 한다면 직접 돌보는 것은 행동적 사고라고 할 수 있다. 행동적 사고에는 조직하기(organizing), 참여하기(participating), 관리하기(managing), 실행하기(executing), 구축하기(building), 공헌하기(contributing), 완수하기(performing), 구하기(saving) 등이 있다.

요약하면, 배려적 사고는 대안을 찾고 관계를 발견하거나 발전시키고 차이를 판단하고 조절해 가는 데 작용하는 정신적 작용이다. 배려적 사고를 행한다는 것은 생각하는 주제에 대해 관심을 기울이고 자신의 인격적 준거로서 관계들의 가치를 판단하고 행동하는 것을 의미한다. 또한 배려적 사고는 가치를 보존하고 무엇을 해야 하는가에 대하여 주체적으로 사고해야 하며 타인의 감정과 경험에 몰입하여 생각하는 감정이입이 포함된 사고이다(서현석, 2007).

2) 유아의 배려적 사고

유아기에 나타나는 배려적 사고는 어떤 모습일까? 자기중심적 사고의 특성을 지닌 유아도 배려적 사고를 할 수 있는가? 생후 6개월 영아도 성인의 감정표현에 반응

할 수 있다고 한다. 대상영속성이 획득된 영아들은 자타의 구별을 할 수 있게 되면서 자신이 겪은 정서적인 반응이 다른 사건 때문이라는 것을 알게 된다(이세나, 이영석, 2000). 2~3세 유아도 타인의 감정이 자신의 감정과 같지 않다는 감정조망을 시작하는 것으로 알려졌다(김정진, 1990). 이렇게 타인의 감정에 대한 고려에 대한 유아의 반응은 유아가 배려적 사고를 한다는 것을 의미한다.

배려적 사고는 일반적으로 남아보다 여아에게서 더 잘 나타난다. 영아들 앞에서 엄마가 아파서 우는 척을 하면 여아들은 함께 그 아픔을 느끼며 우는 반면, 남아들은 아픈 엄마에게 관심을 두지 않는다. 여아는 남아보다 더욱 친밀하고 밀접한 친구관계를 유지할 수 있다(Mccoby & Jacklin, 1974). Levine과 Hoffman(1976)의 연구에서도 여아의 공감능력이 남아보다 우월하게 나타났다. 이렇듯 타인에 대한 관심과 보살펴 주려는 마음은 어린 영아기부터 보이지만 성별의 차이는 커 보인다. 따라서 배려적 사고에 대한 교육을 실시할 때 성차를 고려할 필요가 있다.

3) 유아 논리 · 논술 교육과 배려적 사고

우리의 삶에서 배려적 사고란 왜 필요한가? 배려적 사고, 그 자체가 목적이 아니라 배려적 사고를 통해 보다 우리가 다른 사람들과 함께 어울리면서 보다 친근하고 행복한 삶을 살 수 있기 때문이다. 민주시민으로서 살아갈 수 있는 자질을 함양하고, 인간이 함께 어우러져 사는 행복한 사회를 만들기 위해서는 타인에 대한 배려적 사고의 교육이 어렸을 때부터 실행되어야 할 것이다.

립맨과 샤프는 1974년 아동철학증진연구소(IAPC: Institute for the Advancement of Philosophy for Children)를 설립하고 아동의 철학적 사고력 증진을 목적으로 철학교육을 실시하였다. 이 연구소에서 행한 프로그램은 대화와 토론을 통하여 자신에게 중요한 문제들을 탐색하고 서로의 말을 경청하고 이야기 속에 내재해 있는 가정이 무엇인지 찾고, 그에 대한 실례와 반례를 들고, 이유와 근거를 찾으며 서로의 아이디어를 구성해 가는 것이다(이춘희, 정대련, 1997). 이러한 과정을 통해 유아는 인간 존중의 원리를 배우고 서로를 배려하는 방법과 태도를 배웠고 이 프로그램의 효과는 많은 연구를 통해 증명되었다. 특히 이러한 프로그램을 통해 인권존중 사고의 향상(Schleifer & Poirier, 1996), 존중하고 배려하며 주체적으로 사고하는 능력의 향상

(Palsson, 1994) 등이 가능했다. 하나의 주제에 대한 대화와 토론 등의 형식을 통한 교육은 유아의 논리 · 논술 교육의 가장 기본적인 형태의 교육이다. 이때 어떠한 주제를 선택하느냐에 따라 논리 · 논술 교육은 유아의 배려적 사고를 증진시킬 수 있는 좋은 교육 형태가 될 수 있다.

배려적 사고를 증진시키기 위한 교육

1. 동화책을 통한 교육

'피노키오'를 읽고 '왜 피노키오는 제페트 할아버지의 마음을 아프게 할까?'라는 질문을 통해 타인의 마음이나 입장을 이해하는 경험을 한다.

2. 놀이를 통한 교육

병원놀이를 통해 의사와 간호사, 환자, 약사의 입장과 그들의 마음을 이해하는 경험을 한다. 또한 역할을 정할 때도 서로가 원하는 역할을 알아보고, 원하는 역할을 하지 못하게 되는 유아의 마음이 어떠한지 고려해 본다. 어떻게 하면 모두 만족스러운 역할 정하기가 될 수 있는지 이야기를 나눈다.

3. 프로젝트 활동을 통한 교육

프로젝트 주제로 '마음', '친구', '행복', '도와주기' 등의 내용을 선정하여 관련된 활동을 하면서 배려적 사고를 키울 수 있다.

4. 다문화교육

세상에 다양한 문화가 존재하며 문화들 모두 소중하고 존중받을 가치가 있다는 활동을 통해 배려적 사고를 키울 수 있다.

5. 상상을 통한 교육

'내가 만일 축구공이라면?'이라는 상상적 질문을 통해 항상 사람들에게 발로 차이는 축구공의 입장에서 생각해 보도록 한다. 또는 '내가 만일 꽃이라면?'이라는 상상적 질문을 통해 사람들이 꽃인 나를 어떻게 바라보고 생각해 주면 좋은지에 대한 생각을 해보도록 한다.

지금까지 논리 · 논술과 관련된 다양한 형태의 사고에 대해서 살펴보았다. 비판적 사고, 창의적 사고, 논리적 사고, 도덕적 사고, 배려적 사고에 따른 논리 · 논술 교육의 요소는 |표 2-4|와 같이 정리할 수 있다.

| 표 2-4 | 사고에 따른 논리 · 논술 교육의 요소

사고의 유형	논리 · 논술 교육의 요소
비판적 사고	판단하기, 주장하기, 탐구하기, 관심 갖기, 명료화하기, 가정하기, 의견 표현하기, 인과관계 알기
창의적 사고	독창성, 유창성, 정교성, 융통성, 상상력, 응용력
논리적 사고	추론하기, 설명하기, 비교하기, 탐색하기, 분류하기, 관찰하기, 예측하기, 문제 해결, 재구성하기, 기억하기
도덕적 사고	가치 판단하기, 공감적 이해하기, 자신의 정서 이해하기, 타인의 정서 이해하기, 도덕적 결정 내리기, 반성하기
배려적 사고	소중하게 여기기, 존중하기, 칭찬하기, 축하하기, 의무 다하기, 격려하기, 감정이입, 주의 기울이기, 감상하기

생각해 볼 문제

1. '빗'으로 할 수 있는 놀이를 열 가지 이상 생각해 보시오.
2. 유아 교실에서 칸트의 정언 명령을 활용할 수 있는 방안을 생각해 보시오.
3. 교사의 창의성과 유아의 창의성 발달의 관계성에 대해서 토의해 보시오.

유아 논리 · 논술 교육과 논리적 기법

유아의 논리 · 논술 교육을 위해서는 논리적으로 말하고 생각하도록 하는 연습과 훈련이 필요하다. 논리적으로 말하고 생각한다는 것은 무엇을 의미할까? 우리는 말과 말 사이에 적절한 관계가 그 관계에 오류가 없는 것을 '논리적'이라고 말한다. 3장에서는 논리적으로 말하고 생각하기 위해 필요한 다양한 논리적 기법을 다루고자 한다.

1. 추론

1) 전제와 결론

전제란 어떠한 사물이나 현상을 이루기 위하여 먼저 내세우는 것으로 추론을 할 때 결론의 기초가 되는 판단을 의미한다. 결론이란 추론에 있어서 일정한 명제를 전제로 하여 이끌어 낸 판단을 의미한다. 추론에서는 어떤 주장을 하게 되는 이유와 그 주장을 설명할 때 전제와 결론이라는 용어를 사용한다. 전제와 결론의 관계가 적절할 때 우리는 그 추론을 타당한 추론이라고 말하고, 전제와 결론의 관계가 적절하지 않을 때 그 추론은 오류라고 말한다.

전제 : 나는 부모님의 자녀이다.
결론 : 그러므로 나는 부모님을 닮았다.

위의 두 문장에서, 내가 부모님을 닮았다는 결론이 나오기 위해서는 내가 부모님의 자녀라는 전제가 필요하다. 즉 전제와 결론의 관계가 적절한 타당한 추론이다.

전제 : 나는 부모님의 자녀이다.
결론 : 그러므로 나는 여자이다.

위의 두 문장을 보면 어떤 현상에 대한 주장이 있고 그것의 이유를 제시하고 있으므로 추론이라고 할 수 있다. 그러나 두 문장의 관계는 적절하지 못하다. 나는 부모님의 자녀이기 때문에 여자인 것은 아니기 때문에 전제와 결론의 관계가 적절하지 못한 오류이다.

자신의 생각을 이야기할 때 자신의 주장이 무엇인가를 말하는 것도 중요하지만 왜 그러한 주장을 하게 되었는지 그 이유에 대한 설명 역시 중요하다. 자신의 주장과 그 이유가 적절한 관계로 구성되어 있을 때 논리적이라고 말할 수 있다. 또한 다른 사람의 이야기를 들을 때도 그들의 주장이 무엇인지, 그렇게 말하는 이유가 타당한지를 살펴서 들어야 한다. 이것이 논리 · 논술 교육의 시작이라고 할 수 있을 것이다.

결론 지시어 & 전제 지시어

'그러므로, 따라서, 그리하여, 그래서, 그렇기 때문에, 그런 점에서' 등과 같은 단어들은 결론 지시어라고 하고, '그 이유는, 왜냐하면, 그 까닭은, 때문이다' 등과 같은 단어는 전제 지시어라고 한다. 결론 지시어와 전제 지시어를 사용하면 문장의 특성을 더욱 분명히 해준다.

2) 귀납 추론

귀납 추론이란 개별적인 특수한 사실이나 원리로부터 일반적이고 보편적인 명제 및 법칙을 유도해 내는 것을 의미한다.

전제 1 : 3살 예지는 블록놀이를 좋아한다.

전제 2 : 4살 준성이도 블록놀이를 좋아한다.

전제 3 : 5살 진영이도 블록놀이를 좋아한다.

결론 : 그러므로 모든 유아는 블록놀이를 좋아한다.

몇몇 유아들을 관찰해 보니 이들은 블록놀이를 좋아한다는 사실을 알게 되었고 이와 같은 사실을 근거로 모든 유아가 블록놀이를 좋아한다는 결론을 내리는 것이 귀납 추론이다. 하지만 위의 예에서도 볼 수 있듯이, 몇 명의 유아가 블록놀이를 좋아한다고 모든 유아가 다 블록놀이를 좋아하는 것은 아닌 것처럼 일반화시키는 것은 문제가 있다. 귀납 추론에서 전제들이 모두 참이라고 해서 그 결론이 항상 참이 되는 것은 아니다. 따라서 귀납 추론의 신뢰도를 높이기 위해서는 충분한 만큼의 사례 검토, 관찰된 사실의 확실성 검토, 표본의 전형성 검토, 반대 사례 조사, 다른 결론의 가능성 조사 등을 고려해야 한다.

이러한 약점에도 불구하고 귀납 추론은 여러 번의 경험과 시도를 통해 자연과학에서 법칙을 세우는 데 매우 중요한 역할을 했다. 귀납 추론은 발견을 위한 논리로 과학의 발달에 많은 도움이 되었다.

귀납적으로 생각하기

유아들과 귀납적으로 생각하는 훈련을 할 수 있다. 어떠한 사건을 설정하고 반 유아들의 여러 사례를 통해 결론에 도달하도록 한다.

예 ○○의 손톱이 지난주에 비해 자랐다.
△△의 손톱도 지난주에 비해 자랐다.
□□의 손톱도 지난주에 비해 자랐다.
그러므로 모든 사람이 손톱은 계속 자란다.

3) 연역 추론

연역 추론이란 일반적인 사실이나 원리를 전제로 하여 개별적인 사실이나 보다 특수하고 새로운 다른 원리를 이끌어 내는 것을 의미한다. 연역 추론은 경험을 필요로 하지 않고 순수한 사고에 의해서 이루어진다.

대전제 : 모든 사람은 죽는다.
소전제 : 소크라테스는 사람이다.
결론 : 그러므로 소크라테스는 죽는다.

위의 삼단 논법은 연역 추론이다. 연역 추론에서 대전제가 참이라면 결론은 참일 수밖에 없다. 즉 연역 추론에서 결론의 도출 과정은 필연적으로 사실이다. 연역 추론은 귀납 추론과는 달리 누구도 부정할 수 없는 결론을 이끌어 낸다. 연역 추론은 경험을 통한 지식을 확장시키지는 못하지만, 논리적으로 생각하는 과정의 중요성을 일깨워 준다.

연역적으로 생각하기

유아들과 연역적으로 생각하는 훈련을 할 수 있다. 항상 참인 사실을 대전제로 설정하고 반 유아들의 개별적인 소전제를 통해 결론에 도달한다.

예 모든 칼은 날카롭다.
○○반에는 칼이 있다.
그러므로 ○○반에 있는 칼은 날카롭다.

4) 유비 추론

유비 추론이란 같은 종류의 것 또는 비슷한 것에 기초하여 다른 사물을 미루어 추측하는 것을 의미한다. 두 개의 사물이 여러 면에서 비슷하다는 것을 근거로 다른 속성도 유사할 것이라고 추론하는 것이다.

준성이의 아버지는 어렸을 때 곤충을 좋아했다.
준성이의 아버지는 곤충학자가 되었다.
준성이는 아빠와 닮은 점이 많다. 특히 준성이도 곤충을 무척 좋아한다.
그러므로 준성이는 커서 곤충학자가 될 것이다.

유비 추론에서는 말하고자 하는 대상과 비교되는 대상의 특성이 유사해야 한다는 점이 매우 중요하다. 비교되는 대상들 사이에 비슷한 특성이 많을수록 주장은 더욱 설득력이 높아지고, 비슷한 특성이 적을수록 주장은 설득력은 낮아진다.

유비 추론과 비유법

유비 추론은 이해하기 쉬운 사물이나 사건에 빗대어 표현한다는 점에서는 비유법과 유사하지만, 전제와 결론의 구조로 되어 있다는 점에서 비유법과 구별된다. 유비 추론은 논증의 한 형태로서, 우리가 주장하고자 하는 내용을 뒷받침해 주는 근거로 그와 유사한 사물이나 사건을 제시하는 것이고, 비유법은 수사법의 일종으로, 표현하려는 사물을 다른 사물에 빗대어 표현함으로써 그 자체의 성질, 모양 등을 뚜렷하고 선명하게 하여 쉽게 이해시키기 위한 것이다.

비유법으로 글쓰기

비유법에는 직유법, 은유법, 풍유법, 대유법 등이 있다. 유아에게 비유법을 사용하여 말하기, 글쓰기를 하도록 유도할 수 있다.

직유법 : 어떤 사물을 표현하려고 할 때 연관성을 가진 다른 사물을 직접 끌어다가 연결하여 나타내는 수사법.
예 앵두처럼 예쁜 입술, 별처럼 반짝이는 눈동자

은유법 : 어떤 사물을 표현하려고 할 때 간접적, 암시적으로 표현하는 수사법.
예 내 마음은 호수요.

풍유법 : 본뜻은 숨기고 비유하는 말만으로 숨겨진 뜻을 암시하는 수사법. 속담이나 격언 등이 풍유법에 속한다.
예 세 살 버릇 여든 간다. 작은 고추가 맵다.

대유법 : 하나의 사물이나 관념을 나타내는 말이 경험적으로 그것과 밀접하게 연관된 다른 사물이나 관념을 나타내도록 표현하는 수사법.
예 '백의(白衣)의 천사' – 간호사
'요람에서 무덤까지' – 태어나서 죽을 때까지

5) 딜레마

딜레마란 선택해야 할 길은 두 가지 중 하나로 정해져 있는데, 그 어느 쪽을 선택해도 바람직하지 못한 결과가 나오게 되는 곤란함을 의미한다. 독일의 철학자 아루투르 쇼펜하우어의 우화를 보면, 추위에 견디지 못하고 몸을 기대어 서로 온기를 나누던 두 마리의 고슴도치 이야기가 나온다. 두 마리의 고슴도치는 너무 가까워지면 서로의 침에 찔리고 그렇다고 서로 너무 떨어져 있으면 추운 딜레마에 빠진다는 것이다. 딜레마의 상황에서 인간은 갈등하고 고민하게 된다. 갈등과 고민을 통해 선택을 해야 하고 자신의 선택에 후회하거나 죄책감을 갖지 않아야 한다. 딜레마 상황에 직면했을 때 유아가 그 상황을 어떻게 해결해야 하는지 갈등하고 고민하는 과정을 통해 유아의 논리적 사고가 깊어질 수 있다.

2. 개념과 정의

1) 개념

개념이란 어떤 사물 현상에 대한 일반적인 인식을 의미한다. 개념은 여러 관념 속에서 공통된 요소를 뽑아내어 종합하여서 얻은 하나의 일반적인 관념이다. 물질에 대한 많은 관찰을 통해 과학자들은 모든 물질은 아주 작은 입자로 구성되었다고 믿게 되었다. 즉 물질이 아주 작은 입자로 구성되었다는 것은 관찰된 사실을 통해서 나온 개념이다. 이렇듯 개념은 일반적으로 판단에 의하여 획득된다. 다양한 사실, 사건, 물질 등에 대한 개념의 획득을 통해 유아는 논리적 사고를 확장시킬 수 있다.

하지만 개념은 판단에 의한 것이기 때문에 항상 보편성을 갖는 것은 아니다. 개념은 누가, 언제, 어떻게 판단을 하느냐에 따라 달라질 수 있다. 예를 들어, 책 10권이 어떤 상황에서는 '책이 많다'라는 개념으로 이해하지만 또 다른 상황에서는 '책이 적다'라는 개념으로 이해할 수 있기 때문이다. 책 10권은 바뀌지 않았지만 상황에 따라서 책 10권이라는 개념이 '책이 많다' 또는 '책이 적다'는 개념으로 바뀌게 된다. 따라서 어떠한 단어와 문장의 개념을 이해하더라도 전체 맥락 속에서 그 단어(문장)가 어떻게 사용되고 있는지를 파악하는 것이 더 중요한 일이다.

2) 정의

정의란 한 낱말이 어떠한 의미를 갖는 것으로 하자는 사람들의 동의로 이루어지는 약속을 의미한다. 정의는 대부분 오랜 세월을 거쳐 결정되는 경우가 대부분이다. 정의는 사람들 간의 약속이기 때문에 정의 자체는 참이거나 거짓이 아니다. 예를 들어 날아다니는 짐승을 '새'라고 정의했을 때, 이 '새'라는 낱말 자체가 참 또는 거짓일 수는 없다는 것이다. 낱말 '새'의 의미는 두 측면에서 정의할 수 있다. 하나는 '새'라는 낱말이 가리키는 대상들 전체의 집합이다. 이를 '새'의 외연(外延, extension)이라 한다. 이때 낱말의 외연을 이용하여 내리는 정의를 '외연적 정의'(extensional definition)라 한다. '새'라는 낱말을 정의하는 또 다른 방식은 '새'가 갖는 다른 사물이나 대상과 구별되는 속성으로 정의하는 방법이다. 이때 '새'가 갖는 여러 속성을 '새'의 내포(內包, intension)라 한다. 내포를 이용하여 내리는 정의를 '내포적 정의'(intensional definition)라 한다.

정의는 개념의 가장 본질적인 특성을 나타내고 정확한 기준을 제공하기 때문에, 개념처럼 사람들의 판단에 따라 쉽게 달라지지 않는다. 우리가 다른 사람들과 의사소통이 가능한 이유는 사람들이 어떤 낱말에 대한 공통된 개념, 즉 정의를 지니고 있기 때문이다.

낱말의 개념과 정의 알기

유아들과 함께 낱말의 개념과 정의 알기 활동을 할 수 있다. 유아들이 알고 있는 단어의 뜻에 대한 각자 지니고 있는 개념을 말해 보고 정확한 정의를 알아본다.

예 교사 : '사과'하면 어떤 것들이 생각나나요?

유아 1 : 빨간색이요.

유아 2 : 맛있어요.

유아 3 : 우리 몸에 좋아요.

교사 : 여러분들은 사과에 대해서 빨갛고 맛있고 우리 몸에 좋다는 개념을 갖고 있네요. 그런데 빨갛고 맛있고 우리 몸에 좋은 것은 사과뿐인가요?

유아 : 아니요. 토마토도 그래요.
체리도요.

교사 : 그럼 사과만 나타내도록 설명할 수 있을까요?

유아 1 : 사과나무에서 열려요.

유아 2 : 사과나무에서 열리는 열매요.

3. 오류

1) 흑백 논리

흑백 논리란 모든 문제를 흑과 백, 선과 악, 득과 실의 양 극단으로만 구분하고 중립적인 것을 인정하지 않는 편중된 사고방식이나 논리를 의미한다. '좋지 않다'는 말은 '싫다'를 의미하는 것은 아니다. '좋지 않다'는 말은 '좋아하지는 않지만 싫어하지도 않는다'라는 의미도 가능하다. 그러나 유아는 '좋지 않다'는 말을 '싫다'는 말로 받아들이는 경우가 많다. 또 유아는 '선생님은 ○○이가 좋다'라고 했을 때 '그럼 △△이는 싫다는 뜻이네'라고 받아들이기도 한다. 따라서 유아에게 논리 · 논술 교육을 통해 모든 문제를 흑과 백, 이것 아니면 저것으로 판단하는 것 이외에도 다양한 대안과 방법이 있다는 것을 교육시킬 수 있다.

전래동화에 나타난 흑백 논리 다르게 생각하기

권선징악의 교훈을 주로 가르치는 전래동화는 자칫 잘못하면 유아들에게 흑백 논리의 눈으로 세상을 보게 할 수 있다. 유아들이 알고 있는 전래동화의 인물과 줄거리를 다른 시각으로 평가해 보게 한다.

예 교사 : 개미와 베짱이는 어떤 이야기죠?

유아 1 : 여름에 열심히 일한 개미는 겨울에 먹을 식량이 많았어요. 그런데 베짱이는 여름 내내 노래만 불러서 먹을 것이 없어 겨울에 굶어 죽었어요.

교사 : 그러면 노래를 열심히 부르면 먹을 것이 없게 될까요? 여러분이 노래를 매일 부르면 어떻게 될까요?

유아 2 : 노래를 잘 불러요.

유아 3 : 가수가 되어요.

교사 : 그래요. 노래만 부른다고 해서 다 먹을 것이 없어서 굶어 죽는 것은 아니에요. 부지런히 식량을 모으는 개미와는 다른 방법으로 성공할 수도 있어요.

2) 모순

모순이란 어떤 사실의 앞뒤 또는 두 사실이 이치상 어긋나서 서로 맞지 않음을 의미한다. 모순이란 말은 중국 초나라의 상인이 창과 방패를 팔면서 창은 어떤 방패로도 막지 못하는 창이라 하고 방패는 어떤 창으로도 뚫지 못하는 방패라 하여, 앞뒤가 맞지 않은 말을 하였다는 데서 유래하였다. 모순(矛盾)은 창을 뜻하는 모(矛)와 방패를 뜻하는 순(盾)이 더해져서 앞뒤가 맞지 않는 말을 할 때 사용된다.

명제 1 : 이 창은 무슨 방패든 다 뚫는다.
명제 2 : 이 방패는 어떤 창에도 뚫리지 않는다.

여기에서 명제 1이 참이라고 할 때, 명제 2는 거짓이 된다. 명제 1이 거짓이라면 명제 2는 참이 된다. 이렇듯 서로 대립되는 말이 동시에 참이 될 수 없을 때 또는 동시에 거짓이 될 수 없을 때 그 말은 서로 '모순' 관계에 있다고 한다. 모순되는 말과 글은 설득력이 없고 신뢰성이 떨어진다. 따라서 유아가 모순되는 말, 생각, 행동을 하지 않도록 논리 교육이 필요하다.

모순의 오류 지적하기

유아들이 앞뒤 두 말이 서로 맞지 않은 이야기를 할 때, 질문을 통해 두 사실이 서로 어긋난다는 것을 인식시켜 준다.

예 유아 1 : 닭이 알보다 먼저야.
유아 2 : 아니야! 알이 닭보다 먼저야.
교사 : 자, 왜 닭이 먼저죠?
유아 1 : 닭이 알을 낳으니까 닭이 먼저예요.
교사 : 닭은 알이 없으면 태어날 수 있을까요?
유아 2 : 맞아요. 알에서 닭이 나오니까 알이 먼저예요.
교사 : 알은 어디서 왔을까요? 하늘에서 떨어졌을까요?
유아 2 : 아니요. 닭이 알을 낳아요.

3) 순환논증

순환논증이란 논증되어야 할 명제를 논증의 근거로 하는 잘못된 논증을 의미한다. 논증하여야 하는 결론을 잠재적 · 현재적으로 논증의 전제로 하는 논증 방법이다. 그러므로 결론의 진리와 전제의 진리가 서로 의존하여 논증의 형식을 가지고는 있으나 실제로 논증되지는 않는다. 예를 들어 '그는 정직하다. 왜냐하면 그는 사람을 속이지 않기 때문이다'는 순환논증이다. 정직한 것과 사람을 속이지 않는다는 말은 두 문장이 서로 다른 문장의 전제나 결론이 되어 맞물려 있다. 즉 순환논증에서는 전제와 결론이 확실하게 구분되지 않는다. 유아 논리 · 논술 교육을 통해 유아가 어떠한 말이나 글에 근거를 제시할 때 순환논증에 빠지지 않고 명확한 근거를 제시할 수 있도록 하는 훈련을 할 수 있다.

순환논증에서 결론에 대한 구체적이고 명확한 근거 제시하기

유아들이 결론과 전제가 같은 순환논증의 오류를 범할 때, 결론을 도출하는 과정에서 증명되어야 할 구체적이고 명확한 근거를 제시하도록 질문을 한다.

예 유아 : 나는 정직해. 왜냐하면 나는 거짓말을 하지 않기 때문이야.

교사 : 정직하다는 것이 거짓말을 하지 않는다는 말과 같은 뜻이지? 왜 정직한지에 대해 다시 이야기해 보자. 정직하게 행동했던 적이 있니?(구체적 근거 찾기)

유아 : 네. 유리컵을 깨뜨렸는데 엄마에게 솔직하게 이야기했어요.

교사 : 그렇구나. 자신의 잘못을 숨기지 않고 솔직하게 이야기했구나. ○○는 정말 정직한 어린이구나.

4. 토론과 토의

토론과 토의는 문제를 해결하기 위해 노력하는 방법으로 논리적인 근거를 사용해서 자신의 주장을 펼치는 의사소통 방법이라는 공통점을 지니지만 명백한 차이가 존재한다. 토론과 토의의 차이점을 이해하고 해결해야 하는 문제가 발생했을 때 토론과 토의 중 어떤 방법을 택하는 것이 바람직한지를 판단할 수 있어야 한다.

1) 토론

토론이란 어떤 문제에 대하여 여러 사람이 각각의 의견을 말하며 논의하는 것을 의미한다. 서로 다른 주장을 가지고 있는 사람들이 자기의 의견을 주장하며 상대방을 설득하는 것이 토론의 목적이다. 가장 일반적인 토론으로 찬반토론을 들 수 있는데 찬반토론은 승패가 나뉘기도 하기 때문에 경쟁의식을 고취시킨다는 오해를 하기 쉽다. 하지만 찬반토론은 이기고 지는 것에 초점을 두는 것이 아니라 보다 합리적이고 논리적으로 상황을 인식하고 더 좋은 결정을 내릴 수 있도록 하는 좋은 방법이다.

토론을 통해 다르다는 것이 틀린 것이 아니라는 것을 정확히 인지하고 의견이 다른 상대방을 존중해야 한다는 것을 배우게 된다. 다양성을 인정하고 존중하는 자세가 토론의 기본 자세이다. 상대방의 의견과 반대되는 의견을 제시하고, 이를 통해 도출되는 승패를 인정하는 올바른 토론 문화는 의사소통 능력을 향상시키고 타인을 존중하고 배려하는 태도를 기르게 한다.

유아와 함께 할 수 있는 토론의 예

- 친구의 이름을 부르지 않고 별명을 부르는 것은 좋은가?
- 언니(오빠)는 동생에게 무조건 양보해야 하는가?
- 교실에서 장수풍뎅이를 키워도 되는가?

2) 토의

토의는 어떤 문제에 대하여 여러 의견을 듣는 것으로 집단 사고 과정을 거쳐 최선의 문제 해결안을 모색하는 것을 의미한다. 토의는 서로의 의견을 종합하여 좀 더 발전적인 의견을 도출할 수 있는 좋은 의사소통 방법이다. 토의를 통해 자신의 생각을 말하면서 가장 좋은 결과를 찾게 된다. 토의할 때는 논리적이고 설득력 있게 자신의 생각을 전달하는 것이 중요하다. 화려한 미사여구나 어려운 단어, 전문 용어를 사용하는 것보다 모두가 이해할 수 있는 말로 명확하게 의견을 전달하는 것이 더 효과적이다. 토의를 통해 협력, 존중을 경험하게 되고 서로의 생각을 수용하고 발전시키면서 논리적인 사고 능력과 논리적 표현 능력이 향상될 수 있다.

유아와 함께할 수 있는 토의의 예

- 우리반 생활 주제를 무엇으로 정할 것인가?
- 교실 화분에 물을 주는 순서는 어떻게 정할까?
- 소풍을 어디로 가는 것이 좋을까?

생각해 볼 문제

1. 유아의 스마트폰 사용은 필요한가?라는 주제로 찬반토론을 해 보시오.
2. 순환논증의 예를 찾아 보시오.
3. 죄수의 딜레마란 무엇인지 알아 보시오.

Chapter 4

누리과정과 유아 논리 · 논술 교육

누리과정은 유치원과 어린이집에 다니는 만 3~5세 어린이들의 공평한 교육과 보육 기회 보장을 위해 2012년부터 공통으로 시행하도록 만든 표준 교육 내용을 말한다. 2012년 3월 5세 누리과정을 시작으로 2013년 3월부터는 3~4세까지 확대되어 시행되고 있다.

누리과정은 만 3~5세 유아의 심신의 건강과 조화로운 발달을 도와 민주시민의 기초를 형성하는 것을 목적으로 한다. 누리과정의 목표는 다음과 같다.

① 기본 운동 능력과 건강하고 안전한 생활 습관을 기른다.

② 일상생활에 필요한 의사소통 능력과 바른 언어 사용 습관을 기른다.

③ 자신을 존중하고 다른 사람과 더불어 생활하는 능력과 태도를 기른다.

④ 아름다움에 관심을 가지고 예술 경험을 즐기며, 창의적으로 표현하는 능력을 기른다.

⑤ 호기심을 가지고 주변 세계를 탐구하며, 일상생활에서 수학적 · 과학적으로 생각하는 능력과 태도를 기른다.

누리과정은 신체운동 · 건강 영역, 의사소통 영역, 사회관계 영역, 예술경험 영역,

자연탐구 영역의 5개 영역으로 구성된다. 4장에서는 3~5세 누리과정의 각 영역의 내용을 살펴보고, 각 영역의 내용별로 적용할 수 있는 논리 · 논술 교육 활동에 대해 5세를 중심으로 살펴보고자 한다.

1. 신체운동 · 건강 영역과 유아 논리 · 논술 교육

신체운동 · 건강 영역은 자신의 신체를 긍정적으로 인식하고 즐겁게 신체활동에 참여함으로써 유아기에 필요한 기본 운동 능력을 기르고, 건강하고 안전한 생활 습관을 갖는 것을 목표로 한다. 이 영역은 '신체 인식하기', '신체 조절과 기본 운동하기', '신체 활동에 참여하기', '건강하게 생활하기', '안전하게 생활하기'의 다섯 가지 내용범주로 구성된다.

각 내용범주별 목표는 다음과 같다.

① 신체 인식하기 : 감각 능력을 기르고, 자신의 신체를 긍정적으로 인식한다.

② 신체 조절과 기본 운동하기 : 신체를 조절하고 기본 운동 능력을 기른다.

③ 신체 활동에 참여하기 : 신체 활동에 즐겁게 참여한다.

④ 건강하게 생활하기 : 건강한 생활 습관을 기른다.

⑤ 안전하게 생활하기 : 안전한 생활 습관을 기른다.

'신체 인식하기', '신체 조절과 기본 운동하기', '신체 활동에 참여하기'는 주로 기본 운동 능력과 신체 활동의 내용이며, '건강하게 생활하기', '안전하게 생할하기'는 건강하고 안전한 일상생활을 위한 기본 생활 습관에 관한 내용을 포함한다. '신체 인식하기'는 감각능력과 감각기관의 활용능력을 기르고, 자신의 신체를 긍정적으로 인식하도록 하는 데 중점을 둔다. '신체 조절과 기본 운동하기'는 자신의 신체를 적절히 조절할 수 있는 능력을 기르고 이 시기에 해야 할 운동을 체계적이고 규칙적으로 실시하여 기본적인 운동 능력과 기초 체력을 기르는 데 중점을 둔다. '신체 활동에 참여하기'는 유아가 자유롭게 뛰어놀면서 즐거움을 지속적으로 경험하고, 자발적인 신체활동을 통해 기초 체력을 배양하며, 더불어 건강한 자아를 형성하는 데 중점을 둔다. '건강하게 생활하기'는 청결과 위생, 수면과 휴식, 바른 식생활을 통해 신체적으로나 정신적으로 건강한 일상생활 습관을 갖도록 하는 데 중점을 둔다. '안전하게 생활하기'는 안전하게 놀이하는 생활 습관을 기르고 교통규칙을 지키며, 비상시에 발생할 수 있는 위험에 적절히 대처할 수 있는 생활 태도를 기르는 데 중점을 둔다.

1) '신체 인식하기'와 유아 논리 · 논술 교육

여기에서는 누리과정 '신체 인식하기' 내용에 대한 유아 논리 · 논술 교육 활동 방법에 대해서 제시하고자 한다.

| 표 4-1 | '신체 인식하기'의 내용과 연령별 세부내용

<table>
<tr><th rowspan="2">내용
범주</th><th rowspan="2">내용</th><th colspan="3">세부내용</th></tr>
<tr><th>3세</th><th>4세</th><th>5세</th></tr>
<tr><td rowspan="4">신체
인식
하기</td><td rowspan="2">감각능력
기르고
활용하기</td><td>감각적 차이를
경험한다.</td><td>감각적 차이를
구분한다.</td><td>감각으로 대상이나 사물의
감각능력 특성과 차이를
구분한다.</td></tr>
<tr><td>감각기관을 인식하고,
활용해 본다.</td><td colspan="2">여러 감각기관을 협응하여 활용한다.</td></tr>
<tr><td rowspan="2">신체를
인식하고
움직이기</td><td>신체 각 부분의 명칭을
알고, 움직임에 관심을
갖는다.</td><td colspan="2">신체 각 부분의 특성을 이해하고 활용하여 움직인다.</td></tr>
<tr><td colspan="3">자신의 신체를 긍정적으로 인식하고 움직인다.</td></tr>
</table>

① '감각능력 기르고 활용하기'와 유아 논리 · 논술 교육

- 무게 순서대로 나열하기
- 상자 속에 든 사물 알아맞히기

'감각능력 기르고 활용하기'는 유아가 미세한 감각적 차이를 구분할 수 있는 보다 예민한 감각능력의 발달을 돕는 내용이다. 맛, 온도, 소리, 무게 등에 대한 감각적 경험을 통해 그 미세한 차이를 구분하도록 한다. 예를 들어, 같은 종류의 소리 중에서 조금 더 큰 소리와 작은 소리를 구분해 보고, 단맛 중에 더 단맛과 약간 덜 단맛을 구분해 보는 활동을 해 본다.

또한 발달된 감각능력을 충분히 활용하여 각 감각 영역 간의 원활한 협응과 활용을 통해 대상이나 사물의 특성과 차이를 인식하는 능력을 배양하기 위한 내용이다. 이는 유아가 다양한 감각기관을 동시에 활용함으로써 사물에 대해 다각적인 측면으로 탐색하고 정확히 이해할 수 있도록 하며, 발달된 감각기관의 협응과 활용을 토대로 여러 가지 사물의 특성과 차이를 보다 정확히 인식할 수 있는 능력을 배양하는 내용이다.

'감각능력 기르고 활용하기'에서는 논리 · 논술 교육 활동으로 유아에게 각각 다른 무게를 가진 비슷한 크기의 물건들을 제시한 후 무게 순서대로 나열해 보도록 한다. 예를 들어, 풍선, 탱탱볼, 축구공, 볼링공을 들어보게 하여 무게에 대한 감각적 경험을 해 보게 한 후, 제시된 물건들을 무거운 순서대로 나열해 보도록 한다. '왜 이것이 가장 무겁다고 생각하니?', '탱탱볼이 축구공보다 가볍다고 생각하는 이유가 무엇이니?'와 같이 유아가 물건들을 나열하게 된 이유 · 증거 · 원인을 탐색하는 질문을 해 봄으로써 비판적 사고력을 촉진시킬 수 있다.

또한 유아에게 한 가지 감각을 활용하여 사물을 알아맞히도록 하는 활동을 진행해 본다. 예를 들어, 눈을 가리고 혹은 불투명한 상자 속에 손을 집어넣어 촉각만으로 유아가 어떤 사물인지 알아맞히도록 하는 활동을 통해 촉각을 활용하여 사물을 인식하고 구분하는 경험을 제공하고, 촉각적 경험을 바탕으로 어떤 사물인지 추리해 보게 한다.

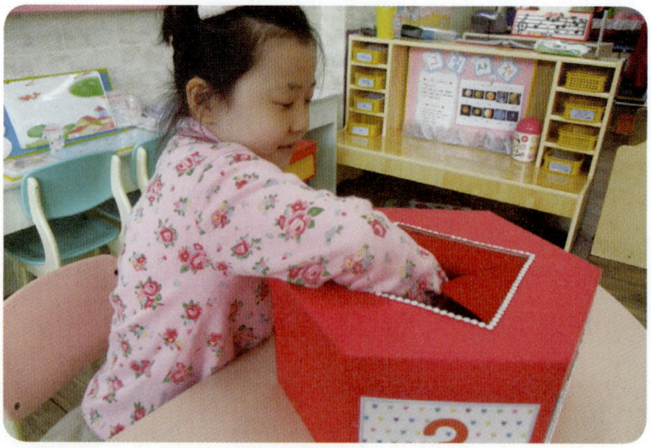

상자 속에 든 사물 알아맞히기

② ‘신체를 인식하고 움직이기’와 유아 논리 · 논술 교육

• 신체의 각 부분을 사용하여 볼링핀 넘어뜨리기

‘신체를 인식하고 움직이기’는 신체 각 부분의 특성을 이해하고 이를 활용하여 움직이는 신체활동을 통해 자신의 신체를 긍정적으로 인식하는 태도를 기르는 내용이다. 유아가 신체 각 부분의 움직임과 특징을 구체적으로 인식하고 움직이도록 한다. 또한 안정되고 자신감 있게 움직일 수 있는 다양한 신체활동의 기회를 제공해 줌으로써, 유아가 자신의 신체를 보다 긍정적으로 인식하도록 한다.

‘신체를 인식하고 움직이기’에서 활용할 수 있는 유아 논리 · 논술 교육 활동으로는 신체의 각 부분을 사용하여 볼링핀을 넘어뜨리는 활동을 들 수 있다. 유아에게 손, 머리, 엉덩이 등 신체의 특정 부위만을 사용하여 볼링핀을 넘어뜨리도록 지시한다. 처음에는 손바닥 같은 익숙한 부위에서 시작하여, 점차 무릎, 팔꿈치 등 평소 몸에서 잘 활용하지 못했던 신체 부분으로 확장하여 진행한다. 게임이 끝나면 신체 어느 부위를 사용했을 때 볼링핀을 넘어뜨리기 쉬웠는지 혹은 어려웠는지 비교해 보고, 왜 그랬는지 그 이유에 대해 이야기해 보도록 한다.

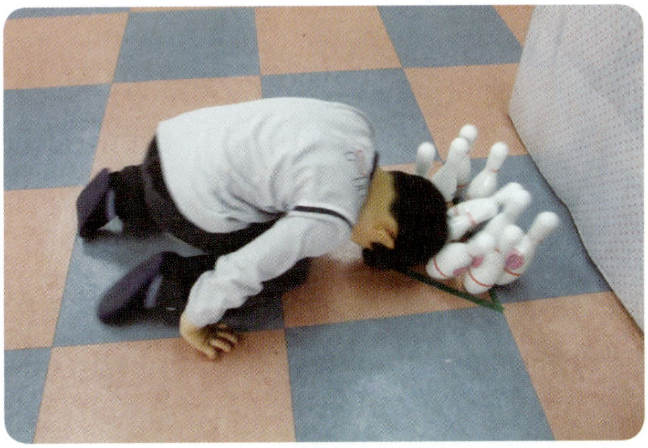

머리를 사용한 볼링핀 넘어뜨리기

2) '신체 조절과 기본 운동하기'와 유아 논리 · 논술 교육

여기에서는 누리과정 '신체 조절하기와 기본 운동하기' 내용에 대한 유아 논리 · 논술 교육 활동 방법에 대해서 제시하고자 한다.

| 표 4-2 | '신체 조절과 기본 운동하기'의 내용과 연령별 세부내용

<table>
<tr><th rowspan="2">내용
범주</th><th rowspan="2">내용</th><th colspan="3">세부내용</th></tr>
<tr><th>3세</th><th>4세</th><th>5세</th></tr>
<tr><td rowspan="7">신체
조절과
기본
운동
하기</td><td rowspan="5">신체
조절하기</td><td>신체균형을 유지해본다.</td><td colspan="2">다양한 자세와 움직임에서 신체균형을 유지한다.</td></tr>
<tr><td>공간, 힘, 시간 등의 움직임 요소를 경험한다.</td><td colspan="2">공간, 힘, 시간 등의 움직임 요소를 활용하여 운동한다.</td></tr>
<tr><td>신체 각 부분의 움직임을 조절해 본다.</td><td colspan="2">신체 각 부분의 움직임을 조절한다.</td></tr>
<tr><td colspan="3">눈과 손을 협응하여 소근육을 조절해 본다.</td></tr>
<tr><td></td><td></td><td>도구를 활용하여 여러 가지 조작 운동을 한다.</td></tr>
<tr><td rowspan="2">기본
운동하기</td><td>걷기, 달리기 등 이동 운동을 한다.</td><td colspan="2">걷기, 달리기, 뛰기 등 다양한 이동 운동을 한다.</td></tr>
<tr><td>제자리에서 몸을 움직여 본다.</td><td colspan="2">제자리에서 몸을 다양하게 움직인다.</td></tr>
</table>

① '신체 조절하기'와 유아 논리 · 논술 교육

• 자전거가 되어 움직이기

'신체 조절하기'는 정지 또는 이동 시 무게, 움직이는 속도, 힘, 연속성 등을 고려한 몸의 조정 및 균형 유지 능력을 의미하며, 유아들이 바른 자세와 여러 가지 운동기능 발달에 필요한 지식과 기술 태도를 기르기 위한 내용이다. 이는 유아로 하여금 신체의 균형감을 기르도록 하며, 몸 전체나 팔, 다리 등 신체 각 부분의 움직임에 대한 조절을 연습해 보도록 하는 내용이다. 또한 신체 부분을 움직일 때 동작의 요소인 공간, 힘, 시간 등을 활용하여 다양한 움직임을 만들어 내도록 하며, 가위나 칼 등 각종 도구를 사용하여 소근육 운동능력과 조작기술의 발달을 돕는 내용이다.

'신체 조절하기'에서는 논리 · 논술 교육 활동으로 유아에게 자전거가 되어 움직여 보도록 한다. 자전거가 언덕길을 올라갈 때, 내리막길을 내려올 때처럼 움직여 보게 하고 왜 그렇게 움직였는지 이야기해 보도록 한다.

② '기본 운동하기'와 유아 논리 · 논술 교육

- 동물들처럼 움직이기
- 교사의 지시에 따라 움직이기

'기본 운동하기'는 몸을 한 곳에서 다른 곳으로 이동하면서 움직이는 내용과, 몸을 축으로 하여 장소를 옮기지 않고 움직이는 것이 세부내용이다. 걷기, 달리기, 뛰기 등의 이동 운동을 통해 기초체력을 기르고, 리듬적 운동능력과 표현능력을 증진하며 균형감이 풍부해져서 창의적인 동작에 활용할 수 있는 기초를 이루게 된다. 또한 앉거나 제자리에 서서 몸을 다양하게 움직이면서 신체 부분 간의 관계를 탐색하고, 신체 균형감, 특정 동작을 모방하는 지각-운동 능력, 창의적 표현을 위한 활동이 이루어질 수 있는 내용이다. 제자리에서 운동하기에는 뻗기, 구부리기, 꼬기, 제자리에서 돌기, 흔들기, 떨기, 앉기 등의 동작이 있다.

'기본 운동하기'에서는 논리 · 논술 교육 활동으로 동물들처럼 이동하며 움직여 보도록 한다. 거북, 뱀, 원숭이, 표범 등과 같이 움직여 보는 활동을 통해, 자신의 신체 움직임을 조절할 수 있게 되고, 보다 향상된 신체 능력을 갖게 됨과 동시에 각종 동물들의 동작의 차이점을 알게 된다. 같은 동물에 대해 친구들 간에 다르게 표현한다면, 타인과 자신의 관점의 차이를 알고 비교해 볼 수도 있다.

또한 유아들에게 교사의 다양한 지시 조건에 따라 움직여 보도록 하는 활동을 한다. 팔을 높게 뻗어 보기, 배를 다른 신체 부위보다 가장 높게 만들기, 발가락을 가능한 높이 뻗기, 자동차 유리창의 와이퍼나 시계추처럼 움직여 보기 등의 활동을 통해 유아는 신체의 특정 부분을 인식하고, 그 특징을 이해하고, 신체의 유연성, 평형성, 공간 지각 등을 경험하게 된다. 또한 유아는 이러한 활동을 통해 교사의 구두적 지시를 듣고 이해하는 능력과 교사의 요구에 따라 다양한 신체 표현 방법을 구상해 내는 창의적 사고력을 발달시키게 된다.

캥거루처럼 움직여 보고 있는 유아들

3) '신체 활동에 참여하기'와 유아 논리 · 논술 교육

여기에서는 누리과정 '신체 활동에 참여하기' 내용에 대한 유아 논리 · 논술 교육 활동 방법에 대해서 제시하고자 한다.

| 표 4-3 | '신체 활동에 참여하기'의 내용과 연령별 세부내용

<table>
<tr><th rowspan="2">내용 범주</th><th rowspan="2">내용</th><th colspan="3">세부내용</th></tr>
<tr><th>3세</th><th>4세</th><th>5세</th></tr>
<tr><td rowspan="5">신체 활동에 참여하기</td><td rowspan="3">자발적으로 신체 활동에 참여하기</td><td>신체 활동에 자발적으로 참여한다.</td><td colspan="2">신체 활동에 자발적이고 지속적으로 참여한다.</td></tr>
<tr><td colspan="3">다른 사람과 함께 하는 신체 활동에 참여한다.</td></tr>
<tr><td></td><td>자신과 다른 사람의 운동 능력의 차이에 관심을 갖는다.</td><td>자신과 다른 사람의 운동 능력의 차이를 이해한다.</td></tr>
<tr><td>바깥에서 신체 활동하기</td><td colspan="3">규칙적으로 바깥에서 신체 활동을 한다.</td></tr>
<tr><td>기구를 이용하여 신체 활동하기</td><td colspan="3">여러 가지 기구를 이용하여 신체 활동을 한다.</td></tr>
</table>

① '자발적으로 신체 활동에 참여하기'와 유아 논리 · 논술 교육

• 2인 3각 달리기

'자발적으로 신체 활동에 참여하기'는 유아들이 개인 또는 집단으로 하는 다양한 신체 활동에 자발적이고 적극적으로 참여함으로써 신체운동 활동을 생활 속에서 즐기고, 사람마다 운동능력의 차이가 있음을 인지하고 이를 이해하고 존중하는 태도를 길러주는 내용이다. 유아들이 자발적으로 신체 활동에 참여함으로써 자유롭게 뛰어놀고, 소리치며 노래하고 즐길 수 있는 기회를 갖게 한다. 또한 동일 연령의 유아일지라도 발달 및 운동 종류에 따라 운동능력의 차이가 있을 수 있음을 인정하고 서로 다른 점을 존중해 줄 수 있는 태도를 길러주도록 한다.

'자발적으로 신체 활동에 참여하기'에서는 2인 3각 달리기 활동을 논리 · 논술 교육 활동으로 확장시켜 볼 수 있다. 2인 3각 달리기 게임을 한 후 혼자 달릴 때와 어떤 차이점이 있었는지 유아들과 이야기를 나누어 본다.

② '바깥에서 신체 활동하기'와 유아 논리 · 논술 교육

• 숨바꼭질

'바깥에서 신체 활동하기'는 실외놀이터, 숲 등의 자연에서 활동하는 내용이다. 특별한 경우를 제외하고 가능한, 날씨나 기온 변화에 크게 구애받지 않고 매일매일 규칙적으로 바깥 놀이 활동을 실시하도록 하는 내용이다.

'바깥에서 신체 활동하기'에서는 숨바꼭질 놀이를 논리 · 논술 교육 활동으로 확장시켜 본다. 바깥에서 숨바꼭질을 하면서 숨는 친구들은 여러 장소를 비교 · 탐색하여 술래가 찾지 못할 곳을 생각해 내고, 술래는 친구들이 숨을 만한 곳을 예측하여 찾아보는 가운데 논리적 사고력이 발달될 수 있다. 숨바꼭질이 끝난 후에는 어떤 곳에 숨었을 때 찾기 쉬웠는지, 왜 그곳에 숨게 되었는지 등에 대해 이야기를 나누어 본다.

③ '기구를 이용하여 신체 활동하기'와 유아 논리 · 논술 교육

• 시소 균형 맞추기

'기구를 이용하여 신체 활동하기'는 유아들이 다양한 기구들을 활용함으로써 대근육 운동능력을 기르고 기구를 이용하는 방법을 습득하게 하는 내용이다. 유아들은 이와 같은 다양한 기구를 활용하는 과정에서 대근육 발달은 물론 신체 유연성이나 근력, 근지구력 등 기초체력을 기르고 운동능력이 균형 있게 발달될 수 있도록 하는 내용이다.

'기구를 이용하여 신체 활동하기'에서 활용할 수 있는 논리 · 논술 교육 활동으로 시소 균형 맞추기가 있다. 시소 한쪽에 선생님이 타고 시소가 평행을 이루도록 하려면 친구들 몇 명이 타야 할까 유아들에게 예측해 보도록 한다. 예측한 대로 아이들을 태워 균형이 맞나 확인해 본다. 시소가 기우는 경우 균형이 맞게 하려면 어떠한 조합으로 친구들을 태우는 것이 좋은지 유아들이 예측해 보게 하고, 확인하는 작업을 반복한다. 예측을 할 때 왜 그렇게 생각하는지에 이야기해 보도록 한다.

4) '건강하게 생활하기'와 유아 논리 · 논술 교육

여기에서는 누리과정 '건강하기 생활하기' 내용에 대한 유아 논리 · 논술 교육 활동 방법에 대해서 제시하고자 한다.

| 표 4-4 | '건강하게 생활하기'의 내용과 연령별 세부내용

내용범주	내용	세부내용		
		3세	4세	5세
건강하게 생활하기	몸과 주변을 깨끗이 하기	손과 이를 깨끗이 하는 방법을 알고 실천한다.		스스로 몸을 깨끗이 하는 습관을 기른다.
		주변을 깨끗이 한다.	주변을 깨끗이 하는 습관을 갖는다.	

<table>
<tr><th rowspan="2">내용 범주</th><th rowspan="2">내용</th><th colspan="3">세부내용</th></tr>
<tr><th>3세</th><th>4세</th><th>5세</th></tr>
<tr><td rowspan="8">건강하게 생활하기</td><td rowspan="3">바른 식생활 하기</td><td colspan="2">음식을 골고루 먹는다.</td><td>적당량의 음식을 골고루 먹는다.</td></tr>
<tr><td>몸에 좋은 음식에 관심을 갖는다.</td><td>몸에 좋은 음식을 알아본다.</td><td>몸에 좋은 음식을 선택할 수 있다.</td></tr>
<tr><td>바른 태도로 식사한다.</td><td colspan="2">음식을 소중히 여기고 식사예절을 지킨다.</td></tr>
<tr><td rowspan="3">건강한 일상생활 하기</td><td colspan="3">규칙적으로 잠을 자고, 적당한 휴식을 취한다.</td></tr>
<tr><td colspan="3">하루 일과에 즐겁게 참여한다.</td></tr>
<tr><td>스스로 화장실에서 배변한다.</td><td>바른 배변습관을 가진다.</td><td>규칙적인 배변습관을 가진다.</td></tr>
<tr><td rowspan="2">질병 예방하기</td><td>질병의 위험을 알고 주의한다.</td><td colspan="2">질병을 예방하는 방법을 알고 실천한다.</td></tr>
<tr><td>날씨에 맞게 옷을 입는다.</td><td colspan="2">날씨와 상황에 알맞게 옷을 입는다.</td></tr>
</table>

① '몸과 주변을 깨끗이 하기'와 유아 논리 · 논술 교육

• 깨끗이 하지 않을 경우 상상하기

'몸과 주변을 깨끗이 하기'는 유아가 건강한 신체를 유지하기 위한 기초로 청결한 생활 습관을 갖게 하기 위한 내용이다. 유아가 손과 몸, 이를 항상 청결하게 유지하기 위한 습관을 갖게 하며, 유아들의 개인장 및 활동실에서 유아교육기관까지 유아들이 이용하는 공공시설이나 공간을 깨끗하게 이용하는 습관을 갖게 한다.

'몸과 주변을 깨끗이 하기'에서 활용 가능한 논리 · 논술 교육 활동으로 유아들에게 몸과 주변을 깨끗이 하지 않을 경우 어떠한 상황이 발생할지 생각해 보고 이에 대해 이야기를 나누어 보도록 한다. 손을 계속 씻지 않으면 어떻게 될지, 장난감을 가지고 놀고 치우지 않을 경우 어떻게 될지에 대해 유아들 스스로 상상력을 발휘하여 예측해 봄으로써 정리와 청결의 필요성에 대해 인식할 수 있게 한다. 또한 몸과 주변을 깨끗이 하지 않은 경우에 대한 재미난 설정을 동화로 만들어 보게 함으로써 유아의 창의적인 표현능력을 기를 수도 있다.

② '바른 식생활하기'와 유아 논리 · 논술 교육

• 영양소에 따라 음식 분류하기

'바른 식생활하기'는 유아가 몸의 건강을 유지하기 위한 영양의 중요성을 알고 실천하며, 영양의 기본지식과 올바른 식습관을 형성하도록 하는 내용이다. 유아가 편식하지 않고 다양한 영양분을 골고루 섭취할 수 있게 지도하며, 우리 몸의 건강과 영양 간의 관계를 알고 몸에 좋은 음식을 선택할 수 있도록 지도한다. 그리고 유아가 하나의 음식이 만들어지기까지의 과정에서 수고한 사람들의 노력을 알고, 음식의 소중함을 느낄 수 있도록 한다. 또한 유아가 올바른 수저사용법, 끝까지 앉아서 먹기, 음식을 입에 넣고 말하지 않기 등 식사예절을 익히도록 지도한다.

'바른 식생활하기'에서 적용해 볼 수 있는 논리 · 논술 교육 활동은 다양한 음식을 영양소에 따라 분류해 보도록 하는 것이다. 먼저 책이나 인터넷 자료를 통해 유아들이 영양소에 대한 기본지식을 형성하도록 하고, 유아들이 자주 섭취하는 음식을 영양소별로 분류해 보게 한다. 이를 다시 매일의 활동으로 연계하여 진행할 수 있는데, 그날의 간식과 식사에 나온 음식을 영양소별로 나누고, 각 음식들이 몸에 어떠한 영향을 주는지 생각하고 이야기해 보도록 할 수 있다. 이러한 활동을 통해 영양소에 대한 지식을 습득하고 균형 있는 식생활 습관을 기르게 할 수 있다.

③ '건강한 일상생활하기'와 유아 논리 · 논술 교육

• 감정을 신체로 표현하기

'건강한 일상생활하기'는 유아의 건강을 유지하기 위해 필요한 기초적인 생활 습관과 태도를 기르기 위한 내용이다. 이는 유아가 정해진 시간에 잠을 자고, 활동을 하고, 휴식을 취함으로써 건강을 유지할 수 있도록 하는 내용이다. 그리고 유아가 신체적 건강뿐만 아니라 정신 건강을 유지할 수 있게 하는 내용이다. 또한 유아가 화장실을 올바르게 사용하고, 배변 후 뒤처리하는 방법을 익히도록 하는 내용이다.

'건강한 일상생활하기'에서 논리 · 논술 교육 활동으로 기쁨, 슬픔, 화, 두려움 등 유아들 자신이 느끼는 감정을 신체로 표현해 보게 한다. 자신의 감정을 외부로 표출하는 경험은 유아의 불안, 긴장감, 스트레스, 화 등을 해소시키게 함으로써 정신 건강에 도움이 된다. 또한 감정 표현 활동을 통해 유아의 창의적인 표현능력을 기를 수 있으며, 유아는 자신의 감정을 인식하고 타인과 자신의 감정의 차이, 표현방법의 차이를 알게 된다.

감정을 신체로 표현하고 있는 유아들

④ '질병 예방하기'와 유아 논리 · 논술 교육

• 감기에 왜 걸릴까 생각해 보기

'질병 예방하기'는 건강을 유지하기 위한 기초적인 내용으로 유아가 생활에서 건강의 의미와 그 중요성을 알고 실천하며, 질병을 예방할 수 있는 태도를 기르는 내용이다. 또한 유아가 건강을 유지하기 위해 날씨와 계절, 상황에 맞게 옷을 조절하여 입을 수 있게 하는 내용이다.

'질병 예방하기'에서는 논리 · 논술 교육을 위해 감기에 왜 걸리는지 생각해 보고 그에 대해 이야기해 보는 시간을 가질 수 있다. 유아들은 감기에 걸리게 되는 다양한 경로에 대해 사실에 근거하여 혹은 상상력과 독창성을 발휘하여 생각해 보게 된다. 친구들과 함께 이야기를 나누며, 자신의 의견을 논리적으로 전달하는 능력을 기르고 자신과 타인의 관점의 차이를 알 수 있다. 궁극적으로는 감기를 예방하기 위해 실천해야 할 사항들을 알고 실천할 수 있다.

5) '안전하게 생활하기'와 유아 논리 · 논술 교육

여기에서는 누리과정 '안전하게 생활하기' 내용에 대한 유아 논리 · 논술 교육 활동 방법에 대해서 제시하고자 한다.

| 표 4-5 | '안전하게 생활하기'의 내용과 연령별 세부내용

<table>
<tr><th rowspan="2">내용
범주</th><th rowspan="2">내용</th><th colspan="3">세부내용</th></tr>
<tr><th>3세</th><th>4세</th><th>5세</th></tr>
<tr><td rowspan="7">안전하게
생활하기</td><td rowspan="3">안전하게
놀이하기</td><td colspan="2">놀이기구나 놀잇감, 도구를 안전하게 사용한다.</td><td>놀이기구나 놀잇감, 도구의 바른 사용법을 알고 안전하게 사용한다.</td></tr>
<tr><td>안전한 놀이장소를 안다.</td><td colspan="2">안전한 장소를 알고 안전하게 놀이한다.</td></tr>
<tr><td>TV, 인터넷, 통신기기 등을 바르게 사용한다.</td><td colspan="2">TV, 인터넷, 통신기기 등의 위해성을 알고, 바르게 사용한다.</td></tr>
<tr><td rowspan="2">교통안전
규칙 지키기</td><td>교통안전 규칙을 안다.</td><td colspan="2">교통안전 규칙을 알고 지킨다.</td></tr>
<tr><td colspan="3">교통수단을 안전하게 이용한다.</td></tr>
<tr><td rowspan="2">비상시
적절히
대처하기</td><td>학대, 성폭력, 실종, 유괴상황을 알고 도움을 요청한다.</td><td colspan="2">학대, 성폭력, 실종, 유괴 상황 시 도움을 요청하는 방법을 알고 행동한다.</td></tr>
<tr><td>재난 및 사고 등 비상시 적절하게 대처하는 방법을 안다.</td><td colspan="2">재난 및 사고 등 비상시 적절하게 대처하는 방법을 알고 행동한다.</td></tr>
</table>

① '안전하게 놀이하기'와 유아 논리 · 논술 교육

- 실내 · 외에서 발생할 수 있는 사고 예상해 보기
- 안전 규칙 정하기

'안전하게 놀이하기'는 유아들이 실내 · 외에서 접할 수 있는 여러 가지 놀이기구나 놀잇감 및 시설설비를 안전하게 사용하고 안전한 장소에서 놀이할 수 있도록 필요한 지식과 기술 태도를 기르기 위한 내용이다.

'안전하게 놀이하기'에서 적용 가능한 논리 · 논술 교육 활동으로 먼저, 실내 · 외에서 발생할 수 있는 사고에 대하여 유아 스스로 생각해 보도록 할 수 있다. 예를 들어, 칼이나 송곳과 같은 날카로운 물건을 이용해 친구들과 장난을 친다든지, 줄을 서지 않고 미끄럼틀이나 그네 등 놀이기구를 이용할 때 발생할 수 있는 사고에 대해 유아들 스스로가 예상해 보도록 한다. 그리고 이러한 위험한 상황을 대비하기 위한 안전규칙을 유아들 스스로 정해 보고 적어 보도록 한다.

② '교통안전 규칙 지키기'와 유아 논리 · 논술 교육

- 교통기관과 관련된 극화 놀이

'교통안전 규칙 지키기'는 교통안전 규칙의 중요성과 자동차 사고의 위험을 이해하고 사고의 위험으로부터 자신을 보호하기 위해 필요한 지식, 기능, 태도를 기르기 위한 내용이다. 유아가 교통안전 규칙, 교통신호, 교통안전 표지 등을 숙지하여, 도보나 교통기관을 이용하여 안전하게 다닐 수 있도록 지도한다.

'교통안전 규칙 지키기'에서는 논리 · 논술 교육 활동으로 교통기관과 관련된 극화놀이를 해 볼 수 있다. 유아들이 직접 운전자나 승객, 표 파는 사람, 보행자, 교통경찰 등의 역할을 해 봄으로써 교통의 여러 상황에 대한 유아들의 이해를 증진시킬 수 있다. 극화놀이가 끝난 후에는 교통규칙을 지켜야 하는 이유, 교통규칙을 지키지 않았을 때 발생 가능한 사고 등에 대해 토론의 시간을 가져 보도록 한다.

③ '비상시 적절히 대처하기'와 유아 논리 · 논술 교육

- 위험한 상황 예방 방법 안내표 만들기
- 성교육 관련 자료 읽기
- 학대/성폭력/유괴에 대비한 자기표현 훈련

'비상시 적절히 대처하기'는 유아가 재난 및 사고 등 비상시 적절하게 대처하는 방법을 알게 하는 내용이다. 또한 최근 우리 사회에서 문제가 되고 있는 유괴나 미아사고 및 성폭력의 가능성을 알려주고 만약의 경우 이를 대처하는 방법을 알게 하는 내용이다.

'비상시 적절히 대처하기'에서는 논리 · 논술 교육 활동으로 각종 위험한 상황을 예방하는 방법을 그림이나 글로 표현해 보도록 하는 것이다. 예를 들어, 요리 활동에서 발생할 수 있는 칼에 베이는 사고, 화상 등을 예방하기 위한 방법들을 유아들 스스로 생각해 보고 글과 그림으로 표현해 보는 활동을 할 수 있다. 또한 성교육 동화를 통해 몸의 소중함에 대해 관심을 유도한 후 스토리 맵(story map)을 통해 내용을 정리해 보거나 발표해 보는 시간을 갖는다. 그리고 유괴나 성폭력 상황을 예방하고 대처해 나갈 수 있도록, 자신이 원하지 않는 행동을 요구하거나 외딴 곳으로 데리고 가려고 하는 경우 피할 수 있는 방법에 대해 이야기를 나누어 본다. 어떠한 방법이 효과적으로 유아 자신을 지킬 수 있을지 토론해 보고, 대처법을 연습해 본다.

성교육 동화

나는 여자 내 동생은 남자 (비룡소)
내 동생이 태어났어 (비룡소)
너랑 나랑 뭐가 다르지? (비룡소)
둥개둥개 귀한 나〈성교육 동화〉 (별똥별)
떠들썩한 성 (아이세움)
레나, 낯선 사람을 조심해 (교학사)
소중한 나의 몸 (비룡소)
소중한 내 몸을 위해 꼭꼭 약속해 (책읽는곰)
소중한 우리 몸 (아이앤북)
아가야, 안녕? (사계절출판사)
엄마가 알을 낳았대 (보림)

지금까지 신체운동 · 건강 영역의 유아 논리 · 논술 교육 활동을 알아보았다. 각 활동들을 논리 · 논술 교육 영역에 비추어 살펴보면 |표 4-6|과 같다.

| 표 4-6 | 신체운동 · 건강 영역의 유아 논리 · 논술 교육 활동

활동명	논리 · 논술 교육 영역				
	비판적 사고	창의적 사고	논리적 사고	도덕적 사고	배려적 사고
무게 순서대로 나열하기	○		○		
상자 속에 든 사물 알아맞히기		○	○		
신체의 각 부분을 사용하여 볼링핀 넘어뜨리기	○		○		
자전거가 되어 움직이기		○	○		
동물들처럼 움직이기		○	○		
교사의 지시에 따라 움직이기		○	○		
2인 3각 달리기			○		○
숨바꼭질	○	○	○		
시소 균형 맞추기	○		○		
깨끗이 하지 않을 경우 상상하기	○	○	○		
영양소에 따라 음식 분류하기	○		○		
감정을 신체로 표현하기		○		○	○
감기에 왜 걸릴까 생각해 보기	○	○	○		
실내 · 외에서 발생할 수 있는 사고 예상해 보기	○		○	○	○
안전규칙 정하기	○		○	○	○
교통기관과 관련된 극화놀이	○		○	○	
위험한 상황 예방방법 안내표 만들기	○	○	○		
성교육 관련 자료 읽기	○		○	○	○
학대/성폭력/유괴에 대비한 자기표현 훈련	○		○	○	

2. 의사소통 영역과 유아 논리 · 논술 교육

'의사소통 영역'은 일상생활에 필요한 의사소통 능력과 바른 언어 사용 습관을 기르는 것을 목표로 한다. 의사소통 영역은 '듣기', '말하기', '읽기', '쓰기'의 네 가지 내용 범주로 구성된다.

각 내용 범주별 목표는 다음과 같다.

① 듣기 : 다른 사람의 말을 주의 깊게 듣는 태도와 이해하는 능력을 기른다.
② 말하기 : 자신의 생각과 느낌을 말하는 능력을 기른다.
③ 읽기 : 글자와 책에 친숙해지는 경험을 통하여 글자 모양을 인식하고 읽기에 흥미를 가진다.
④ 쓰기 : 말과 글의 관계를 알고 자신의 생각, 느낌, 경험을 글로 표현하는 데 관심을 가진다.

'듣기'는 상대방의 말소리와 말의 의미를 구별하여 말하는 사람이 전달하고자 하는 정보를 정확히 이해하는 것이다. 유아는 다른 사람이 이야기하는 동안 말하는 사람의 의도를 고려하여 주의 깊게 끝까지 듣는 태도를 기르는 것이 필요하다. '말하기'에서는 유아가 자신이 말하고 있는 바를 다른 사람에게 잘 전달하기 위해서 자신이 알고 있는 정보, 생각, 감정 그리고 의도를 조직하고, 듣는 대상과 상황에 따라 적절하게 표현할 수 있도록 한다. '읽기'는 글자를 읽고 글의 내용을 이해하는 과정이다. 유아가 주변에서 쉽게 볼 수 있는 글자나 책을 통해 읽기를 시도하도록 격려하고, 동요, 동시, 동화에 대한 즐거운 경험을 가지도록 보다 다양하고 풍부한 문해환경을 제공한다. '쓰기'는 자신의 느낌, 생각, 경험을 문자를 이용하여 나타내는 것이다. 유아가 생활 속에서 접하는 글자가 다양한 목적을 위해서 사용되는 것을 경험하면서 말과 글의 관계를 이해하게 되고, 유아들은 쓰고자 하는 동기가 생겨나며, 실제 쓰기 활동을 즐기게 된다. 유아에게 다양한 흥미 영역에서의 유목적적인 쓰기경험을 제공함으로써 일상생활에서 쓰기의 기능을 인식하도록 하며, 그림이나 글 등 다양한 방법으로 자신의 생각과 느낌을 자유롭게 나타내도록 격려한다.

1) 듣기

여기에서는 누리과정 '듣기' 내용에 대한 유아 논리 · 논술 교육 활동 방법에 대해서 제시하고자 한다.

| 표 4-7 | '듣기'의 내용과 각 연령별 세부내용

<table>
<tr><th rowspan="2">내용 범주</th><th rowspan="2">내용</th><th colspan="3">세부내용</th></tr>
<tr><th>3세</th><th>4세</th><th>5세</th></tr>
<tr><td rowspan="7">듣기</td><td rowspan="2">낱말과 문장 듣고 이해하기</td><td colspan="2">낱말의 발음에 관심을 가지고 듣는다.</td><td>낱말의 발음에 관심을 가지고 비슷한 발음을 듣고 구별한다.</td></tr>
<tr><td colspan="2">일상생활과 관련된 낱말과 문장을 듣고 뜻을 이해한다.</td><td>다양한 낱말과 문장을 듣고 뜻을 이해한다.</td></tr>
<tr><td rowspan="2">이야기 듣고 이해하기</td><td>다른 사람의 이야기를 관심 있게 듣는다.</td><td colspan="2">다른 사람의 이야기를 듣고 이해한다.</td></tr>
<tr><td></td><td colspan="2">이야기를 듣고 궁금한 것에 대해 질문한다.</td></tr>
<tr><td rowspan="2">동요, 동시, 동화 듣고 이해하기</td><td colspan="2">동요, 동시, 동화를 다양한 방법으로 듣고 즐긴다.</td><td>동요, 동시, 동화를 다양한 방법으로 듣고 이해한다.</td></tr>
<tr><td></td><td colspan="2">전래 동요, 동시, 동화를 듣고 우리말의 재미를 느낀다.</td></tr>
<tr><td>바른 태도로 듣기</td><td>말하는 사람을 바라보며 듣는다.</td><td>다른 사람의 이야기를 주의 깊게 듣는다.</td><td>다른 사람의 이야기를 끝까지 주의 깊게 듣는다.</td></tr>
</table>

① '낱말과 문장 듣고 이해하기'와 유아 논리 · 논술 교육

- 수수께끼 듣고 맞추기
- 지시에 따라 행동하기 게임

'낱말과 문장 듣고 이해하기'에서는 유아가 낱말과 발음에 관심을 가지고 비슷한 발음을 듣고 구별하며, 일상생활과 관련된 낱말과 문장을 듣고 뜻을 이해하도록 한다. 이를 위해서 유아에게 다양한 사물의 이름을 올바른 발음으로 들을 수 있는 기회를 제공한다. 또한 유아에게 일상생활에서 명사, 형용사, 동사 등 다양한 어휘들을 경험할 수 있도록 하고, 교사가 구술로 하는 지시에 따르도록 해 본다.

'낱말과 문장 듣고 이해하기'에서 적용 가능한 논리 · 논술 교육 활동으로 수수께끼 듣고 맞추기를 할 수 있다. 교실에 있는 물건이나 친숙한 동물, 식물, 음식 등을 교사가 수수께끼로 내고, 유아가 알아맞혀 보도록 한다. 단어가 적힌 카드를 유아에게 보여 주고, 친구들에게 설명하도록 하여 알아맞히게 하는 것도 좋다. 이 활동을 통해

추론하기, 설명하기 등의 논리적 사고 능력이 발달할 수 있다.

또한 지시에 따라 행동하기 게임을 논리 · 논술 교육 활동으로 진행할 수 있다. 교사가 어떤 행동을 요구하는 지시를 하면 유아가 그 지시에 따라 행동하게 한다. 처음에는 한두 가지 지시사항에서 시작하여 점차 난이도를 높여 지시사항의 개수를 늘려 보도록 한다. 이 과정에서 유아는 언어적 지시를 듣고 이해하는 능력과 여러 가지 지시사항을 기억하는 능력이 발달될 수 있다.

② '이야기 듣고 이해하기'와 유아 논리 · 논술 교육

• 신문기사 듣고 요약하기

'이야기 듣고 이해하기'는 유아가 다른 사람의 이야기를 주의 깊게 듣고, 그 내용이나 의미를 바르게 이해할 수 있도록 하는 내용이다. 또한 유아가 다른 사람의 이야기를 듣고 이해하는 과정에서 이해가 잘 되지 않거나 흥미를 느끼는 부분에 대해 질문함으로써 다른 사람의 이야기에 대한 이해를 높이고 궁금한 것을 해결할 수 있도록 하는 내용이다.

'이야기 듣고 이해하기'에서는 논리 · 논술 교육 활동으로 신문기사 듣고 요약하기 활동을 해 본다. 교사가 유아의 관심을 끌만한 신문기사를 유아의 수준에 맞는 쉬운 말로 바꾸어 들려준다. 그리고 유아가 내용을 잘 이해했는지 물어본다. 이때, 육하원칙(5W1H)을 사용하여 누가(Who), 무엇을(What), 언제(When), 어디서(Where), 왜(Why), 어떻게(How) 했는지 물어본다. 그 외에 유아에게 궁금한 점이 있으면 질문하도록 격려한다.

③ '동요, 동시, 동화 듣고 이해하기'와 유아 논리 · 논술 교육

• 동화 듣고 스토리 맵 만들기

'동요, 동시, 동화 듣고 이해하기'는 유아가 동요, 동시, 동화를 듣고 즐기며, 우리말의 재미를 느낄 수 있도록 하는 내용이다. 동요나 동시는 반복되는 구절이 있어 유아에게 즐거움을 주며, 동화는 유아에게 공상세계에 대한 꿈을 갖게 할 뿐 아니라 새로운 어휘를 쉽고 재미있게 배울 수 있는 기회를 준다. 동요, 동시, 동화 등의 문학을 매개로 한 간접적인 경험을 통하여 느끼고, 이해하고, 공감할 수 있는 부분이 많을수록 듣는 능력뿐 아니라 상상력, 판단력, 공감능력 등을 길러줄 수 있어 유아의 논리 · 논술 교육에 도움이 된다. 또한 '동요, 동시, 동화 듣고 이해하기'에서는 유아가 전래동요, 동시, 동화를 듣고 우리말의 재미를 느낄 수 있도록 한다. 전래동요와 동시, 동화는 우리 민족의 중요한 문화유산으로서 오래도록 우리에게 정서적 안식처가 되고 있을 뿐만 아니라, 순수한 우리말 표현을 통해 우리말의 아름다움을 경험할 수 있게 해 준다.

'동요, 동시, 동화 듣고 이해하기'에서 가능한 유아 논리 · 논술 교육으로 동화 듣고 스토리 맵(story map) 만들기 활동이 있다. 동화 테이프나 CD를 듣고 난 후, 그 줄거리에 대해 스토리 맵을 만들어 보게 한다. 본 활동을 통해 주의 깊게 듣고 내용을 기억하여 재구성하는 능력을 기를 수 있다. 스토리 맵을 만드는 활동은 동화책을 읽은 후에 줄거리를 정리해 볼 때에도 활용할 수 있다.

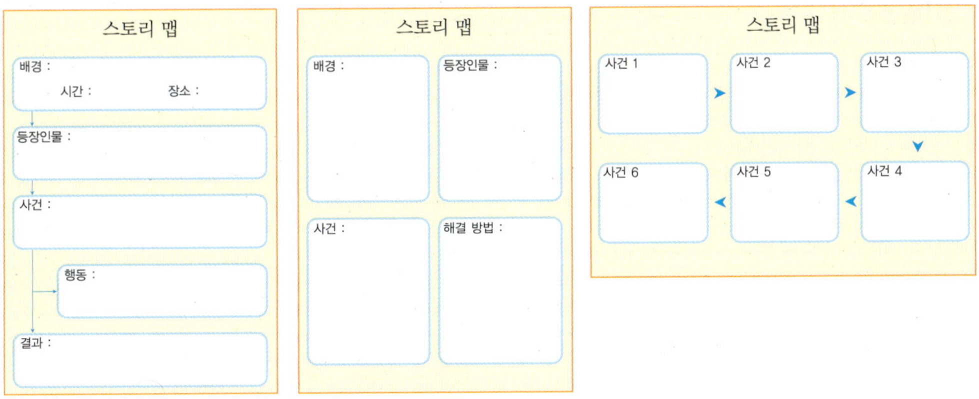

스토리 맵(Hansen, 2004)의 예

④ '바른 태도로 듣기'와 유아 논리 · 논술 교육

• 바른 태도로 들을 때와 바른 태도로 듣지 않을 때 비교하기

'바른 태도로 듣기'는 유아가 다른 사람의 이야기를 끝까지 주의 깊게 들을 수 있도록 하는 내용이다. 유아에게 이야기 나누기의 주제나 목적을 알림으로써 서로 집중하여 듣도록 격려하고, 다른 사람이 말하는 동안 유아가 듣는 사람으로서 주의를 집중하는 태도와 예의를 실천하도록 반복적으로 알려준다.

'바른 태도로 듣기'에서는 논리 · 논술 교육을 위해 바른 태도로 들을 때와 그렇지 않을 때를 비교해 보는 활동을 할 수 있다. 먼저, 유아들에게 바른 태도로 듣는 것과 바른 태도로 듣지 않는 것에 대해 브레인스토밍을 해보도록 한다. 유아 두 명씩 짝지어 한 명이 화자가 되어 자기가 하고 싶은 이야기를 1~3분간 하게 하고, 다른 유아는 청자가 되어 듣게 해 본다. 같은 유아가 두 번 말하게 한다. 활동이 끝나면 두 경우에 대해 말하는 사람은 어떤 느낌이었는지, 듣는 사람은 언제 잘 이해가 되었는지 이야기를 나누어 본다.

2) 말하기

여기에서는 누리과정 '말하기' 내용에 대한 유아 논리 · 논술 교육 활동 방법에 대해서 제시하고자 한다.

| 표 4-8 | '말하기'의 내용과 각 연령별 세부내용

내용범주	내용	세부내용		
		3세	4세	5세
말하기	낱말과 문장으로 말하기	친숙한 낱말을 발음해 본다.	친숙한 낱말을 정확한 발음으로 말한다.	정확한 발음으로 말한다.
		새로운 낱말에 관심을 가진다.	다양한 낱말을 사용하여 말한다.	다양한 낱말을 사용하여 상황에 맞게 말한다.
		일상생활에서 일어나는 일들을 간단한 문장으로 말한다.		일상생활에서 일어나는 일들을 다양한 문장으로 말한다.

내용 범주	내용	세부내용		
		3세	4세	5세
말하기	느낌, 생각, 경험 말하기	자신의 느낌, 생각, 경험을 말해본다.	자신의 느낌, 생각, 경험을 말한다.	자신의 느낌, 생각, 경험을 적절한 낱말과 문장으로 말한다.
			주제를 정하여 함께 이야기를 나눈다.	
			이야기를 지어 말한다.	이야기 지어 말하기를 즐긴다.
	상황에 맞게 바른 태도로 말하기		듣는 사람의 생각과 느낌을 고려하여 말한다.	
		상대방을 바라보며 말한다.	차례를 지켜 말한다.	때와 장소, 대상에 알맞게 말한다.
		바르고 고운 말을 사용한다.		

① '낱말과 문장으로 말하기'와 유아 논리 · 논술 교육

• 끝말잇기

'낱말과 문장으로 말하기'에서는 유아가 정확한 발음으로 말하도록 하며, 다양한 낱말을 사용하여 상황에 맞게 말할 수 있도록 한다. 또한 유아가 일상생활에서 일어나는 일들을 다양한 문장으로 말할 수 있도록 한다.

'낱말과 문장으로 말하기'에서는 논리 · 논술 교육 활동으로 끝말잇기를 해 본다. 맨 처음 친구가 단어를 말하면, 그 다음 친구가 그 단어의 제일 끝 글자로 시작하는 단어를 말해 보도록 한다. 이어서 한 명씩 끝말잇기를 하며 유아들은 자신이 알고 있던 단어들 중에서 특정한 낱말을 기억해 내고, 다른 친구들로부터 새로운 단어를 접하게 된다. 끝말잇기 활동을 쓰기 활동으로 확장시켜 보아도 좋다.

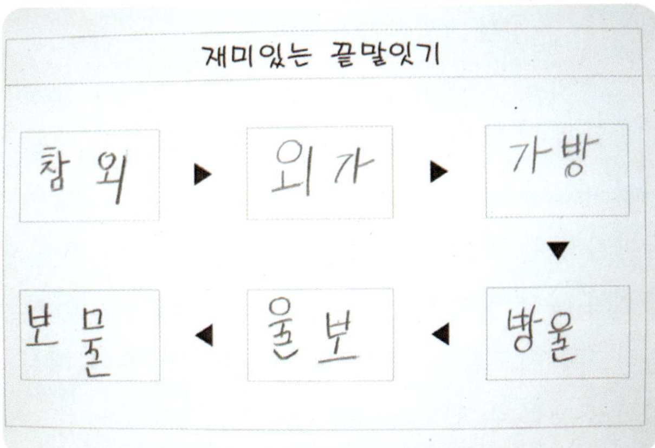

유아의 끝말잇기 활동을 기록한 것

② '느낌, 생각, 경험 말하기'와 유아 논리 · 논술 교육

- 육하원칙에 따라 말하기
- 이야기 릴레이

'느낌, 생각, 경험 말하기'는 유아가 느낌, 생각, 경험을 적절한 어휘를 선택하여 문장으로 말할 수 있도록 하는 내용이다. 또한 정해진 주제에 대하여 유아 자신의 생각을 자유롭게 대화, 토의, 발표하도록 하며, 이야기를 창의적으로 꾸며서 말할 수 있도록 하는 내용이다.

'느낌, 생각, 경험 말하기'에서는 육하원칙에 따라 말하게 해 봄으로써 논리 · 논술 교육 활동을 진행해 본다. 유아가 주말에 지낸 이야기 나누기를 할 때, 책을 읽은 뒤 줄거리에 대해 이야기해 볼 때, '누가, 언제, 어디서, 무엇을, 어떻게, 왜'했는지 육하원칙에 따라 말해 보게 하여 논리적인 표현능력을 기른다.

또한 이야기 릴레이를 논리 · 논술 교육 활동으로 해 본다. 유아들이 한 명씩 돌아가면서 이야기를 이어 말하는 것이다. 처음에 한 유아가 이야기 한 토막을 말하면, 그에 이어 친구들이 한 명씩 이야기를 이어 나가도록 한다. 이 과정을 통해 친구들의 이야기를 주의 깊게 듣고 이해하는 능력, 창의적으로 이야기를 구성하는 능력, 자신의 생각을 말로 표현하는 능력 등이 발달할 수 있다.

③ '상황에 맞게 바른 태도로 말하기'와 유아 논리 · 논술 교육

- 상황 그림에 맞는 말하기

'상황에 맞게 바른 태도로 말하기'는 유아가 때와 장소, 목적, 상황과 대상을 고려하여 바르게 말하는 태도에 관한 내용이다. '상황에 맞게 바른 태도로 말하기'에서는 유아가 듣는 사람의 생각과 느낌을 고려하여 자신의 말을 조절하도록 하고, 시간과 장소의 특성 및 만나는 사람에 따라 사용되는 언어적 표현의 다름을 알고 바르게 사용하도록 지도한다. 또한 유아가 비어나 속어 대신 상황에 적절한 바르고 고운말을 찾아 사용할 수 있도록 지도한다.

'상황에 맞게 바른 태도로 말하기'에서는 논리 · 논술 교육 활동으로 제시된 상황 그림에 맞는 말을 해 보는 활동을 할 수 있다. 다른 사람에게 인사하는 상황, 다른 사람으로부터 선물을 받는 상황, 다른 사람과 부딪혀 피해를 입히는 상황 등에 대한 그림카드를 만들어 각 상황에서 어떤 말을 해야 할지 말해 보게 한다. 이 활동을 통해 유아는 타인을 배려하는 사회 · 인지 능력을 기를 수 있다. 이때 대상을 성인과 친구로 나누어 각각 상황 그림카드를 만들면 존댓말에 대한 교육도 할 수 있다.

3) 읽기

여기에서는 누리과정 '읽기' 내용에 대한 유아 논리 · 논술 교육 활동 방법에 대해서 제시하고자 한다.

| 표 4-9 | '읽기'의 내용과 각 연령별 세부내용

<table>
<tr><th rowspan="2">내용 범주</th><th rowspan="2">내용</th><th colspan="3">세부내용</th></tr>
<tr><th>3세</th><th>4세</th><th>5세</th></tr>
<tr><td rowspan="5">읽기</td><td rowspan="2">읽기에 흥미 가지기</td><td colspan="2">주변에서 친숙한 글자를 찾아본다.</td><td>주변에서 친숙한 글자를 찾아 읽어 본다.</td></tr>
<tr><td colspan="2">읽어 주는 글의 내용에 관심을 가진다.</td><td>읽어 주는 글의 내용에 관심을 가지고 읽어 본다.</td></tr>
<tr><td rowspan="3">책 읽기에 관심 가지기</td><td>책에 흥미를 가진다.</td><td colspan="2">책 보는 것을 즐기고 소중하게 다룬다.</td></tr>
<tr><td>책의 그림을 단서로 내용을 추측해 본다.</td><td colspan="2">책의 그림을 단서로 내용을 이해한다.</td></tr>
<tr><td></td><td colspan="2">궁금한 것을 책에서 찾아본다.</td></tr>
</table>

① '읽기에 흥미 가지기'와 유아 논리 · 논술 교육

• 한글 단어 사전 만들기

'읽기에 흥미 가지기'에서는 유아의 흥미를 유발할 수 있는 내용의 글을 들려주면서 유아가 읽기에 흥미를 가질 수 있도록 유도한다. 또한 과자 상자, 책 제목, 친구 이름표 등 주변에서 유아에게 의미 있고 친숙한 글자를 찾아 읽어보게 함으로써 글자와 친해지도록 하고, 유아로 하여금 읽고자 하는 동기를 유발한다.

'읽기에 흥미 가지기'에서는 논리 · 논술 교육 활동으로 한글 단어 사전 만들기를 해 본다. 신문이나 잡지에서 글자를 오려 첫 자음 순서대로 오려 붙이고 뜻에 해당하는 그림을 그리거나 오려 붙여서 유아들이 직접 한글 단어 사전을 만든다. 만든 사전은 읽기 영역에 배치하여, 유아들이 수시로 단어를 읽어 보고 글자에 익숙해지도록 한다.

② '책 읽기에 관심 가지기'와 유아 논리 · 논술 교육

- 그림을 보고 책의 내용 추측하여 말하기

'책 읽기에 관심 가지기'는 유아가 책 보는 것을 즐기고 책을 소중하게 다룰 수 있게 하며, 책을 통해 궁금한 점을 해결하고 새로운 정보를 찾아볼 수 있도록 하는 내용이다. 이를 위해 교사는 유아가 책을 자연스럽게 접할 수 있도록, 유아의 연령과 흥미에 맞는 다양한 읽을거리를 제공하도록 한다.

'책 읽기에 관심 가지기'에서는 논리 · 논술 교육 활동으로 책의 내용을 읽기 전 그림을 보고 추측하여 말해 보도록 한다. 새로운 책을 읽을 때 먼저 책의 그림을 처음부터 끝까지 유아들에게 보여 주고, 어떤 내용일지 추측하여 이야기를 꾸며 보게 한다. 그 다음에 교사가 책의 내용을 읽어 주어, 유아 자신의 예측과 책의 내용이 유사한지, 어떠한 점이 차이가 나는지 확인하게 한다. 다른 친구들의 꾸민 이야기들을 접하며, 타인과 자신의 관점에 차이가 있음을 알게 될 수 있다.

4) 쓰기

여기에서는 누리과정 '쓰기' 내용에 대한 유아 논리 · 논술 교육 활동 방법에 대해서 제시하고자 한다.

| 표 4-10 | '쓰기'의 내용과 각 연령별 세부내용

내용범주	내용	세부내용		
		3세	4세	5세
쓰기	쓰기에 관심 가지기	말을 글로 나타내는 것에 관심을 보인다.	말이나 생각을 글로 나타낼 수 있음을 안다.	
		자기 이름의 글자에 관심을 가진다.	자기 이름을 써 본다.	자신의 이름과 주변의 친숙한 글자를 써 본다.
			자신의 느낌, 생각, 경험을 글자와 비슷한 형태로 표현한다.	자신의 느낌, 생각, 경험을 글자와 비슷한 형태나 글자로 표현한다.
	쓰기 도구 사용하기		쓰기 도구에 관심을 가지고 사용해 본다.	쓰기 도구의 바른 사용법을 알고 사용한다.

① '쓰기에 관심 가지기'와 유아 논리 · 논술 교육

- 카드 쓰기
- 그림일기 그리기
- 초대장 만들기

'쓰기에 관심 가지기'에서는 유아가 말이나 생각을 글로 옮길 수 있음을 알고, 자신의 이름과 주변의 친숙한 글자를 써 볼 수 있도록 한다. 또한 유아가 자신의 느낌, 생각, 경험을 글자와 비슷한 형태나 글자로 표현할 수 있도록 격려하고, 일상생활 속에서 자연스럽게 쓰기를 경험하도록 한다.

'쓰기에 관심 가지기'에서는 논리 · 논술 교육 활동으로 카드 쓰기, 그림일기 그리기, 초대장 만들기 등을 해 본다. 어버이날, 친구 생일 등에 카드에 그림을 그리거나 색종이를 오려 붙여 꾸미고, 감사나 축하의 간단한 말을 적게 한다. 또한 주말을 지내고 왔을 때, 견학을 갔다 왔을 때 등의 경험을 그림으로 그리고, 느낌이나 하고 싶은 말을 간단하게 글로 표현해 보게 하는 것이다. 글씨를 쓰기 힘든 유아들은 유아가 쓸 수 있는 글자는 직접 쓰고, 그 외에는 말로써 표현해 보게 하고, 교사가 유아가 말한 것을 대신 글로 적어 주어 유아가 점차 글자에 익숙해 질 수 있게 한다. 프로젝트 활동이 끝난 후 발표회, 전시회를 가질 때 유아들이 초대장을 직접 작성해 보게 하는 것도 일상에서 쉽게 적용할 수 있는 쓰기활동이다.

유아가 만든 어버이날 카드

② '쓰기도구 사용하기'와 유아 논리 · 논술 교육

- 야채 도장으로 글자 찍기
- 점선 이어 글자 만들기

'쓰기도구 사용하기'에서는 유아가 여러 가지 쓰기도구에 관심을 갖고, 그 특성을 탐색해 보도록 한다. 또한 유아가 쓰기도구의 올바른 사용법을 알고, 쓰기도구를 적절하게 사용할 수 있도록 한다.

'쓰기도구 사용하기'에서는 논리 · 논술 교육 활동으로 야채 도장으로 글자 찍기를 해본다. 교사가 야채를 잘라 단면에 자음과 모음을 조각하여 놓고, 유아들에게 스탬프와 함께 도장을 제시한다. 유아들은 자음과 모음을 조합하여 글자를 만들어 보도록 한다. 유아는 글자가 자음과 모음의 합으로 이루어졌음을 알고, 여러 가지 글자를 만들어 보는 경험을 갖는다. 또한 점선을 이어 글자를 만들어 보는 활동을 해 볼 수도 있다. 유아에게 점선이 많이 찍힌 종이를 주고, 점선을 이어 글자를 만들어 보도록 하는 것이다.

점선 이어 글자 만들기를 하고 있는 유아

지금까지 의사소통 영역의 유아 논리 · 논술 교육 활동을 알아보았다. 각 활동들을 논리 · 논술 교육 영역에 비추어 살펴보면 다음과 같다.

| 표 4-11 | 의사소통 영역의 유아 논리 · 논술 교육 활동

활동명	논리 · 논술 교육 영역				
	비판적 사고	창의적 사고	논리적 사고	도덕적 사고	배려적 사고
수수께끼 듣고 맞추기		○	○		
지시에 따라 행동하기 게임		○	○		
신문기사 듣고 요약하기	○		○		
동화 듣고 스토리 맵 만들기	○		○		
바른 태도로 들을 때와 그렇지 않을 때 비교하기			○	○	○
끝말잇기		○	○		
육하원칙에 따라 말하기	○		○		
이야기 릴레이	○	○	○		
상황 그림에 맞는 말하기	○		○	○	○
한글 단어 사전 만들기		○	○		
그림을 보고 책의 내용 추측하여 말하기	○	○	○		○
카드 쓰기		○	○	○	○
그림일기 그리기	○	○	○	○	

활동명	논리 · 논술 교육 영역				
	비판적 사고	창의적 사고	논리적 사고	도덕적 사고	배려적 사고
초대장 만들기		○	○		
야채 도장으로 글자 찍기		○	○		
점선 이어 글자 만들기		○	○		

3. 사회관계 영역과 유아 논리 · 논술 교육

'사회관계 영역'은 자신을 존중하고 다른 사람과 더불어 생활하는 능력과 태도를 기르는 것을 목표로 한다.

'사회관계 영역'의 내용 범주는 '나를 알고 존중하기', '나와 다른 사람의 감정 알고 조절하기', '가족을 소중히 여기기', '다른 사람과 더불어 생활하기', '사회에 관심 갖기'로 구성된다. 각 내용 범주별 목표는 다음과 같다.

① 나를 알고 존중하기 : 자신을 소중히 여기며 자율성을 기른다.

② 나와 다른 사람의 감정 알고 조절하기 : 자신과 타인의 감정을 알고, 자신의 감정을 적절하게 표현하고 조절한다.

③ 가족을 소중히 여기기 : 가족과 화목하게 지내며 서로 협력한다.

④ 다른 사람과 더불어 생활하기 : 친구, 공동체 구성원들과 서로 돕고, 예의 · 규칙 등 사회적 가치를 알고 지킨다.

⑤ 사회에 관심 갖기 : 우리 동네, 우리나라, 다른 나라에 관심을 가진다.

'나를 알고 존중하기'는 나를 알고 소중하게 여기며 자신의 일을 스스로 하는 내용으로 구성하여 유아가 긍정적 자아개념을 형성하고 자기조절 능력을 발달시킬 수 있는 내용을 다루고 있다. '나와 다른 사람의 감정 알고 조절하기'는 다른 사람과의 원만한 관계를 형성하기 위한 기초를 다지는 데 필요한 부분으로서 나와 다른 사람의 감정을 알고 표현하고 상황에 따라 감정을 조절하는 내용을 다루고 있다. '가족을 소중히 여기기'는 가족의 소중함을 느끼고, 가족 구성원들 간에 서로 도움을 주고받으며 화목한 가정을 이루기 위해 함께 노력하는 것이 중요하다는 내용을 다루고 있다.

'다른 사람과 더불어 생활하기'는 대인관계에 필요한 기본적인 예절을 익히고, 집단 생활을 잘 유지하기 위해 필요한 기초 질서와 규칙을 이해하고 따르며, 구성원 간에 협력의 중요함과 이를 경험할 수 있는 내용들로 구성되어 있다. '사회에 관심 갖기'는 유아가 자신이 속한 지역 사회와 우리나라에 대해 알아보면서, 자연스럽게 지리, 경제, 문화 등 사회과학적 지식을 습득하고 이를 생활 속에 적용하여 사회적 문제해결력을 향상시키기 위한 내용들을 포함하고 있다. 나아가 세계와 여러 문화에 대한 관심을 통해 나와 다른 생활과 문화의 차이점을 이해하며 수용하는 태도를 형성하도록 하는 내용들을 다루고 있다.

1) 나를 알고 존중하기

여기에서는 누리과정 '나를 알고 존중하기' 내용에 대한 유아 논리 · 논술 교육 활동 방법에 대해서 제시하고자 한다.

| 표 4-12 | '나를 알고 존중하기'의 내용과 각 연령별 세부내용

<table>
<tr><th rowspan="2">내용 범주</th><th rowspan="2">내용</th><th colspan="3">세부내용</th></tr>
<tr><th>3세</th><th>4세</th><th>5세</th></tr>
<tr><td rowspan="5">나를 알고 존중하기</td><td rowspan="3">나를 알고 소중히 여기기</td><td>나에 대해 관심을 갖는다.</td><td colspan="2">나에 대해 알아본다.</td></tr>
<tr><td>나와 다른 사람의 차이에 관심을 갖는다.</td><td>나와 다른 사람의 차이점을 알아본다.</td><td>나와 다른 사람의 신체적, 사회적, 문화적 차이를 인정한다.</td></tr>
<tr><td>나를 소중하게 여긴다.</td><td colspan="2">나에 대해 긍정적으로 생각하고 나를 소중하게 여긴다.</td></tr>
<tr><td rowspan="2">나의 일 스스로 하기</td><td>내가 할 수 있는 일을 알아본다.</td><td>내가 할 수 있는 일을 해 본다.</td><td>내가 할 수 있는 일을 스스로 한다.</td></tr>
<tr><td>내가 하고 싶은 일을 선택해 본다.</td><td colspan="2">하고 싶은 일을 계획하고 해 본다.</td></tr>
</table>

① '나를 알고 소중히 여기기'와 유아 논리 · 논술 교육

- 자기 소개하기
- 칭찬 릴레이

'나를 알고 소중히 여기기'는 유아가 자신의 이름, 신체적 특성, 기호, 성격 등에 대해 알아보고, 나와 다른 사람의 신체적, 사회적, 문화적 차이를 인정할 수 있도록 하는 내용이다. 또한 '나를 알고 소중히 여기기'에서는 유아가 자신에 대해 긍정적으로 생각하고 자신을 소중하게 여기도록 한다. 교사는 유아에게 비난, 위협과 같이 긍정적 자아개념의 형성을 저해하는 언어를 사용하지 않도록 하며, 생활 속에서 유아의 장점을 구체적으로 칭찬하도록 한다.

'나를 알고 소중히 여기기'에서는 논리 · 논술 교육 활동으로 자기 소개하기 활동을 해 본다. 유아가 이름, 신체적 특징, 가족관계, 좋아하는 것과 싫어하는 것 등으로 자신을 인식하고 표현하는 기회를 갖게 한다. 자기 소개 활동에서 다른 친구들의 발표를 들으며 자신과 또래 친구들의 차이점을 알 수 있다.

또한 칭찬 릴레이를 논리 · 논술 교육 활동으로 진행해 본다. 유아가 자신감을 가질 수 있도록 하기 위해서는 자신이 가지고 있는 능력을 인정하고 만족감을 느끼도록 해야 하는데, 유아들이 서로를 칭찬할 수 있는 기회를 가지게 함으로써 친구들을 배려하고 존중하는 마음을 가질 수 있으며 칭찬받은 유아는 자신의 가치를 인식하고 자존감을 느낄 수 있다. 유아들이 둥글게 둘러앉아 한 사람씩 일어나게 하여 앉아 있는 유아들이 한 명씩 번갈아가며 서 있는 유아에게 칭찬하게 한다. 칭찬은 구체적으로 하게 하여 의사표현 능력을 기르고, 다른 친구가 말할 때에는 바른 태도로 귀 기울여 듣도록 지도한다.

칭찬 릴레이를 하고 있는 유아들

② '나의 일 스스로 하기'와 유아 논리 · 논술 교육

• 책임을 회피할 때 상상해 보기

'나의 일 스스로 하기'에서는 유아가 의생활, 식습관, 청결 등 기본생활 습관과 관련하여 소지품 챙기기, 정리 정돈, 손 씻기 등 자신이 할 수 있는 일을 스스로 할 수 있도록 지도한다. 또한 유아 스스로 하고 싶은 일을 선택하여 계획하고 실천해 보는 경험을 갖게 하여 유아의 자율성을 향상시키도록 한다. 유아가 해야 할 일과 하고 싶은 일 사이에서 갈등이 있을 때에는 우선순위를 정해 보도록 하여, 주도성과 책임감을 길러준다.

'나의 일 스스로 하기'에서는 유아 논리 · 논술 교육을 위해 다양한 직업과 역할의 사람들이 자신의 책임을 회피할 때 어떤 일이 생길지 생각해 보는 활동을 진행할 수 있다. 예를 들어, 유아에게 '아빠가 회사에 출근하지 않는다면?', '선생님이 유치원에 오시지 않는다면?', '의사 선생님이 병원에 출근하지 않는다면?' 등의 상황을 제시하고, 어떤 일이 생길지 생각해 보도록 한다. 이러한 활동을 통해 각자 맡은 일과 역할이 있음을 이해하게 되고, 다양한 사회적 위치에 따른 책임과 역할뿐 아니라 유아 자신이 맡은 책임과 역할이 있음을 알게 된다.

2) 나와 다른 사람의 감정 알고 조절하기

여기에서는 누리과정 '나와 다른 사람의 감정 알고 조절하기' 내용에 대한 유아 논리 · 논술 교육 활동 방법에 대해서 제시하고자 한다.

| 표 4-13 | '나와 다른 사람의 감정 알고 조절하기'의 내용과 각 연령별 세부내용

내용 범주	내용	세부내용		
		3세	4세	5세
나와 다른 사람의 감정 알고 조절하기	나와 다른 사람의 감정 알고 표현하기	자신에게 여러 가지 감정이 있음을 안다.	자신의 감정을 알고 표현한다.	
		다른 사람의 감정에 관심을 갖는다.	다른 사람의 감정을 안다.	다른 사람의 감정을 알고 공감한다.
	나의 감정 조절하기	자신의 감정을 조절해 본다.		자신의 감정을 상황에 맞게 조절한다.

① '나와 다른 사람의 감정 알고 표현하기'와 유아 논리 · 논술 교육

• 상황카드로 감정 이야기 나누기

'나와 다른 사람의 감정 알고 표현하기'는 유아가 자신이 느끼는 다양한 감정을 표현할 수 있도록 하며, 다른 사람의 감정에 관심을 가지고 다른 사람의 입장에서 이해하고 공감할 수 있도록 하는 내용이다.

'나와 다른 사람의 감정 알고 표현하기'에서는 상황카드에서 나타날 수 있는 감정에 대한 이야기 나누기 통해 논리 · 논술 교육을 진행해 본다. 유치원이나 어린이집에서 생길 수 있는 다양한 상황(쌓아 놓은 블록을 무너뜨리는 장면, 친구를 놀리는 장면, 함께 놀아주지 않는 장면, 갖고 놀던 장난감을 빼앗아 가는 장면, 같이 놀고 나서 정리하지 않고 가버리는 장면 등)을 카드로 만들어, 친구의 감정이 어떨지 이야기 나누어 보며 공감하는 경험을 하도록 한다.

② '나의 감정 조절하기'와 유아 논리 · 논술 교육

• 상황에 어울리는 얼굴 표정 찾기

'나의 감정 조절하기'에서는 유아가 자신의 감정을 때와 상황에 알맞게 긍정적으로 조절할 수 있도록 지도한다. 교사는 유아가 바른 태도와 마음가짐을 갖도록 지도하며, 유아의 부정적인 감정 표출을 인정하되, 긍정적인 방법으로 해결할 수 있도록 도와준다.

'나의 감정 조절하기'에서는 논리 · 논술 교육을 위해 여러 가지 상황에 어울리는 얼굴 표정을 찾아보는 활동을 진행할 수 있다. 선물을 받았을 때, 친구가 다쳤을 때, 친구가 장난감을 빼앗았을 때와 같이 다양한 감정이 유발되는 상황을 제시하고, 준비된 얼굴 표정 그림카드를 적절한 상황에 배치해 보도록 한다. 이러한 작업을 통해 감정을 유발하는 여러 가지 상황을 인식할 수 있으며, 자신의 감정을 조절하여 적절하게 표현하는 능력을 기르도록 격려한다.

3) 가족을 소중히 여기기

여기에서는 누리과정 '가족을 소중히 여기기' 내용에 대한 유아 논리 · 논술 교육 활동 방법에 대해서 제시하고자 한다.

| 표 4-14 | '가족을 소중히 여기기'의 내용과 각 연령별 세부내용

내용 범주	내용	세부내용		
		3세	4세	5세
가족을 소중히 여기기	가족과 화목하게 지내기	가족의 소중함을 안다.		가족의 의미와 소중함을 안다.
				가족과 화목하게 지낸다.
	가족과 협력하기	가족 구성원을 알아본다.	가족 구성원의 역할에 대해 알아본다.	다양한 가족구조에 대해 알아본다.
		가족을 위하여 내가 할 수 있는 일을 알아본다.	가족을 위하여 내가 할 수 있는 일을 알아보고 실천한다.	가족은 서로 도와야 함을 알고 실천한다

① '가족과 화목하게 지내기'와 유아 논리 · 논술 교육

• 가족구성원이 좋은 이유 적기

'가족과 화목하게 지내기'는 유아가 가족의 의미와 소중함을 느끼고, 가족과 사이좋게 지낼 수 있도록 하는 내용이다.

'가족과 화목하게 지내기'에서는 논리 · 논술 교육 활동으로 가족구성원이 좋은 이유를 적어 보도록 한다. 예를 들어, 엄마나 아빠 등 가족구성원 중에서 좋아하는 사람을 그리고 왜 좋은지 그 이유에 대해 글로 표현해 보도록 한다. 이 활동을 통해 가족의 소중함에 대해 생각해 보고, 자신이 느끼는 감정의 원인을 탐색해 볼 수 있다. 또한 자신의 생각을 글로 표현해 보며 논리적인 의사표현 능력을 기를 수 있다.

'엄마'가 좋은 이유

② '가족과 협력하기'와 유아 논리 · 논술 교육

• 가계도 그리기

'가족과 협력하기'에서는 유아가 이혼가족, 재혼가족, 한부모가족, 미혼모가족, 입양가족, 결혼이민자가족 등 다양한 가족 구조에 대해 이해하도록 한다. 또한 유아가 가족구성원의 역할을 알고, 가족 간에 서로 도우며 살아야 하는 것을 알고 실천하도록 지도한다.

'가족과 협력하기'에서는 논리 · 논술 교육 활동으로 가족구성원의 가계도를 그려 보게 할 수 있다. 가계도를 그리는 활동을 통해 가족구성원 간의 관계에 대해 알아보고, 호칭과 촌수에 대한 개념도 접할 수 있다. 가계도를 완성한 후에는 친구들과 비교해 보면서 다양한 가족 구조를 살펴볼 수 있다.

유아가 만든 가족나무

4) 다른 사람과 더불어 생활하기

여기에서는 누리과정 '다른 사람과 더불어 생활하기' 내용에 대한 유아 논리 · 논술 교육 활동 방법에 대해서 제시하고자 한다.

| 표 4-15 | '다른 사람과 더불어 생활하기'의 내용과 각 연령별 세부내용

내용범주	내용	세부내용		
		3세	4세	5세
다른 사람과 더불어 생활하기	친구와 사이좋게 지내기	친구와 함께 놀이한다.	친구와 협동하며 놀이한다.	
		나와 친구의 의견에 차이가 있음을 안다.	친구와의 갈등을 긍정적인 방법으로 해결한다.	
	공동체에서 화목하게 지내기		도움이 필요할 때 다른 사람과 도움을 주고 받는다	다른 사람과 도움을 주고 받고, 서로 협력한다.
		교사 및 주변 사람과 화목하게 지낸다.		
	사회적 가치를 알고 지키기		정직하게 말하고 행동한다.	
		다른 사람의 소유물을 존중한다.	다른 사람의 생각, 행동을 존중한다.	다른 사람을 배려하여 행동한다.
			친구와 어른께 예의 바르게 행동한다.	
		약속과 규칙을 지켜야 함을 안다.	다른 사람과 한 약속이나 공공규칙을 지킨다.	
			자연과 자원을 아끼는 습관을 기른다.	

① '친구와 사이좋게 지내기'와 유아 논리 · 논술 교육

• 우리 반 규칙 정하기

'친구와 사이좋게 지내기'에서는 유아가 다양한 활동을 통해 친구와 협동하며 놀이하도록 하는 내용이다. 유아들이 스스로 순서나 공유 등에 대한 규칙을 정하고 지키는 것이 생활화되도록 한다. 또한 유아가 친구와의 갈등 상황을 긍정적인 방법으로 해결할 수 있도록 돕는다.

'친구와 사이좋게 지내기'에서는 논리 · 논술 교육을 위해 우리 반 규칙 정하기 활동을 할 수 있다. 유아들이 식사시간에, 화장실에 갈 때, 미끄럼틀을 탈 때, 복도를 다닐 때 질서를 지키지 않았

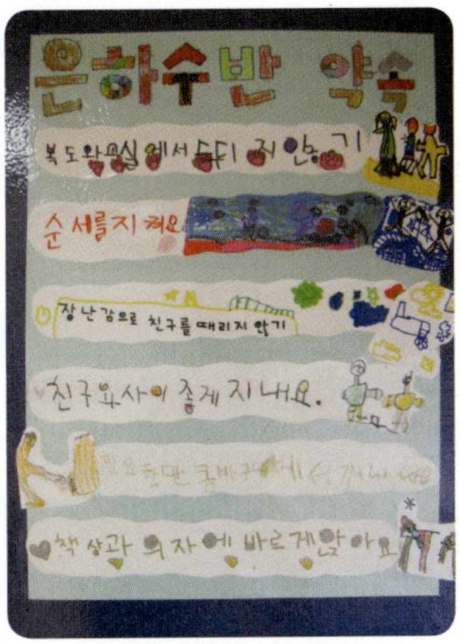

유아들이 정한 우리 반 규칙

던 경험에 대해 이야기를 나누어 보고, 유아들 스스로 필요하다고 생각되는 규칙을 정해 보도록 한다. 연령이 많거나, 쓰기가 가능한 경우 정해진 규칙들은 유아들이 종이에 직접 적어 벽에 붙여 놓게 한다.

② '공동체에서 화목하게 지내기'와 유아 논리 · 논술 교육

- ○○를 위해 할 수 있는 일 찾기

'공동체에서 화목하게 지내기'는 유아가 다른 사람과 도움을 주고받는 경험을 갖게 함으로써, 서로 협력하도록 하는 내용이다. 교사는 유아가 교사 및 주변 사람과 화목하게 지낼 수 있도록 지도한다.

'공동체에서 화목하게 지내기'에서는 논리 · 논술 교육으로 주변의 친구나 부모님, 선생님, 형제자매 등을 위해 할 수 있는 일을 찾아보고, 실천해 보는 활동을 할 수 있다. 유아에게 다른 사람의 관점을 고려하고, 창의적 사고를 발휘하여 다른 사람을 도와주고 기쁘게 할 수 있는 여러 가지 방법을 모색해 보게 한다. 유아가 생각한 방법을 직접 실천해 보고, 다른 사람의 반응이 어떠했는지, 실천할 때 기분이 어떠했는지를 이야기해 보게 한다. 이 활동을 통해 타인을 배려하는 태도를 기를 수 있다.

③ '사회적 가치를 알고 지키기'와 유아 논리 · 논술 교육

- 상황에 알맞은 옷차림 알기
- 물건 아껴 쓰는 방법 알아보기

'사회적 가치를 알고 지키기'는 유아가 정직성, 타인에 대한 배려, 옳고 그름에 대한 판단, 사회적 예절, 약속 및 공공규칙 지키기 등 다양한 사회적 가치를 알고 지킬 수 있도록 지도하는 내용이다. 또한 유아에게 자연과 자원을 아끼는 습관을 기르도록 지도하는 내용을 포함하고 있다.

'사회적 가치를 알고 지키기'에서는 논리 · 논술 교육 활동으로 사회적 상황에 적절한 옷차림을 알아보는 활동을 진행해 본다. 결혼식장에 갈 때, 장례식장에 갈 때 등

의 사회적 상황에 대한 예시를 주고, 잡지에서 알맞은 옷차림을 오려 붙이는 활동을 해 본다. 상황에 적절한 옷차림과 부적절한 옷차림에 대한 이야기를 나누며, 상황에 적절한 인사말을 알아보는 활동으로 확장시켜 볼 수 있다.

또한 자원을 절약할 수 있는 방법에 대해 알아보는 논리 · 논술 교육 활동을 진행해본다. 크레파스, 사인펜, 물, 휴지, 전기 등의 자원을 절약할 수 있는 방법에 대해 이야기 나누고 적어 보는 시간을 가질 수 있다. 이를 통해 절약하는 다양한 방법에 대해 창의적으로 생각해 보고, 절약하는 습관을 기르게 된다.

5) 사회에 관심 갖기

여기에서는 누리과정 '사회에 관심 갖기' 내용에 대한 유아 논리 · 논술 교육 활동 방법에 대해서 제시하고자 한다.

| 표 4-16 | '사회에 관심 갖기'의 내용과 각 연령별 세부내용

<table>
<tr><th rowspan="2">내용 범주</th><th rowspan="2">내용</th><th colspan="3">세부내용</th></tr>
<tr><th>3세</th><th>4세</th><th>5세</th></tr>
<tr><td rowspan="8">사회에 관심 갖기</td><td rowspan="3">지역사회에 관심 갖고 이해하기</td><td>우리 동네의 이름을 안다.</td><td colspan="2">우리 동네에 대해 알아본다.</td></tr>
<tr><td>우리 동네 사람들에 관심을 갖는다.</td><td>우리 동네 사람들이 하는 일에 관심을 갖는다.</td><td>다양한 직업에 관심을 갖는다.</td></tr>
<tr><td></td><td>물건을 살 때 돈이 필요함을 안다.</td><td>일상생활에서 돈의 쓰임에 대해 안다.</td></tr>
<tr><td rowspan="3">우리나라에 관심 갖고 이해하기</td><td>우리나라를 상징하는 것에 관심을 가진다.</td><td>우리나라를 상징하는 것을 안다.</td><td>우리나라를 상징하는 것을 알고 예절을 지킨다.</td></tr>
<tr><td colspan="2">우리나라의 전통놀이와 풍습에 관심을 갖는다.</td><td>우리나라의 전통, 역사, 문화에 관심을 갖는다.</td></tr>
<tr><td></td><td colspan="2">우리나라에 대해 자부심을 갖는다.</td></tr>
<tr><td rowspan="2">세계와 여러 문화에 관심 가지기</td><td></td><td>세계 여러 나라에 대해 관심을 갖는다.</td><td>세계 여러 나라에 대해 관심을 갖고, 서로 협력해야 함을 안다.</td></tr>
<tr><td></td><td>다양한 인종과 문화에 관심을 갖는다.</td><td>다양한 인종과 문화를 알아보고 존중한다.</td></tr>
</table>

① '지역사회에 관심 갖고 이해하기'와 유아 논리 · 논술 교육

• '돈이 없다면?' 상상해 보기

'지역사회에 관심 갖고 이해하기'에서는 유아가 지역사회에 관심을 갖고 지역사회의 일원으로 유대감과 소속감을 느낄 수 있도록 지도한다. 또한 유아가 지역사회의 다양한 직업의 종류와 역할을 알도록 한다. 일상생활에서 돈의 기능 등 경제생활에 관심을 가지도록 한다. 예를 들어, 유아가 필요한 물건을 계획해서 사 보거나, 역할놀이를 통해 돈을 사용해 볼 기회를 제공한다. 또한 유아가 물건을 아껴 쓰고, 재활용할 수 있는 습관을 갖게 하고, 저축의 중요성을 알도록 지도한다.

'지역사회에 관심 갖고 이해하기'에서는 돈이 없는 상황을 상상해 보는 활동을 논리 · 논술 교육으로 진행해 본다. 돈이 없다면 필요한 물건을 어떻게 구할 수 있을지 생각해 보고, 현재의 화폐가 개발되어 온 과정에 대해 조사해 본다.

② '우리나라에 관심 갖고 이해하기'와 유아 논리 · 논술 교육

• 우리나라 전통음식 빙고게임

'우리나라에 관심 갖고 이해하기'에서는 유아가 태극기, 애국가, 무궁화 등 우리나라를 상징하는 것을 알고, 국기에 대한 예의 알아보기, 태극기 바르게 보관하기, 애국가 부르기 등 우리나라의 상징에 대한 예절을 알고 지킬 수 있도록 지도한다. 또한 유아가 우리나라의 전통음식, 명절, 전통놀이, 국악, 전래동요 및 동화, 민속화, 전통건축물 등 전통문화에 관심을 가지고, 우리나라에 대해 자부심을 느낄 수 있도록 지도한다.

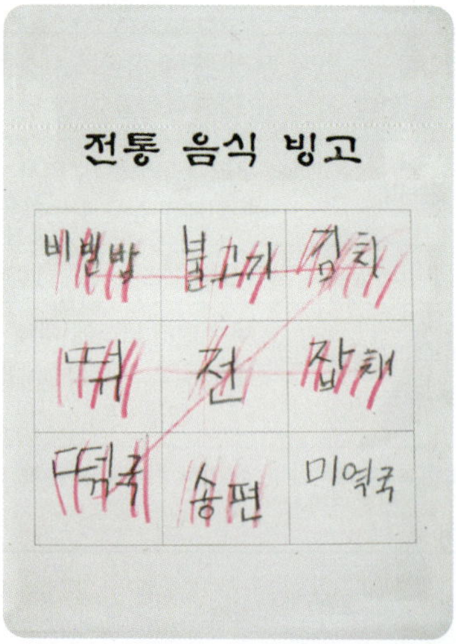

전통음식 빙고게임

'우리나라와 우리 전통문화에 관심 가지기'에서는 논리 · 논술 교육 활동으로 우리나라의 전통

음식으로 빙고게임을 해 본다. 유아들이 종이에 각자 아는 전통음식 이름을 빙고게임판에 적어, 한 명씩 자기가 적은 전통음식 중 하나를 이야기하고, 그 이름을 지워 나가는 것이다. 유아의 연령에 따라 빙고게임판의 칸 수를 조절한다.

③ '세계와 여러 문화에 관심 가지기'와 유아 논리 · 논술 교육

- '어느 나라일까요?' 알아맞히기 게임

'세계와 여러 문화에 관심 가지기'에서는 유아가 세계 여러 나라의 역사, 문화, 지리에 대해 관심을 갖고, 서로 협력해야 할 필요성에 대해 알아보도록 한다. 또한 유아가 세계 여러 나라의 다양한 인종과 문화에 대해 알아보는 활동을 통해 문화의 차이를 이해하고 존중할 수 있도록 지도한다.

'세계와 여러 문화에 관심 가지기'에서는 논리 · 논술 교육 활동으로 '어느 나라일까요?' 알아맞히기 게임을 들 수 있다. 세계 여러 나라를 주제로 한 활동을 진행하여 각 국가에 대한 지식을 습득한 이후, 유아들끼리 게임 형식으로 나라에 대한 설명을 하고 국가 이름을 맞추게 해 본다. 이를 통해 언어로 설명하는 능력과 힌트를 듣고 답을 유추하는 능력을 기를 수 있다.

지금까지 사회관계 영역의 유아 논리 · 논술 교육 활동을 알아보았다. 각 활동들을 논리 · 논술 교육 영역에 비추어 살펴보면 다음과 같다.

| 표 4-17 | 사회관계 영역의 유아 논리 · 논술 교육 활동

활동명	논리 · 논술 교육 영역				
	비판적 사고	창의적 사고	논리적 사고	도덕적 사고	배려적 사고
자기 소개하기	○	○	○		
칭찬 릴레이			○		○
책임을 회피할 때 상상해 보기	○	○	○	○	○
상황카드로 감정 이야기 나누기	○		○	○	○
상황에 어울리는 얼굴 표정 찾기	○		○	○	

활동명	논리 · 논술 교육 영역				
	비판적 사고	창의적 사고	논리적 사고	도덕적 사고	배려적 사고
가족구성원이 좋은 이유 적기			○	○	○
가계도 그리기	○		○		
우리 반 규칙 정하기	○		○	○	○
○○를 위해 할 수 있는 일 찾기		○	○	○	○
상황에 알맞은 옷차림 알기			○	○	○
물건 아껴 쓰는 방법 알아보기	○	○	○	○	
'돈이 없다면?' 상상해 보기	○	○	○		
우리나라 전통음식 빙고게임		○	○		
'어느 나라일까요?' 알아맞히기 게임		○	○		

4. 예술경험 영역과 유아 논리 · 논술 교육

'예술경험 영역'은 아름다움에 관심을 가지고 예술 경험을 즐기며, 창의적으로 표현하는 능력을 기르는 것을 목표로 한다. '예술경험 영역'은 '아름다움 찾아보기', '예술적 표현하기', '예술 감상하기'의 세 가지 내용 범주로 구성된다. 각 내용 범주별 목표는 다음과 같다.

① 아름다움 찾아보기 : 자연과 주변 환경에서 발견한 아름다움과 예술적 요소에 관심을 갖고 탐색한다.

② 예술적 표현하기 : 자신의 생각과 느낌을 음악, 움직임과 춤, 미술, 극놀이를 통해 창의적으로 표현하는 것을 즐긴다.

③ 예술 감상하기 : 자연과 다양한 예술 작품을 감상하며, 풍부한 감성과 심미적 태도를 기른다.

'아름다움 찾아보기'에서는 친숙한 자연 및 주변 환경이 가진 아름다움을 경험하고, 일상생활을 통해 아름다움을 찾고 추구해 나가는 태도를 형성하도록 한다. '예술적 표현하기'에서는 다양한 매체 및 방법을 통해 자신을 표현할 수 있는 기회를 제공해 주도록 한다. '예술 감상하기'에서는 자신과 또래, 더 나아가 다른 문화에 속한 예술 작품들에도 흥미를 갖도록 하며, 다양한 자연현상, 주변의 사물 및 예술 작품들을 접하고 이를 소재로 대화를 나누는 경험을 제공해 주도록 한다.

1) 아름다움 찾아보기

여기에서는 누리과정 '아름다움 찾아보기' 내용에 대한 유아 논리 · 논술 교육 활동 방법에 대해서 제시하고자 한다.

| 표 4-18 | '아름다운 찾아보기'의 내용과 각 연령별 세부내용

내용범주	내용	세부내용		
		3세	4세	5세
아름다움 찾아보기	음악적 요소 탐색하기	다양한 소리, 음악의 셈여림, 빠르기, 리듬 등에 관심을 갖는다.		다양한 소리, 악기 등으로 음악의 셈여림, 빠르기, 리듬 등을 탐색한다.
	움직임과 춤 탐색하기	움직임과 춤의 모양, 힘, 빠르기 등에 관심을 갖는다.		움직임과 춤의 모양, 힘, 빠르기, 흐름 등을 탐색한다.
	미술적 요소 탐색하기	자연과 사물의 색, 모양, 질감 등에 관심을 갖는다.		자연과 사물에서 색, 모양, 질감, 공간 등을 탐색한다.

① '음악적 요소 탐색하기'와 유아 논리 · 논술 교육

- 소리 듣고 말/글자로 표현하기

'음악적 요소 탐색하기'는 다양한 소리, 악기 등으로 강약, 속도, 리듬 등을 탐색하게 하는 내용이다. 교사는 유아가 일상적으로 접하는 자연의 소리(빗소리, 바람 소리, 새 지저귀는 소리 등)나 친숙한 환경에서 들리는 소리(문 여닫는 소리, 물 끓이는 소리, 컴퓨터 자판 두드리는 소리 등)에 흥미를 갖도록 지도한다. 또한 리듬악기, 타악기, 유아가 직접 만든 악기 등을 교실에 배치해 두고 유아들이 다루며 음악적 요소를 탐색할 수 있도록 한다.

'음악적 요소 탐색하기'에서는 논리 · 논술 교육을 위해 소리를 듣고 말과 글자로 표현하기 활동을 진행할 수 있다. 빗소리, 발자국 소리, 그릇 부딪히는 소리, 오토바이 소리 등을 들려주고 말로 표현해 보고 글자로 적어 보게 한다. 이 활동을 통해 유아는 소리에 관심을 갖고, 소리를 표현하는 다양한 의성어에 대한 지식을 습득할 수 있으며, 쓰기와 말하기 능력이 향상될 수 있다.

② '움직임과 춤 탐색하기'와 유아 논리 · 논술 교육

• 다양한 장르의 춤 감상하기

'움직임과 춤 탐색하기'는 유아가 움직임과 춤의 모양, 힘, 세기, 빠르기, 흐름 등을 탐색하도록 하는 내용이다. 교사는 유아가 주변의 다양한 대상의 움직임에 관심을 갖도록 하며, 움직임의 요소인 모양, 힘, 세기, 빠르기 등의 요소에 따라 각 움직임의 차이를 인식할 수 있도록 도와준다. 또한 교사는 유아가 충분히 신체를 움직일 수 있는 공간과 시간을 마련해 주어, 움직임의 요소들과 관련하여 자신의 몸을 다양하게 움직일 수 있도록 해준다.

'움직임과 춤 탐색하기'에서는 논리 · 논술 교육 활동으로 다양한 춤을 감상해 본다. 유아들에게 발레, 한국 전통무용, 탭댄스 등 다양한 장르의 춤에 대한 영상 자료를 보여준 후, 각 춤들의 특징에 대해 이야기해 보게 한다. 또한 다양한 장르의 춤을 직접 춰보고, 춤을 출 때 느낌과 특징을 비교해 보는 시간을 가져볼 수 있다.

탭댄스를 추고 있는 유아들

③ '미술적 요소 탐색하기'와 유아 논리 · 논술 교육

• 음식으로 그림 그리기

'미술적 요소 탐색하기'에서는 유아가 자연과 사물에서 색, 질감, 모양, 공간 등을 탐색하며, 여러 가지 재료와 도구를 자유롭게 탐색하도록 한다. 교사는 유아가 생활 속에서 미술적 요소를 탐색할 수 있도록 지도하며, 다양한 미술재료와 도구를 사용하여 자신의 생각과 느낌, 아이디어를 표현해 보도록 격려한다.

'미술적 요소 탐색하기'에서 논리 · 논술 교육 활동으로 음식으로 그림 그리기를 해 볼 수 있다. 과자, 빵, 야채, 과일 등으로 그림을 만들어 보게 하는 것이다. 다양한 모양과 선, 색깔의 과자, 빵, 야채와 과일을 썰어 놓은 것으로 유아 각자 흰 종이에 창의적으로 그림을 만들어 보게 한다. 언어적 표현 능력의 발달을 위해 자신이 꾸민 작품을 친구들에게 설명해 보게 하고, 서로의 작품을 비교하는 기회를 가지도록 한다.

식빵과 과자로 얼굴을 꾸민 유아

유아가 과일과 채소로 꾸민 얼굴

2) 예술적 표현하기

여기에서는 누리과정 '예술적 표현하기' 내용에 대한 유아 논리 · 논술 교육 활동 방법에 대해서 제시하고자 한다.

| 표 4-19 | '예술적 표현하기'의 내용과 각 연령별 세부내용

<table>
<tr><th rowspan="2">내용 범주</th><th rowspan="2">내용</th><th colspan="3">세부내용</th></tr>
<tr><th>3세</th><th>4세</th><th>5세</th></tr>
<tr><td rowspan="14">예술적 표현하기</td><td rowspan="4">음악으로 표현하기</td><td>간단한 노래를 듣고 따라 부른다.</td><td colspan="2">노래로 자신의 생각과 느낌을 표현한다.</td></tr>
<tr><td colspan="3">전래동요를 즐겨 부른다.</td></tr>
<tr><td>리듬악기로 간단한 리듬을 표현해 본다.</td><td colspan="2">리듬악기를 연주해 본다.</td></tr>
<tr><td colspan="2">간단한 리듬과 노래를 즉흥적으로 만들어 본다.</td><td>리듬과 노래 등을 즉흥적으로 만들어 본다.</td></tr>
<tr><td rowspan="3">움직임과 춤으로 표현하기</td><td colspan="2">신체를 이용하여 주변의 움직임을 자유롭게 표현한다.</td><td>신체를 이용하여 주변의 움직임을 다양하게 표현하며 즐긴다.</td></tr>
<tr><td colspan="3">움직임과 춤으로 자신의 생각과 느낌을 표현한다.</td></tr>
<tr><td colspan="2">도구를 활용하여 다양한 움직임으로 표현한다.</td><td>다양한 도구를 활용하여 창의적으로 움직인다.</td></tr>
<tr><td rowspan="3">미술 활동으로 표현하기</td><td>다양한 미술활동을 경험해 본다.</td><td colspan="2">다양한 미술활동으로 자신의 생각과 느낌을 표현한다.</td></tr>
<tr><td></td><td>협동적인 미술활동에 참여한다.</td><td>협동적인 미술활동에 참여하여 즐긴다.</td></tr>
<tr><td>미술활동에 필요한 재료와 도구에 관심을 가지고 사용한다.</td><td colspan="2">미술활동에 필요한 재료와 도구를 다양하게 사용한다.</td></tr>
<tr><td rowspan="2">극놀이로 표현하기</td><td>일상생활의 경험을 극놀이로 표현한다.</td><td>일상생활의 경험이나 간단한 이야기를 극놀이로 표현한다.</td><td>경험이나 이야기를 극놀이로 표현한다.</td></tr>
<tr><td></td><td colspan="2">소품, 배경, 의상 등을 사용하여 협동적으로 극놀이를 한다.</td></tr>
<tr><td rowspan="2">통합적으로 표현하기</td><td></td><td colspan="2">음악, 움직임과 춤, 미술, 극놀이를 통합하여 표현한다.</td></tr>
<tr><td colspan="2">예술 활동에 참여하여 표현과정을 즐긴다.</td><td>예술 활동에 참여하여 창의적으로 표현하는 과정을 즐긴다.</td></tr>
</table>

① '음악으로 표현하기'와 유아 논리 · 논술 교육

• 노랫말 만들어 부르기

'음악적으로 표현하기'에서는 유아가 다양한 장르의 노래, 전래동요, 다른 나라의 동요 등을 불러보는 경험을 제공하고, 노래로 자신의 생각과 느낌을 표현하게 한다. 또한 유아가 음악의 기본요소인 리듬을 다양한 리듬악기를 다루면서 경험해 보도록 한다. 나아가, 노랫말을 바꾸어 부르거나, 자신이 흥미 있어 하는 내용이나 느낌에 단순한 선율과 리듬을 만들어 노래로 표현해 보는 등 유아가 리듬과 노랫말을 즉흥적으로 만들어 보도록 한다.

'음악으로 표현하기'에서는 논리 · 논술 교육을 위해 노랫말 만들어 부르기 활동을 해본다. '학교 종이 땡땡땡', '나비야'와 같이 유아가 흔히 부르는 노래에 유아들이 직접 노랫말을 창의적으로 만들어 부르게 한다. 한 가지 주제를 주고 친구들과 노랫말을 비교해 보게 하면 서로 다른 관점의 차이, 표현방식의 차이를 경험해 볼 수 있다.

② '움직임과 춤으로 표현하기'와 유아 논리 · 논술 교육

• 자연물의 움직임을 몸으로 표현하기

'움직임과 춤으로 표현하기'에서는 유아가 일상에서 자연스럽게 움직임과 춤에 관심을 갖고 직접 움직임과 춤으로 자신을 표현해 보는 경험을 갖도록 한다. 유아가 신체를 이용하여 주변의 움직임을 다양하게 표현하게 하며, 자신의 생각과 느낌을 춤으로 표현하도록 한다. 또한 유아가 리본, 막대, 후프, 공 등 다양한 도구를 활용하여 창의적으로 움직일 수 있도록 한다.

'움직임과 춤으로 표현하기'에서 활용 가능한 논리 · 논술 교육 활동으로 자연물의 움직임을 몸으로 표현해 보는 활동을 들 수 있다. 바람에 흔들거리는 나무, 흐르는 시냇물, 하늘을 떠다니는 구름 등의 움직임을 몸으로 표현해 보게 하는 것이다. 하나의 주제에 대해 친구들 간의 서로 다른 표현을 비교해 보고, 자신이 왜 그렇게 표현했는지 말로 설명해 보도록 한다. 유아 한 명이 표현하는 움직임을 보고 다른 유아들이 무엇을 표현했는지 알아맞히도록 한다면 추론능력이 향상될 수 있을 것이다.

자연물의 움직임을 몸으로 표현하기

③ '미술 활동으로 표현하기'와 유아 논리 · 논술 교육

• 폐품으로 표현하기

'미술 활동으로 표현하기'에서는 다양한 평면 및 입체 미술 활동을 통해 유아가 자신이 경험하고, 느끼고, 상상하는 것을 표현할 수 있도록 한다. 교사는 유아가 협동적으로 이루어지는 미술 활동을 경험하며 생각과 느낌을 나누면서 다양한 미적 요소를 접하고 심미감을 증진시키도록 한다. 또한 유아가 다양한 재료와 도구를 사용하게 하여 무엇을 어떻게 만들 것인지 사고하고 추리하는 과정에서 창의성 및 독창성을 높여준다.

'미술 활동으로 표현하기'에서는 논리 · 논술 교육을 위해 폐품으로 표현하기 활동을 들 수 있다. 우유팩, 신문지, 요구르트병, 병뚜껑 등 다양한 폐품을 사용하여 창의적인 표현을 하게 하는 것이다. 작품 활동 후에는 폐품을 분리수거하지 않고 버리면 어떤 결과가 나타날지 예상해 보게 하고, 폐품을 활용할 수 있는 다양한 방법을 브레인스토밍해 본다.

폐품으로 표현하기

④ '극놀이로 표현하기'와 유아 논리 · 논술 교육

• 동화를 극놀이로 표현하기

'극놀이로 표현하기'에서는 유아가 흥미나, 진행되는 주제, 읽었던 책 이야기, 경험했던 역할 등을 자연스럽게 극놀이로 표현할 수 있도록 한다. 교사는 극놀이에 필요한 소품이나 배경, 의상으로 블록, 역할놀이 소품, 악기, 미술 작품 등을 활용할 수 있도록 지원해 주고, 자유놀이 시간을 할애하여 유아들이 협동적으로 극놀이에 참여할 수 있도록 격려한다.

'극놀이로 표현하기'에서는 논리 · 논술 교육 활동으로 동화를 극놀이로 표현하게 할 수 있다. 먼저 동화를 읽고 내용을 이해하며, 동화의 등장인물과 배경, 주요 장면 등을 기억하는 과정에서 유아의 언어능력과 인지능력이 발달될 수 있다. 또한 동화의 내용을 극으로 형상화하는 과정에서 창의적인 표현능력을 기를 수 있다.

⑤ '통합적으로 표현하기'와 유아 논리 · 논술 교육

• 무음악으로 춤추기와 음악에 맞추어 춤추기 비교

'통합적으로 표현하기'에서는 유아가 음악과 움직임, 음악과 미술, 음악 및 미술과 극놀이 등 다양한 표현양식을 서로 통합하여 표현하는 경험을 해 보도록 한다. 유아가 음악과 미술, 창의적인 움직임, 극놀이 등을 통해 자신을 자유로운 방법으로 표현하고, 창의적인 결과물을 만들며, 성취감과 해방감을 느낄 수 있도록 교사는 유아를 격려해 주고, 표현에 필요한 허용적인 분위기, 충분한 시간과 공간, 풍부한 재료를 제공해 주도록 한다.

'통합적으로 표현하기'에서는 논리 · 논술 교육 활동으로 무음악으로 춤을 추게 한 후 음악에 맞추어 춤을 추게 해 본다. 활동 후 음악 없이 춤을 출 때와 음악을 틀어 놓고 춤을 출 때의 차이점을 비교하여 설명해 보도록 한다.

음악에 맞추어 춤추고 있는 유아들

3) '예술 감상하기'와 유아 논리 · 논술 교육

여기에서는 누리과정 '예술 감상하기' 내용에 대한 유아 논리 · 논술 교육 활동 방법에 대해서 제시하고자 한다.

| 표 4-20 | '예술 감상하기'의 내용과 각 연령별 세부내용

<table>
<tr><th rowspan="2">내용 범주</th><th rowspan="2">내용</th><th colspan="3">세부내용</th></tr>
<tr><th>3세</th><th>4세</th><th>5세</th></tr>
<tr><td rowspan="3">예술 감상하기</td><td rowspan="2">다양한 예술 감상하기</td><td>다양한 음악, 춤, 미술 작품, 극놀이 등을 듣거나 본다.</td><td colspan="2">다양한 음악, 춤, 미술 작품, 극놀이 등을 듣거나 보고 즐긴다.</td></tr>
<tr><td colspan="3">나와 다른 사람의 예술 표현을 소중히 여긴다.</td></tr>
<tr><td>전통예술 감상하기</td><td colspan="2">우리나라의 전통예술에 관심을 갖는다.</td><td>우리나라의 전통예술에 관심을 갖고 친숙해진다.</td></tr>
</table>

① '다양한 예술 감상하기'와 유아 논리 · 논술 교육

- 명화 재구성하기
- 세계 7대 불가사의 감상하기

'다양한 예술 감상하기'에서는 유아가 일상생활에서 여러 장르의 음악, 춤, 미술 작품 및 극놀이를 경험할 수 있도록 한다. 유아가 예술표현 및 작품에서 각자 표현이 서로 다름을 인식하고 그 차이를 느껴볼 수 있는 경험을 통해 각각의 표현 및 작품이 지닌 독특한 가치를 인식하고 존중하는 태도를 갖도록 한다. 또한 유아에게 다른 문화의 예술작품을 경험하는 기회를 제공하여, 다른 나라의 문화와 다양성을 탐색하도록 한다.

'다양한 예술 감상하기'에서는 명화를 재구성하여 그려보는 활동을 통해 논리 · 논술 교육 활동을 진행해 본다. 유명한 화가의 작품을 관찰 · 감상하고, 작가의 작품을 바탕으로 자신만의 작품을 구성해 보게 한다. 작품을 완성한 후에는 유아들의 창작물을 반이나 복도에 게시하여, 한 주제에 대해 또래들의 서로 다른 표현을 감상하고, 느낌 및 차이점을 이야기해 보도록 한다.

고흐의 '해바라기'

'해바라기'를 재구성한 유아의 작품

고흐의 '해바라기' 재구성

또한 '다양한 예술 감상하기'에서 활용해 볼 수 있는 논리 · 논술 교육 활동은 세계 7대 불가사의를 감상해 보는 활동이다. 유아들에게 만리장성, 마추픽추, 콜로세움, 타지마할 등 세계 7대 불가사의의 사진을 보여 주고 그 웅장함을 감상하고, 느낌을 이야기해 보는 시간을 갖는다. 유아들에게 세계 7대 불가사의는 어떻게 만들어졌을지 예상해 보도록 한 후, 세계 7대 불가사의에 대해 조사해 보는 활동으로 확장한다.

만리장성(중국)

콜로세움(이탈리아)

마추픽추(페루)

타지마할(인도)

페트라(요르단)

치첸이트사(멕시코)

예수상(브라질)

신(新) 세계 7대 불가사의

② '전통예술 감상하기'와 유아 논리 · 논술 교육

• 전통가옥 감상

'전통예술 감상하기'에서는 유아가 생활 속에서 전통물건, 전통음악, 전통미술작품 등을 경험하도록 하여, 우리 고유의 문화에 관심을 갖고 전통예술의 아름다움을 감상하도록 한다.

'전통예술 감상하기'에서 논리 · 논술 교육을 위해 전통가옥 감상 활동을 해 본다. 책 또는 인터넷을 통해서 전통가옥의 사진을 감상해 본다. 현장학습 활동으로 사찰이나 한옥마을을 방문해 보는 기회를 갖는 것도 좋다. 전통가옥의 지붕의 선, 문살의 문양, 단청의 문양과 색깔의 아름다움을 감상해 보는 시간을 갖고, 전통가옥에 대한 인상과 느낌을 그림과 글로 표현해 보도록 한다. 주춧돌, 서까래, 처마 등 전통가옥의 용어를 알아보고, 전통가옥과 현대가옥의 공통점과 차이점을 비교 · 분석해 보는 활동으로 확장하여 진행해 본다.

지금까지 예술경험 영역의 유아 논리 · 논술 교육 활동을 알아보았다. 각 활동들을 논리 · 논술 교육 영역에 비추어 살펴보면 다음과 같다.

| 표 4-21 | 예술경험 영역의 유아 논리 · 논술 교육 활동

활동명	논리 · 논술 교육 영역				
	비판적 사고	창의적 사고	논리적 사고	도덕적 사고	배려적 사고
소리 듣고 말/글자로 표현하기		○	○		
다양한 장르의 춤 감상하기			○		○
음식으로 그림 그리기		○	○		
노랫말 만들어 부르기		○	○		
자연물의 움직임을 몸으로 표현하기	○	○	○		
폐품으로 표현하기	○	○	○		
동화를 극놀이로 표현하기		○	○		
무음악으로 춤추기와 음악에 맞추어 춤추기 비교	○	○	○		

활동명	논리 · 논술 교육 영역				
	비판적 사고	창의적 사고	논리적 사고	도덕적 사고	배려적 사고
명화 재구성하기		○	○	○	○
세계 7대 불가사의 감상하기			○		○
전통가옥 감상			○		○

5. 자연탐구 영역과 유아 논리 · 논술 교육

'자연탐구 영역'은 호기심을 가지고 주변세계를 탐구하며, 일상생활에서 문제 해결을 위한 수학적 · 과학적으로 생각하는 능력과 태도를 기르는 것을 목표로 한다. '자연탐구 영역'은 '탐구하는 태도 기르기', '수학적 탐구하기', '과학적 탐구하기'의 세 개의 내용 범주로 구성된다. 각 내용 범주별 목표는 다음과 같다.

① 탐구하는 태도 기르기 : 주변의 사물과 자연세계에 대해 알고자 하는 호기심을 가지고 탐구하는 태도를 기른다.

② 수학적 탐구하기 : 생활 속의 여러 상황과 문제를 논리 · 수학적으로 이해하고 해결하기 위한 기초 능력을 기른다.

③ 과학적 탐구하기 : 주변의 관심 있는 사물과 생명체 및 자연현상을 탐구하기 위한 기초 능력을 기른다.

유아는 주변에 대한 호기심과 알고자 하는 욕구를 지니고 태어나므로, '탐구하는 태도 기르기'에서는 주변의 사물과 자연세계에 대해 탐구하는 태도를 형성하도록 한다. '수학적 탐구하기'에서는 놀이, 게임, 생활 속의 문제 해결과 같은 구체적 경험을 통해 수량관계, 공간과 도형, 측정, 규칙성, 자료수집과 정리 등에 관한 기초 지식을 구성하도록 한다. '과학적 탐구하기'에서는 유아가 생활 속에서 여러 가지 사물이나 자연물, 생명체 및 자연현상 등을 지속적으로 탐색하고 사고하면서 능동적으로 과학적 지식을 구성해 가는 것에 중점을 둔다.

1) '탐구하는 태도 기르기'와 유아 논리 · 논술 교육

여기에서는 누리과정 '탐구하는 태도 기르기' 내용에 대한 유아 논리 · 논술 교육 활동 방법에 대해서 제시하고자 한다.

| 표 4-22 | '탐구하는 태도 기르기'의 내용과 각 연령별 세부내용

내용 범주	내용	세부내용		
		3세	4세	5세
탐구하는 태도 기르기	호기심을 유지하고 확장하기	주변 사물과 자연세계에 대해 호기심을 갖는다.	주변 사물과 자연세계에 대해 지속적으로 호기심을 갖는다.	주변 사물과 자연세계에 대해 지속적으로 호기심을 갖고 알고자 한다.
	탐구과정 즐기기	궁금한 점을 알아보는 과정에 흥미를 갖는다.	궁금한 점을 알아보는 탐구과정에 관심을 가지고 참여한다.	궁금한 점을 알아보는 탐구과정에 참여하고 즐긴다.
				탐구과정에서 서로 다른 생각에 관심을 갖는다.
	탐구기술 활용하기		일상생활의 문제를 해결하는 과정에서 탐색, 관찰 등의 방법을 활용해 본다.	일상생활의 문제를 해결하는 과정에서 탐색, 관찰, 비교, 예측 등의 탐구기술을 활용해 본다.

① '호기심을 유지하고 확장하기'와 유아 논리 · 논술 교육

- 질문 목록 만들기

'호기심을 유지하고 확장하기'에서는 유아가 호기심을 갖는 주변의 사물을 주의 깊게 탐색하도록 하여 궁금한 점을 발견할 수 있도록 한다. 유아의 호기심을 지속적으로 확장하기 위해서 교사는 유아 스스로 관찰과 조사, 실험이 가능하도록 흥미 영역에 구체적인 자료를 제시하거나 집단 활동을 계획하도록 한다.

'호기심을 유지하고 확장하기'에서는 질문 목록 만들기 활동을 통해 논리 · 논술 교육을 진행해 본다. '질문 목록 만들기'는 주제 탐구표현 활동의 도입부에 사용되는 활동이다. 유아가 관심을 갖는 주제가 생기면, 그 주제에 대해 유아들로부터 궁금한 점을 들어 보고, 궁금한 점을 어떻게 살펴볼 것인지 그 방법에 대해 이야기를 나누어 보게 한다. 또한 질문에 대해 예상되는 결과를 이야기해 보고, 그 이유가 무엇인지 설명해 보도록 한다. 주제에 대한 활동을 진행하면서 유아들 스스로 생각한 방법을 적용하여 문제를 해결해 나가고, 미리 예측해 보았던 해답과 탐구한 결과를 비교해 보게 된다.

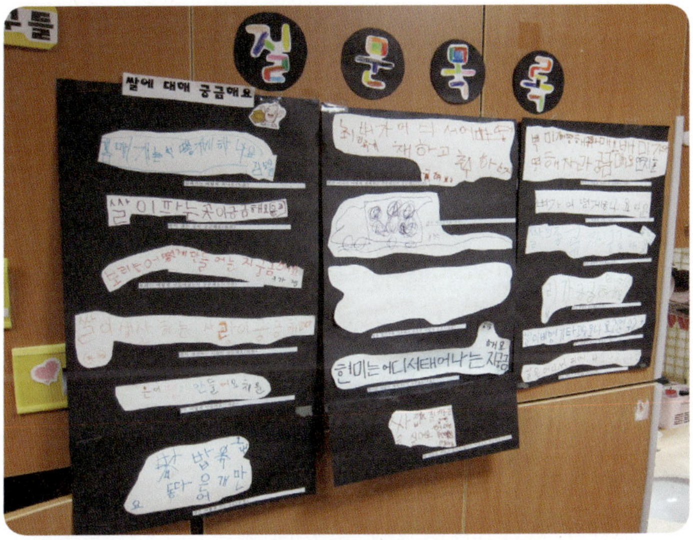

'쌀' 주제에 대한 질문 목록

② '탐구과정 즐기기'와 유아 논리 · 논술 교육

• 과일 및 야채 속 잘라보기

'탐구과정 즐기기'에서는 유아가 문제 해결을 위해 관찰, 비교, 분류, 예측하기 등 다양한 방법을 활용하도록 한다. 오감각과 도구를 사용하여 물체의 특징과 변화를 관찰하고, 관찰한 것을 그림으로 그리거나 기록해 보며, 여러 가지 물체와 정보를 수집하고 분류해 본다. 또한 교사는 유아가 생각한 가설과 결과가 다를 수 있으므로,

미리 생각한 바와 결과를 비교할 수 있게 한다.

'탐구과정 즐기기'에서 적용해 볼 수 있는 논리 · 논술 교육 활동으로 과일 및 야채 속 잘라보기를 해 본다. 사과, 키위, 오이, 토마토 등의 과일 또는 야채를 준비하고, 반으로 자르기 전에 속 모양을 예상하여 그려보도록 한다. 과일과 야채를 반으로 자른 후 속 모양을 그려서 예상한 모양과 비교해 본다.

③ '탐구기술 활용하기'와 유아 논리 · 논술 교육

• 진자 운동 실험

'탐구기술 활용하기'에서는 유아가 탐구과정에서 얻은 결과를 기초로 유사한 문제나 상황에서 해결책을 예측하고 추론하도록 한다. 또한 문제 해결 과정에서 나의 생각이 다른 사람과 다를 수 있음을 알고, 논의를 통해 새로운 방법을 계획하여 실행해 보도록 한다. 교사는 이때 유아가 다른 아이디어를 가진 또래와 상호작용하는 과정에서 지속적인 토론이 일어날 수 있도록 격려해준다.

'탐구기술 활용하기'에서는 진자 운동 실험을 통해 논리 · 논술 교육을 진행해 본다. 실에 추를 달아 진동할 수 있도록 진자를 만들고, 추의 무게를 달리할 때, 실의 길이를 달리할 때 각각 진자가 1회 왕복하는 데 걸리는 주기가 어떠한 지 재어본다. 추의 무게를 늘릴 때, 실의 길이를 더 길게 할 때 진자의 주기가 어떻게 달라질지 유아들에게 예측해 보도록 한다.

2) '수학적 탐구하기'와 유아 논리 · 논술 교육

여기에서는 누리과정 '수학적 탐구하기' 내용에 대한 유아 논리 · 논술 교육 활동 방법에 대해서 제시하고자 한다.

| 표 4-23 | '수학적 탐구하기'의 내용과 각 연령별 세부내용

<table>
<tr><th rowspan="2">내용
범주</th><th rowspan="2">내용</th><th colspan="3">세부내용</th></tr>
<tr><th>3세</th><th>4세</th><th>5세</th></tr>
<tr><td rowspan="15">수학적
탐구하기</td><td rowspan="4">수와
연산의
기초개념
형성하기</td><td>생활 속에서 수에 관심을 갖는다.</td><td colspan="2">생활 속에서 사용되는 수의 여러 가지 의미를 안다.</td></tr>
<tr><td>구체물 수량의 많고 적음을 비교한다.</td><td>구체물 수량에서 '같다', '더 많다', '더 적다'의 관계를 안다.</td><td>구체물 수량의 부분과 전체 관계를 알아본다.</td></tr>
<tr><td>다섯 개 가량의 구체물을 세어 보고 수량에 관심을 갖는다.</td><td>열 개 가량의 구체물을 세어 보고 수량을 알아본다.</td><td>스무 개 가량의 구체물을 세고 수량을 안다.</td></tr>
<tr><td></td><td></td><td>구체물을 가지고 더하고 빼는 경험을 해 본다.</td></tr>
<tr><td rowspan="4">공간과
도형의
기초개념
형성하기</td><td>나를 중심으로 앞, 뒤, 옆, 위, 아래를 알아본다.</td><td colspan="2">위치와 방향을 여러 가지 방법으로 나타내 본다.</td></tr>
<tr><td></td><td></td><td>여러 방향에서 물체를 보고 그 차이점을 비교해 본다.</td></tr>
<tr><td>물체의 모양에 관심을 갖는다.</td><td>기본 도형의 특성을 인식한다.</td><td>기본 도형의 공통점과 차이점을 알아본다.</td></tr>
<tr><td></td><td colspan="2">기본 도형을 사용하여 여러 가지 모양을 구성해 본다.</td></tr>
<tr><td rowspan="4">기초적인
측정하기</td><td>두 물체의 길이, 크기를 비교해 본다.</td><td>일상생활에서 길이, 크기, 무게 등을 비교해 본다.</td><td>일상생활에서 길이, 크기, 무게, 들이 등의 속성을 비교하고, 순서를 지어 본다.</td></tr>
<tr><td></td><td></td><td>임의 측정단위를 사용하여 길이, 면적, 들이, 무게 등을 재 본다.</td></tr>
<tr><td>규칙성 이해하기</td><td>생활 주변에서 반복되는 규칙성에 관심을 갖는다.</td><td>생활 주변에서 반복되는 규칙성을 알아본다.</td></tr>
<tr><td></td><td>반복되는 규칙성을 인식하고 모방한다.</td><td>스스로 규칙성을 만들어 본다.</td></tr>
<tr><td rowspan="3">기초적인
자료
수집과
결과
나타내기</td><td></td><td colspan="2">필요한 정보나 자료를 수집한다.</td></tr>
<tr><td>같은 것끼리 짝을 짓는다.</td><td>한 가지 기준으로 자료를 분류해 본다.</td><td>한 가지 기준으로 분류한 자료를 다른 기준으로 재분류해 본다.</td></tr>
<tr><td></td><td></td><td>그림, 사진, 기호나 숫자를 사용해 그래프로 나타내 본다.</td></tr>
</table>

① '수와 연산의 기초개념 형성하기'와 유아 논리 · 논술 교육

- 수세기
- 두 숫자로 5/10 만들기

'수와 연산의 기초개념 형성하기'에서는 전화번호, 날짜, 친구 수 등 수가 사용되는 다양한 상황을 통해 유아가 수의 의미를 이해하도록 한다. 나아가 유아가 부분과 전체의 관계를 인식할 수 있도록 하며, 20개 정도의 구체물을 셀 수 있도록 하고, 10까지의 수에 대한 덧셈과 뺄셈을 경험하게 한다.

'수와 연산의 기초개념 형성하기'에서는 수세기를 통해 논리 · 논술 교육 활동을 진행해 볼 수 있다. 수세기는 유아가 접하는 생활 속에서 다양하게 적용해 볼 수 있다. 간식으로 나온 과자를 먹으면서 친구들과 몇 개가 남았는지 세어 보고 누가 많이 남았는지 비교해 보기, 빨강 · 파랑 · 검정색 등 각 색깔옷을 입은 친구들이 몇 명인지 세어 보기, 책꽂이에 책이 총 몇 권인지 세어 보기 등의 활동을 통해 유아들의 기본적인 수 개념과 주변의 사물을 비교 · 관찰해 보는 능력, 숫자 및 수세기와 관련된 어휘의 발달을 촉진할 수 있다. 기본적인 수세기에 익숙해지면, 11~19까지 쉽게 세는 방법, 2/5/10씩 묶어 세는 법 등 다양한 수세기 활동으로 확장시켜 본다.

또한 두 숫자로 5 또는 10을 만들어 보는 활동을 진행해 본다. 유아에게 두 가지 숫자로 5 또는 10을 만들 수 있는 경우의 수를 찾아보게 하고, 이를 덧셈과 뺄셈으로 확장시켜 본다.

② '공간과 도형의 기초개념 형성하기'와 유아 논리 · 논술 교육

- 우리 반 놀이 영역 지도 만들기

'공간과 도형의 기초개념 형성하기'에서는 유아가 위치와 방향을 인식하고 언어 및 다양한 방법으로 표현해 보도록 한다. 또한 유아가 친숙한 물체들의 형태를 탐색하면서 다양한 기본 도형의 공통점과 차이점을 인식하고, 도형별로 분류할 수 있도록 한다. 그리고 유아가 도형을 결합하고 분해하는 활동을 통해 여러 가지 모양을 구성

해 볼 수 있도록 한다.

'공간 및 도형의 기초개념 형성하기'에서 적용할 수 있는 논리 · 논술 교육 활동으로 우리 반 놀이 영역 지도 만들기 활동이 있다. 이 활동을 통해 반의 공간 내에 위치하는 놀이 영역들의 상대적인 위치와 방향, 거리를 인식할 수 있게 된다. 반의 친구들과 함께하는 협동작업으로 진행한다면, 공간개념과 관련된 어휘 및 의사소통 능력, 사회적 기술, 문제 해결력 등이 발달될 수 있다.

③ '기초적인 측정하기'와 유아 논리 · 논술 교육

- 양팔저울로 무게 재기
- 패턴 찾기 놀이

'기초적인 측정하기'에서는 유아가 놀이 및 일상생활에서 길이, 크기, 무게, 들이, 시간 등을 인식하고, 속성에 따라 비교하거나 순서를 지어 볼 수 있도록 한다. 유아가 신체의 부분이나, 블록, 연필과 같은 임의 측정단위를 사용하여 길이, 면적, 들이, 무게 등을 재보도록 한다. 또한 '기초적인 측정하기'에서는 유아가 사물이나 일상적 상황에 나타난 규칙성을 발견하여, 다음에 올 것이 무엇인지 예측해 보도록 한다. 또한 유아가 청각적 패턴, 시각적 패턴, 운동적 패턴과 같은 다양한 패턴이 있음을 인식하고 규칙성을 재구성해 보도록 한다.

'기초적인 측정하기'에서 가능한 유아 논리 · 논술 교육으로 양팔저울로 무게 재기 활동을 할 수 있다. 유아들이 자주 접할 수 있는 주변의 물건들을 양팔저울의 한쪽에 올려 두고, 추를 반대편에 놓아 수평을 맞춘다. 물건들의 무게를 비교해 보고, '□□이 △△보다 무겁다(가볍다)', '○○이 가장 무겁다(가볍다)'와 같이 언어로 표현해 보도록 한다. 또한 한쪽에 올려둔 물건과 수평을 맞추려면 어떤 물건을 올려 놓아야 할까 예측해 보도록 한다. 이 과정에서 비교와 관련된 용어의 사용으로 언어 능력이 발달할 수 있고, 논리적 사고력이 촉진될 수 있다.

또한 패턴 찾기 놀이를 통해 논리 · 논술 교육 활동을 진행해 볼 수 있다. 보도 블록이나 타일 등 주위의 사물에서 반복되는 패턴을 찾아보고, 색깔블록, 바둑알 등으로 패턴을 재현해 보는 활동을 할 수 있다. 이 과정에서 유아는 주변을 면밀히 관찰하고, 관찰한 것을 재구성하여 표현하게 된다. 교사가 활동지의 형식으로 생활 주제와 관련된 사물들로 규칙성을 가진 패턴을 만들고, 유아에게 다음에 올 패턴을 예측해 보도록 할 수도 있다. 숫자를 아는 유아들의 경우 숫자로 패턴 놀이를 해 본다. 유아가 패턴에 익숙해지면, 유아 스스로 응용력과 독창성을 발휘하여 새로운 패턴을 만들어 보게 한다.

주변에서 찾아볼 수 있는 패턴

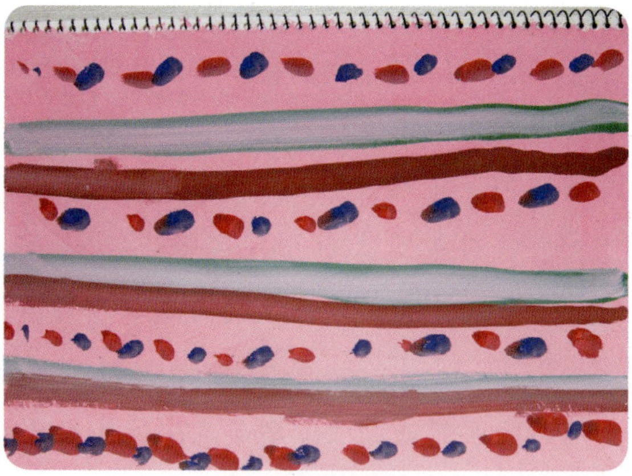

유아가 구성한 패턴

④ '기초적인 자료 수집과 결과 나타내기'와 유아 논리 · 논술 교육

• 키 그래프 만들기

'기초적인 자료 수집과 결과 나타내기'에서는 유아가 책에서 찾아보기, 질문하여 조사하기, 관찰하기 등의 방법으로 필요한 정보나 자료를 수집하도록 한다. 또한 사물을 크기, 모양, 색 등 여러 가지 방법으로 분류해 보도록 하며, 두 가지 준거를 동시에 사용하여 분류하는 활동도 진행해 본다. 그리고 유아가 수집한 자료를 그림, 사진, 기호, 숫자 등을 사용하여 표나 그래프로 표현해 보도록 한다.

'기초적인 자료 수집과 결과 나타내기'에서는 키 그래프 만들기를 통해 논리 · 논술 교육 활동을 진행해 볼 수 있다. 키 재기 활동 후 결과를 막대 그래프로 나타내어 친구들의 키를 비교해 본다. 키가 가장 작은 친구부터 큰 친구까지 나열해 보고, '□□는 △△보다 작다(크다)', '○○가 가장 크다(작다)'와 같이 결과를 말로 표현해 보게 한다. 친구들의 키를 비교 · 분류해 보고 결과를 이야기해 보는 과정에서 유아의 논리적인 사고능력이 발달될 수 있고, 비교와 관련된 언어의 발달이 촉진될 수 있다.

3) '과학적 탐구하기'와 유아 논리 · 논술 교육

여기에서는 누리과정 '과학적 탐구하기' 내용에 대한 유아 논리 · 논술 교육 활동 방법에 대해서 제시하고자 한다.

| 표 4-24 | '과학적 탐구하기'의 내용과 각 연령별 세부내용

내용범주	내용	세부내용		
		3세	4세	5세
과학적 탐구하기	물체와 물질 알아보기	친숙한 물체와 물질의 특성에 관심을 갖는다.	친숙한 물체와 물질의 특성을 알아본다.	주변의 여러 가지 물체와 물질의 기본 특성을 알아본다.
			물체와 물질을 여러 가지 방법으로 변화시켜 본다.	

<table>
<tr><th rowspan="2">내용 범주</th><th rowspan="2">내용</th><th colspan="3">세부내용</th></tr>
<tr><th>3세</th><th>4세</th><th>5세</th></tr>
<tr><td rowspan="9">과학적 탐구하기</td><td rowspan="4">생명체와 자연환경 알아보기</td><td colspan="2">나의 출생과 성장에 대해 관심을 갖는다.</td><td>나와 다른 사람의 출생과 성장에 대해 알아본다.</td></tr>
<tr><td>주변의 동 · 식물에 관심을 가진다.</td><td>관심 있는 동 · 식물의 특성을 알아본다.</td><td>관심 있는 동 · 식물의 특성과 성장과정을 알아본다.</td></tr>
<tr><td colspan="3">생명체를 소중히 여기는 마음을 갖는다.</td></tr>
<tr><td></td><td>생명체가 살기 좋은 환경에 대해 관심을 갖는다.</td><td>생명체가 살기 좋은 환경과 녹색환경에 대해 알아본다.</td></tr>
<tr><td rowspan="3">자연현상 알아보기</td><td>돌, 물, 흙 등 자연물에 관심을 갖는다.</td><td colspan="2">돌, 물, 흙 등 자연물의 특성과 변화를 알아본다.</td></tr>
<tr><td></td><td></td><td>낮과 밤, 계절의 변화와 규칙성을 알아본다.</td></tr>
<tr><td>날씨에 관심을 갖는다.</td><td>날씨와 기후변화에 관심을 갖는다.</td><td>날씨와 기후변화 등 자연현상에 대해 관심을 갖는다.</td></tr>
<tr><td rowspan="2">간단한 도구와 기계 활용하기</td><td>생활 속에서 간단한 도구와 기계에 관심을 갖는다.</td><td colspan="2">생활 속에서 간단한 도구와 기계를 활용한다.</td></tr>
<tr><td colspan="2">도구와 기계의 편리함에 관심을 갖는다.</td><td>변화하는 새로운 도구와 기계에 관심을 가진다.</td></tr>
</table>

① '물체와 물질 알아보기'와 유아 논리 · 논술 교육

- 다양한 조건에서 물질의 변화 실험

'물체와 물질 알아보기'에서는 유아가 주변의 다양한 물체나 물질의 기본적인 특성을 파악하고 크기, 모양, 색, 움직임 등 세부적인 특성에도 관심을 가질 수 있도록 한다. 또한 유아가 물체나 물질의 특성과 그 변화과정을 적극적으로 탐색해 보도록 한다.

'물체와 물질 알아보기'에서는 다양한 조건에서 물질의 변화를 실험해 봄으로써 논리 · 논술 교육 활동을 진행해 볼 수 있다. 예를 들어 얼음을 보냉병에 넣어두었을 때, 상온에 놔두었을 때, 불 위에서 가열했을 때 등의 조건에서 가장 먼저 물로 변할 것으로 예상되는 조건을 이야기하고, 그 이유를 말해 보도록 한다. 그 다음으로 어떻게 변화하는지 직접 실험해 보고 그 변화를 관찰하여 일지에 적어 보게 한다. 또한 쌀로 밥을 지을 때, 물을 쌀의 양의 0.5배, 1배, 2배 등으로 할 때의 조건에서 밥의 상태가 어떻게 달라질지 예상해 보게 한 후 요리 활동을 통해 실험해 보고, 그 결과를 예상과 비교해 볼 수 있다. 실험 후 가장 먹기 좋은 상태로 밥을 지으려면 물의 양을 얼마로 하면 좋을지 예측해 보도록 한다.

② '생명체와 자연환경 알아보기'와 유아 논리 · 논술 교육

- 관찰일지 쓰기

'생명체와 자연환경 알아보기'에서는 동 · 식물, 인간을 비롯한 생명체에 대해 탐구하고, 이들이 살아가기에 좋은 환경에 대해 알아보도록 한다. 유아가 관심을 갖는 동 · 식물의 특성과 성장과정을 알아보고, 자신 및 주변 사람의 출생과 성장과정을 통해 '변화한다'는 사실을 인식하도록 한다. 또한 생명체의 상호관계와 소중함을 통해 자연환경을 훼손하지 않는 방법에 대해 알아보도록 한다.

'생명체와 자연환경 알아보기'에서는 동 · 식물을 길러 보고 관찰일지를 써보는 활동을 논리 · 논술 교육에 적용해 본다. 예를 들어, 개구리알에서 올챙이와 개구리로 변해 가는 과정, 씨앗을 심어 자라나는 과정 등을 직접 눈으로 관찰해 봄으로써 과학적 지식을 습득하도록 한다. 또한 유아는 동 · 식물을 기르는 과정에서 생명체에 대한 소중함을 갖게 된다. 동 · 식물을 기르는 과정에서 관찰일지를 쓰게 하여 쓰기능력을 발달시키고, 기록을 통해 변화의 과정을 남기도록 한다.

토마토가 자라는 과정에 대한 관찰일지

③ '자연현상 알아보기'와 유아 논리 · 논술 교육

• 플로차트 만들기

'자연현상 알아보기'에서는 유아가 돌, 흙, 물 등 자연물의 특성과 변화를 탐색하게 한다. 또한 유아가 낮, 밤, 계절의 변화를 지속적으로 관찰하도록 해 봄으로써 변화의 규칙성을 이해하게 한다.

'자연현상 알아보기'에서는 논리 · 논술 교육 활동으로 자연현상의 변화를 플로차트(flow chart)로 만들어 본다. 유아들은 계절의 변화, 달의 변화 등을 일련의 과정으로 나타내 보면서 과학적 지식을 습득하고, 변화의 규칙성을 이해할 수 있다.

④ '간단한 도구와 기계 활용하기'와 유아 논리 · 논술 교육

• 전통기구와 현대기구 비교

인두와 다리미

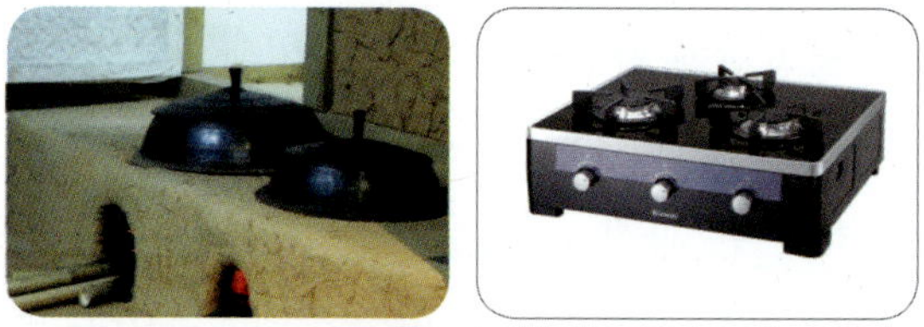
아궁이와 가스레인지

맷돌과 믹서

부채와 에어컨

등잔불과 스탠드

전통기구와 현대기구

'간단한 도구와 기계 활용하기'에서는 유아가 생활 속에서 도구와 기계를 활용하고, 새로운 용도의 도구와 기계를 창안해 보도록 한다. 또한 유아가 변화하는 새로운 도구와 기계에 관심을 가지도록 하며, 도구와 기계의 이로움과 해로움을 알도록 한다.

'간단한 도구와 기계 활용하기'에서는 조상들이 쓰던 전통기구와 현대기구를 비교해 보는 활동을 통해 논리 · 논술 교육을 진행해 보도록 한다. 이 활동에서는 인두와 다리미, 아궁이와 가스레인지, 맷돌과 믹서, 부채와 에어컨, 등잔불과 스탠드 등 다양한 전통기구와 현대기구를 비교해 보며 유사점과 차이점을 찾아보게 한다. 또한 전통기구와 현대기구의 장점과 단점을 찾아보도록 한다. 이 과정에서 현대기구의 사용으로 인해 발생할 수 있는 환경오염을 생각해 보도록 한다.

지금까지 자연탐구 영역의 유아 논리 · 논술 교육 활동을 알아보았다. 각 활동들을 논리 · 논술 교육 영역에 비추어 살펴보면 다음과 같다.

| 표 4-25 | 자연탐구 영역의 유아 논리 · 논술 교육 활동

활동명	논리 · 논술 교육 영역				
	비판적 사고	창의적 사고	논리적 사고	도덕적 사고	배려적 사고
질문 목록 만들기	○	○			
과일 및 야채 속 잘라보기	○	○	○		
진자 운동 실험			○		
수세기	○		○		
두 숫자로 5/10 만들기	○	○	○		
우리 반 놀이 영역 지도 만들기		○	○		○
양팔저울로 무게 재기		○	○		
패턴 찾기 놀이		○	○		
키 그래프 만들기			○		
다양한 조건에서 물질의 변화 실험	○		○		
관찰일지 쓰기			○		○
플로차트 만들기			○		
전통기구와 현대기구 비교	○		○	○	

생각해 볼 문제

1. 누리과정의 다섯 가지 영역 중 한 영역과 하위 내용을 선택하고, 그에 대한 논리 · 논술 교육의 활동 계획안을 작성해 보시오('Part Ⅱ. 유아 논리 · 논술 교육의 실제'의 활동 계획안 형식을 참고한다).
2. 1.에서 작성한 활동 계획안을 가지고, 모의 수업을 진행해 보시오.

유아 논리 · 논술 교육을 위한 환경구성

유아교육기관의 물리적 환경은 크게 실내 영역과 실외 영역으로 나눌 수 있다. 5장에서는 유아의 논리 · 논술 교육을 위한 환경구성 방법과 흥미 영역별로 진행할 수 있는 논리 · 논술 교육 활동에 대해 살펴보고자 한다.

1. 환경구성의 기초

유아교육기관의 물리적 환경은 크게 실내 영역과 실외 영역의 두 가지 영역으로 구분될 수 있다. 실내 영역은 주로 현관, 활동실(교실), 관찰실, 교사실(사무실), 화장실, 양호실, 조리실, 식당, 휴게실, 창고 등으로 구분된다.

실내 영역에서 활동실은 유아가 주로 생활하며 활동하는 가장 핵심이 되는 시설이다. 프로스트(Frost)는 |그림 5-1|과 같이 교실 내부의 설비구성을 건조하고 조용한 곳, 활동적이고 건조한 곳, 조용하고 물이 있는 곳, 활동적이고 물이 있는 곳의 네 가지 공간구성으로 구분하여 설계할 것을 제시하였다(Frost & Kissinger, 1976). 제 1지역은 조용하고 건조한 활동을 위한 공간을 배치하도록 계획한다. 이곳에 어울리는 활동 영역은 책 읽기, 듣기, 이야기 나누기, 쓰기 등의 활동이 이루어지는 언어 영역

이다. 제 2지역은 활동적이고 건조한 곳으로 대근육 활동, 쌓기 놀이, 목공 놀이, 역할 놀이, 음률 활동 등의 공간을 계획한다. 제 3지역은 물이 있고 조용한 곳으로 미술 활동 영역이나 요리 영역을 계획한다.

제 4지역은 활동적이고 물이 있는 곳으로 과학 영역이나 손 씻는 곳 등으로 계획한다.

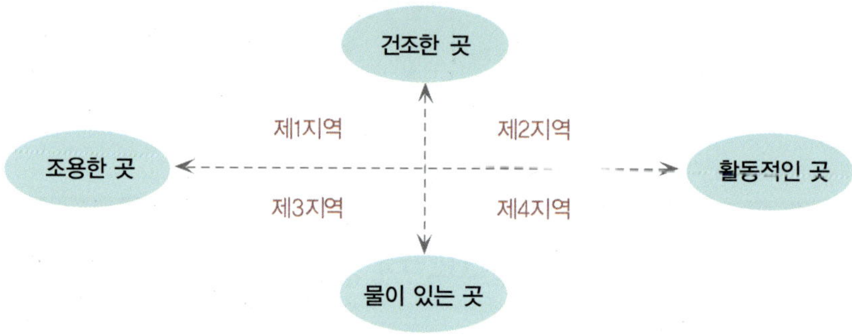

| 그림 5-1 | 실내 공간 구성계획 기준표

유아교육기관의 활동실은 일반적으로 학습 영역 혹은 흥미 영역으로 구성된다. 흥미 영역(interest center)이란 분리대라든가 기타의 방법으로 경계를 암시하도록 설비하여 분명히 구분되는 교실의 각 영역을 총칭한다(Seefeldt, 1980). 흥미 영역은 낮은 분리대, 칸막이, 이동식 교구장, 가리개, 책꽂이 등으로 구분되어 각 영역별 특수성을 유지하면서 통합적 운영이 가능해야 하며, 영역 간 통행이 자유롭고 모든 영역이 교사의 시야에 들어올 수 있도록 개방적으로 구성되어야 한다(이기숙, 2008). 흥미 영역의 가치는 다음과 같다(Seefeldt, 1980).

흥미 영역의 가치

첫째, 효과적 · 창의적으로 폭넓고 다양한 경험을 할 수 있는 기회를 보다 많이 제공해 준다.

둘째, 물리적 · 시각적으로 경계를 지음으로써 아동의 주의를 집중시키고, 다른 활동을 하는 아동으로부터의 방해를 통제할 수 있다. 그리고 각 활동의 특징에 따라 영역별로 정해진 공간 구성은 전체적으로 안정된 분위기를 형성해 주기도 한다.

셋째, 놀이할 영역을 스스로 선택하기도 하고, 교실에 설치할 영역을 결정하는 데 참여할 수 있게 되어 아동의 의사결정 능력 발달을 촉진한다.

넷째, 기능적인 영역별 분류는 아동들에게 자신의 경험을 분류 · 조작하는 데도 도움을 주며, 그 자료를 다른 사람의 도움 없이도 혼자 다룰 수 있게 한다.

유아교육기관에서 실외 영역은 기관의 전체 공간에서 건물을 제외한 나머지 대지를 말한다. 실외놀이 공간은 실내공간에서 할 수 없는 여러 가지 활동을 할 수 있고, 자연환경과의 상호작용을 경험할 수 있는 교육적 공간으로 실내에서의 학습이 연장될 수 있어야 하며, 아동의 신체적 · 지적 · 사회적 · 정서적 발달을 도와주도록 고려되어야 한다(권영례, 이재연, 2007). 실외 영역은 실내의 활동실을 구성하는 것과 똑같은 목적과 원리로 구성해야 하며, 실내공간에서 이루어지는 것과 유사한 활동이 이루어지도록 구성되어야 한다(Day, 1994; Decker & Decker, 2001). 실외 영역은 |표 5-1|과 같이 나누어질 수 있다.

| 표 5-1 | 실외 영역

구 분	실외 영역
프로스트 (1986)	개방된 영역, 휴식 영역, 자연생태 관찰 영역, 모래놀이 영역, 물놀이 영역, 목공놀이 및 작업실
교육부 (2000)	신체 영역, 역할놀이 영역, 탐구(자연학습) 영역, 작업 영역, 물 · 모래놀이 영역, 이동 구역(실내에서 실외로), 보관 구역(창고), 편평하고 개방된 공간, 조용한 공간
이화여자대학교 부속유치원 편 (2002)	전이 영역, 조작 · 조형 · 목공 영역, 정적 놀이 영역, 신체활동 영역

2. 실내 영역과 유아 논리 · 논술 교육

유아교육기관의 실내 영역을 유아들이 주로 생활하는 활동실에 초점을 맞추어 살펴보고자 한다. 활동실은 언어 영역, 수 · 조작 영역, 과학 영역, 미술 영역, 음률 영역, 역할놀이 영역, 쌓기놀이 영역의 흥미 영역으로 구분하였다. 흥미 영역별 배치 및 구성 방법과 각 흥미 영역에서 이루어질 수 있는 논리 · 논술 교육 활동에 대해 알아보도록 하겠다.

1) 언어 영역과 유아 논리 · 논술 교육

언어 영역에서는 유아들이 '듣기 · 말하기 · 읽기 · 쓰기'에 대한 관심을 가지고 활동함으로써 언어 능력을 향상시킬 수 있으며, 올바른 의사소통을 위한 태도와 습관을 형성하게 한다. 언어 영역에서는 언어 발달뿐만 아니라 책 등의 다양한 자료를 활용하여 많은 간접 경험을 하고, 세계와 다른 사람들의 삶과 생각을 이해하며, 통찰력과 상상력을 키우며, 창조적으로 사고하고 표현할 수 있는 능력을 형성하도록 돕는다(이기숙, 2008).

언어 영역에서는 유아들이 방해 받지 않고 안정된 분위기에서 집중하여 읽기 · 쓰기 · 듣기 · 말하기 활동을 할 수 있도록 동적 놀이가 이루어지는 영역과 떨어져 있으며, 유아들이 많이 왕래하지 않는 조용한 장소에 배치하는 것이 좋다. 또한 읽기 · 쓰기 작업이 원활하게 이루어질 수 있도록 밝은 곳에 배치하도록 하는데, 창문 옆에 위치하여 자연조명이 되도록 하거나, 불을 켜서 밝게 해 준다.

언어 영역에는 책상, 의자, 카펫, 쿠션, 소파 등을 준비하여, 유아들이 편하게 앉아서 책을 읽거나 글을 쓸 수 있도록 한다. 그리고 유아의 연령과 발달 수준에 적합하고, 흥미를 불러일으키며, 논리적 사고 능력을 배양할 수 있는 다양한 종류의 책을 비치한다. 한 번에 너무 많은 책을 제시하기보다, 생활 주제, 계절의 특성 및 유아의 흥미와 관련하여 약 1~2주에 한 번씩 교체하여 제시한다(권영례, 이재연, 2007; 이기숙, 2008). 동화책 외에 유아용 월간 잡지, 동시집, 사전, 카탈로그, 신문, 전화번호부, 글자 카드, 글자 퍼즐 등의 읽기 자료를 둘 수 있다. 또한 쓰기 활동에 필요한 다양한 색과 크기의 종이와 연필, 지우개, 색연필, 크레파스, 분필, 각종 펜 등의 필기 도구와 칠판, 화이트보드, 융판 및 융판 자료, 게시판 등을 두어 유아가 글을 쓰거나, 교사가 쓴 글 또는 게시된 인쇄물에 관심을 가질 수 있도록 한다. 듣기 활동을 위해 동화나 음악을 들려줄 수 있는 녹음기, 녹음 테이프, 텔레비전, 비디오, 컴퓨터 등도 함께 비치한다.

언어 영역

언어 영역은 유아들의 논술 교육의 기초가 되는 읽기 · 말하기 · 듣기 · 쓰기 활동이 활발하게 이루어지는 곳이다. 언어 영역에는 다양한 읽기 자료를 비치하여 유아들이 읽기에 관심을 가질 수 있도록 한다. 이때 동화책은 형식과 내용 면에서 문학적 · 예술적 기준을 만족시키면서, 유아의 인지 · 정서 · 창의성 · 도덕성 · 사회성 등의 발달에 좋은 영향을 주며, 유아의 욕구를 충족시켜 주어서 유아들이 즐겨 읽을 수 있는 책(김현희, 박상희, 2008)을 제공하도록 한다. 유아들은 자기중심적인 사고로 인해 다른 사람의 관점을 이해하는 데 어려움이 있기 때문에 유아에게 적합한 동화책을 읽고 이를 토론하는 활동은 유아의 사고와 경험을 확대하고 언어발달을 촉진시킬 수 있다(한국유아교육학회, 1997; Williams & Fromberg, 1992). 책을 읽기 전에는 그림을 보고 줄거리 예상하기, 책을 읽은 후에는 내용 요약하기, 줄거리 이야기하기, 스토리맵(story map) 만들기 등의 활동을 통해 유아의 논리적 사고력 및 언어 능력을 향상시킬 수 있다. 책의 내용과 그에 대한 다른 친구들의 생각을 접하는 간접 경험을 통해 유아는 사고를 확장시켜 나감으로써 새롭고 독창적인 생각을 할 수 있는 창의성이 발달될 수 있다. 또한 여러 가지 쓰기 자료를 두어 글자 쓰기, 책 만들기, 동시 짓기 등을 활동을 통해 유아들의 쓰기 능력을 기르도록 한다. 유아의 활동 결과물은 눈에 잘 보이는 곳에 게시하여 유아가 자신의 작품에 자부심을 느낄 수 있고, 서로의 작품을 비교 · 감상해 볼 수 있게 한다.

언어 영역에서 동시 짓기를 하고 있는 유아

언어 영역에서 할 수 있는 논리 · 논술 교육 활동의 예를 |표 5-2|에 제시하였다.

|표 5-2| 언어 영역에서 할 수 있는 논리 · 논술 교육 활동

활동명	활동내용	논리 · 논술 교육 영역				
		비판적 사고	창의적 사고	논리적 사고	도덕적 사고	배려적 사고
이야기를 예상해 보아요	동화책을 읽기에 앞서 그림을 처음부터 끝까지 유아들에게 보여 준다. 그림을 보고 줄거리를 예상해서 이야기해 보도록 한다. 실제로 동화를 읽고 난 뒤 줄거리를 비교해 본다.	○	○	○		
요약해서 말해요	동화책을 읽고 난 후 줄거리를 요약해서 친구들 앞에서 이야기해 보도록 한다.	○		○		
내가 주인공 이라면?	동화책을 읽고 난 후 줄거리에서 나타난 문제와 해결 방법을 찾아본다. 스토리 맵을 작성해 보아도 좋다. 유아가 동화책의 주인공이었다면 같은 상황에서 어떻게 했을지, 그 이유는 무엇인지 이야기해 본다.	○	○	○	○	
듣고 그려요	동화를 테이프로 듣고, 줄거리를 이야기해 본다. 동화의 한 장면을 상상해서 그려 본다. 그린 그림에 대해 설명해 본다.		○	○		
단어를 만들어요	유아들이 각자 한 글자씩 종이에 쓴다. 친구들이 만든 글자로 여러 가지 단어를 만들어 본다.		○	○		
말과 관련된 속담 찾기	말과 관련된 속담을 찾아본다. 유아들에게 속담의 뜻을 유추해 보도록 한다. 생활 속에서 속담의 내용을 적용해 보는 방법에 대해 생각해 보도록 한다.	○	○	○	○	○

2) 수 · 조작 영역과 유아 논리 · 논술 교육

수 · 조작 영역에서는 수활동을 통해 기초적인 수 개념(모양 및 크기, 분류 및 배열, 공간 · 시간 및 보존)의 발달이 촉진된다. 수와 관련된 용어를 사용함으로써 언어 발달에 도움을 줄 수도 있다. 또한 조작놀이를 통해 수 개념 발달, 소근육 발달과 눈과 손의 협응력 및 시 · 촉각 등 감각 기관의 발달을 돕는다. 조작놀이는 유아의 집중력과 지구력, 문제해결력을 증진시키고 창의적인 구성 능력도 함께 길러 준다. 그리고 수 ·

조작 영역에서 또래와 함께하는 탐색놀이나 게임 활동을 통해 유아의 인지적 사고능력이 확장될 수 있으며, 사회성 발달이 촉진될 수 있다.

수 · 조작 영역은 유아들이 수 · 조작놀이에 집중할 수 있도록 조용한 곳에 위치하도록 한다. 책상과 의자를 비치하거나, 바닥에 카펫을 깔고 낮은 책상을 마련해 두어 유아가 앉아서 안정감 있게 활동할 수 있도록 배려한다.

수 · 조작 영역에는 바둑알이나 구슬, 단추와 같은 셀 수 있는 물체, 숫자 퍼즐, 숫자 카드, 수의 양과 숫자 일치시키기 카드, 달력 등을 두어 수에 대한 개념을 습득하도록 한다. 또한 숫자와 눈금이 뚜렷한 수평저울, 체중계, 온도계, 줄자, 시계 등을 두어 길이나 시간, 무게, 온도 등을 측정할 수 있게 한다. 색 · 모양 · 크기 맞추기, 구멍 뚫린 꿰기 구슬과 끝을 단단하게 만든 털실, 끼우기 블록, 기하학적 도형과 도형틀, 나무 못과 나무 못판 등의 조작능력 향상을 위한 교재 및 놀잇감도 비치한다. 그 외에 패턴 카드, 다른 곳 찾기 카드, 미로 등을 배치한다. 상품화된 교구를 사용할 수도 있지만, 교사가 직접 만들거나, 일상생활에서 구해서 사용할 수도 있다.

수 · 조작 영역에서는 다양한 교재 · 교구들을 사용하여 유아가 기초적인 수 개념을 획득할 수 있도록 한다. 유아들에게 수 개념 지식을 활용한 문제해결과정을 경험하게 함으로써 유아들이 수 개념을 기초로 한 수학적 · 논리적인 사고를 구성하고, 수

수 · 조작 영역

정하고, 통합하는 기회를 제공할 수 있다(Clements, 2002; Wallace, Abbott, & Blary 2007). 유아 스스로 수 개념 지식을 활용한 문제 상황에 능동적으로 참여할 수 있도록 하고, 스스로 문제를 해결하는 경험을 가지게 하여, 수 개념을 실제적이고 구체적으로 습득함과 동시에 성공적인 수 개념 이해를 통해 수학에 대한 흥미와 자신감을 가질 수 있도록 한다(Gray & Tall, 1994). 또한 수 · 조작 영역에서 문제해결 방안을 다양하게 모색하기 위해 또래 친구 및 교사와 이루어지는 상호작용을 통해 의사소통 능력, 타인의 관점에 대한 이해 능력, 타인의 관점과 자신의 관점의 차이를 비교해 보는 능력 등이 발달할 수 있다.

수 · 조작 영역에서 모양 맞추기 활동을 하고 있는 유아들

수 · 조작 영역에서 할 수 있는 논리 · 논술 교육 활동의 예를 | 표 5-3 | 에 제시하였다.

| 표 5-3 | 수 · 조작 영역에서 할 수 있는 논리 · 논술 교육 활동

활동명	활동내용	논리 · 논술 교육 영역				
		비판적 사고	창의적 사고	논리적 사고	도덕적 사고	배려적 사고
패턴 놀이를 해요	주변에서 ABAB, ABBA, ABCD 등 패턴을 보이는 사물들을 찾아보게 한다. 바둑알이나 색깔 구슬, 단추, 블럭 논리 · 논술 교육 등으로 주변에서 찾아낸 사물들의 패턴을 재현해 본다. 유아들 자신이 새로운 패턴을 만들어 보도록 한다. 교사가 만든 패턴에 이어 뒤에 올 수 있는 것을 예측해 보게 한다.		○	○		
무게를 재어요	수평저울의 한 쪽에 교실에 있는 물건을 두고, 바둑알이나 구슬 등을 추로 하여 무게를 잰다. 바둑알이나 구슬 하나의 무게를 재고, 물건의 무게를 예측해 보게 한다.	○		○		

활동명	활동내용	논리 · 논술 교육 영역				
		비판적 사고	창의적 사고	논리적 사고	도덕적 사고	배려적 사고
5/10을 만들어요	바둑알을 5/10개 제시하고, 바둑알을 두 그룹으로 나누어 5/10이 되게 할 수 있는 경우의 수를 모두 만들어 보게 한다.			○		
○○으로 재어요	유아에게 자가 없을 경우 물건들의 길이를 잴 수 있는 대체 단위물을 생각해 보게 한다. 블록, 휴지, 젓가락 등을 이용하여 교실에 있는 물건들의 길이를 재어 비교해 본다.	○	○	○		
순서를 정해 놀이해요	서수에 대해 알아본다. 유아에게 놀이 순서를 정하는 방법에 대해 생각해 보도록 한다. 순서를 지키지 않을 경우 발생할 수 있는 상황과 느낄 수 있는 감정에 대해 예상해 본다.	○	○	○	○	○

3) 과학 영역과 유아 논리 · 논술 교육

과학 영역은 주변 사물을 주의 깊게 관찰하고, 관찰을 통해 새로운 것을 발견하며, 과학적인 사고력을 향상시킬 수 있는 영역이다. 과학 영역은 유아들이 실험이나 탐색을 충분히 할 수 있도록 조용하고 햇볕이 잘 드는 곳에 배치하도록 한다.

과학 영역에는 관찰할 수 있는 다양한 생물이나 무생물, 그리고 과학기구 및 자료들을 비치한다. 토끼, 달팽이, 개구리 등의 동물과 동물집, 개미, 무당벌레, 매미 등의 곤충과 곤충집, 열대어나 금붕어와 어항, 새와 새집, 콩, 고구마, 나팔꽃 등의 식물 화분, 조개류나 돌 등을 두어 유아들에게 동 · 식물이나 자연물을 관찰할 수 있는 기회를 제

과학 영역

공한다. 또한 확대경과 현미경, 측정용 컵과 스푼, 저울, 온도계 등을 두어 유아들이 직접 관찰 · 측정 · 실험해 볼 수 있게 한다. 유아가 관찰 · 실험한 결과를 기록할 수 있는 필기도구와 종이도 함께 둔다. 그 외에 과학 관련 도서, 동 · 식물도감, 지구본 등의 자료를 비치할 수 있다.

과학 영역에서는 유아들의 호기심과 탐구력이 지속될 수 있도록 자료와 교재 · 교구를 자주 다양하게 변화시켜 주어야 한다. 또한 자유롭게 가설을 설정하고 실험해 볼 수 있도록, 잘못한다거나 실수한다는 두려움 없이 마음껏 시행착오를 거쳐 볼 수 있도록 활동을 권장해 준다. 실험이나 관찰 이전에 결과를 예측해 보고, 왜 그렇게 생각하는지에 대한 질문을 하고, 관찰이나 실험 결과를 기록하게 한다. 유아로 하여금 일상생활 문제로부터 질문을 제기하여 주도적으로 과학적 경험을 하게 하면, 관찰, 분류, 의사소통, 측정, 예상 능력, 과학적 문제해결력 등을 향상시킬 수 있다(김희영, 이문정, 2009). 또한 소집단으로 이루어지는 과학 활동을 통해 유아는 공동의 목표를 위해 협동해 나가며 효과적인 대화 기술과 사회적 능력을 발달시킬 수 있으며, 서로의 생각을 교환하고 서로 다른 관점을 나누고 이해하게 된다.

요리 활동은 논리 · 수학적 지식과 사회적 지식뿐만 아니라 물리적 지식의 발달을 위한 매우 우수한 활동이다(Kamii & DeVries, 1978). 요리 활동의 교육적 가치를 극대화하기 위해서는 유아가 요리를 직접 해보면서 직관적으로 학습하고, 교사는 이를 토대로 유아가 경험의 과정을 인식하도록 적절한 질문을 하거나, 회상을 고무시키는 등의 다양한 교수전략을 사용해야 한다(박고운, 김선영, 2011).

과학 영역에서는 어류, 조류, 몸집이 작은 포유류, 식물 등을 기를 수 있다. 동 · 식물 기르기 활동을 통해 유아는 주변을 관찰하는 태도를 갖게 되고, 다양한 생물체들의 특성 및 변화 과정과 관계된 새로운 사실을 발견하고, 책에서 접한 내용을 재확인하게 된다. 자연을 관찰하고 탐색하는 활동은 주변 환경을 비교하고 지각하고 분류하는 경험을 갖도록 하며, 창의적인 생각과 방법으로 자연 현상과 주위 사물에 관심을 갖고 탐구하는 태도를 생활화하는 데 도움이 될 수 있다(정소영, 2006). 또한 유아는 자연과 교감하는 가운데 친화감을 형성하며, 자연을 아끼고 사랑하는 마음을 갖게 된다.

과학 영역에서 할 수 있는 논리 · 논술 교육 활동의 예를 | 표 5-4 | 에 제시하였다.

| 표 5-4 | 과학 영역에서 할 수 있는 논리 · 논술 교육 활동

활동명	활동내용	논리 · 논술 교육 영역				
		비판적 사고	창의적 사고	논리적 사고	도덕적 사고	배려적 사고
몸속 기관	몸속의 기관을 상상하여 그려 보게 하고 설명하도록 한다. 실제 몸속 기관 사진과 비교해 본다.		○	○		
곤충을 길러요	장수풍뎅이, 메뚜기, 누에고치와 같은 곤충을 기른다. 기르는 곤충에 대해 조사해 보고, 곤충의 습성을 관찰한 것과 비교해 본다.			○		○
유리병 악기	음료수를 마시고 난 유리병들에 물의 양을 달리 하여 넣는다. 젓가락이나 막대기로 두드려 물의 높이에 따른 소리의 차이를 비교한다. 유리병 악기로 연주를 해 본다.			○	○	
환경오염 줄이기	환경오염 실태와 피해에 대해 알아본다. 유아에게 환경오염을 줄일 수 있는 방법을 생각해 보도록 하고, 생활에서 실천하였을 경우 일어날 수 있는 변화에 대해 예상해 보게 한다.	○	○	○	○	○

4) 미술 영역과 유아 논리 · 논술 교육

미술 영역은 조형 영역이라고도 한다. 다양한 자료와 매체를 통해 감각활동의 즐거움을 경험하며, 그리기, 색칠하기, 붙이기, 만들기 등의 표현 활동이 이루어지는 영역이다. 미술 영역은 조용한 장소에 배치되어야 하며, 유아가 색깔과 형태를 분명히 구분할 수 있도록 밝은 곳에 위치하는 것이 좋다. 또한 물감 작업을 하거나 손을 닦을 때 필요한 물을 쉽게 이용할 수 있도록, 수도 시설이나 세면대에 가까운 곳에 배치하는 것이 바람직하다.

미술 영역에는 물감, 붓, 연필, 크레용, 매직펜 등 그리기 및 색칠하기 도구와 다양한 종류의 종이, 색종이, 천, 화판 등을 구비해 두어, 유아들이 자유롭게 자신의 생각과 느낌을 표현할 수 있도록 한다. 그 외에 만들기 활동을 할 수 있도록 가위, 점토, 풀, 스테이플러, 셀로판테이프, 고무밴드, 클립, 스탬프, 빨대, 모루, 수수깡, 리본, 빵끈 등을 비치한다.

종이 상자나 캔, 플라스틱 병, 우유곽 등의 재활용품도 미술 자료로 활용할 수 있으므로 마련해 둔다.

미술은 논리 · 수학적 사고가 잘 발달되지 않은 유아에게 추리 능력, 문제해결력, 논리 · 수학적 사고력을 증진시킬 수 있는 대안적인 매체로 효과적이다(Gardner, 1993; Tomas & Dannie, 1985; Herberholz & Hanson, 1990). 또한 유아는 미술 활동을 통해 내면의 느낌과 생각을 자유롭게 표현하면서 의사소통하는데, 언어적인 의사소통 능력이 충분히 발달하지 않은 유아들에게 미술 활동은 의사전달의 보조적인 수단이 될 수 있다.

미술 영역에서는 유아로 하여금 창의적 표현 능력을 마음껏 발휘할 수 있도록 다양한 그리기 및 만들기 재료를 배치하는 것이 좋다. 유아가 다양한 미술 재료와 도구를 오감을 이용하여 탐색하고, 조작하고, 만지는 과정에서 지각 및 감각 능력이 통합 · 발달될 수 있다. 또한 유아에게 자신의 미술 작품에 대한 생각이나 느낌을 언어로 표현해 보도록 함으로써 유아의 언어 능력과 창의성이 향상될 수 있다. 따라서 유아가 만든 창작물에 대해서 비판하는 태도보다는, 칭찬과 격려로 유아가 자유롭게

미술 영역

자신의 생각과 감정을 표현할 수 있는 분위기를 조성한다. 유아가 작품 활동에 앞서 먼저 결과물의 모습에 대한 계획을 세우고, 계획한 대로 작품이 나오지 않았을 때, 예상과는 다른 작품이 나왔을 때 그 이유를 탐색해 보도록 하는 것도 논리적 사고력을 기르는 데 유용한 활동이다. 유아의 작품은 유아가 잘 볼 수 있도록 유아의 눈높이에 배치하여 친구들과 서로의 작품을 비교 · 감상해 보는 경험을 갖도록 한다. 미술감상 활동을 통해 유아들의 표현력과 상상력을 확장시켜 줄 수도 있다.

미술 영역에 전시된 유아들의 작품

미술 영역에서 할 수 있는 논리 · 논술 교육 활동의 예를 |표 5-5|에 제시하였다.

|표 5-5| 미술 영역에서 할 수 있는 논리 · 논술 교육 활동

활동명	활동내용	논리 · 논술 교육 영역				
		비판적 사고	창의적 사고	논리적 사고	도덕적 사고	배려적 사고
폐품으로 만들어 보아요	종이상자, 플라스틱 병, 캔, 우유곽, 병뚜껑 등의 다양한 폐품을 제공하고, 이를 활용하여 유아들이 자동차를 만들어 보게 한다. 친구들이 만든 작품을 서로 비교해 보도록 한다. 폐품의 올바른 분리수거 방법과 폐품이 어떻게 활용될 수 있는지에 대해 이야기해 본다.	○	○	○	○	○

활동명	활동내용	논리 · 논술 교육 영역				
		비판적 사고	창의적 사고	논리적 사고	도덕적 사고	배려적 사고
서로 다른 그림들	하나의 주제에 대해 다르게 표현한 미술 작품들을 유아들에게 제시하고, 그림들을 비교 · 감상해 보게 한다. 그림의 표현법, 그림에서 느껴지는 감정에 대해 이야기해 보도록 한다.  윌리앙 아돌프 부게로 〈아이를 바라보는 어머니〉  메리 커샛 〈엄마와 아이〉  라울 뒤피 〈아름다운 니스 해변〉  어니스트 프록터 〈바닷가 풍경〉  김홍도 〈서당〉  조프루아 쥘 앙리 〈아이들의 교실〉  이집트 무덤 벽화 〈밭에 씨 뿌리고 쟁기질하다〉  이중섭 〈황소〉		○	○		
모양 그림 만들기	색종이로 동그라미, 세모, 네모 등의 모양을오려 붙여 그림을 만들어 보도록 한다. 펜으로 선을 덧붙여 그림을 완성해도 좋다. 다 만든 다음 친구들과 그림을 비교해 본다.		○	○		

5) 음률 영역과 유아 논리 · 논술 교육

음률 영역은 유아들이 음악을 감상하고, 노래를 부르며, 다양한 악기를 탐색하고 연주하며, 박자와 리듬을 체험하는 곳이다. 음률 영역에서는 유아가 음악에 맞추어 율동을 하고, 자유롭게 몸을 움직여 볼 수도 있다. 음률 영역은 활동적인 위치에 배치하여 창의성과 표현능력을 충분히 발달시켜 줄 수 있는 경험을 제공하는 것이 중요하다. 또한 다른 소음과 섞이지 않는 장소에 배치하여, 유아가 소리를 정확하게 변별할 수 있도록 한다. 동시에 음률 영역에서 나는 소음이 인접한 다른 영역들을 방해하지 않도록 쌓기 영역이나 역할놀이 영역 가까이에 배치하는 것이 좋다.

음률 영역에는 멜로디 악기(피아노, 멜로디언, 실로폰 등)와 리듬 악기(탬버린, 트라이앵글, 캐스터네츠, 찰찰이 등), 관악기(리코더 등), 전통 악기(장고, 소고 등) 등 여러 가지 악기를 비치한다. 교사나 유아들이 콩, 팥 등의 곡식이나 방울로 직접 만든 마라카스, 딸랑이도 둘 수 있다. 또한 악보나 동요집을 두어 유아들이 악보에 맞추어 연주와 노래를 할 수 있도록 한다. 그리고 오디오와 오디오테이프로 유아들이 다양한 음악을 접하는 기회를 갖게 한다.

음률 영역

음악적 경험은 유아의 음악성, 표현력, 창의성을 증진시키고, 신체, 사회성, 정서, 언어 및 인지 발달을 도모한다. 유아들은 악기를 통해 소리의 발생, 진동, 성질, 전달 등과 같은 과학적 현상을 탐구하는 과정에서 관찰하기, 분류하기, 예측하기, 측정하기, 추론하기, 의사소통하기 등의 과학적 기술들이 사용될 수 있다(이정화, 한희승, 2010; McIntyre, 1981). 또한 유아들은 음악을 통해 기쁨, 슬픔, 즐거움 등 인간이 느낄 수 있는 감정들을 간접적으로 경험할 수 있으며, 음악은 언어적 표현력이 미숙한 유아들이 자신의 느낌을 자유롭게 표현하는 데 도움을 준다(윤지영, 임승렬, 2011). 음악 감상은 유아의 음악에 대한 기본 개념과 흥미, 선호를 증진해 줄 뿐 아니라 유아들로 하여금 심미감을 느끼고, 감정 및 정서를 순화시키고, 창조적 욕구를 불러일으키게 한다. 노래 가사를 읽고, 외워 부르는 과정에서 언어 능력이 발달할 수 있으며, 친구들과 함께 음악적 활동을 하면서 사회인지 능력과 사회적 기술이 촉진될 수도 있다.

음률 영역에서는 다양한 악기를 비치하여 음악적 개념에 대한 과학적 탐구를 할 수 있도록 하며, 직접 악기를 만들어 다양한 소리를 비교해 보는 경험을 가지게 할 수도 있다. 음악에 맞추어 창의적으로 몸을 움직여 보거나, 자신의 감정을 표현해 보고, 친구들과 생각이나 느낌을 나누는 경험도 가능하다. 유아들이 직접 노래가사를 만들어 보는 활동으로 창의적 표현 능력과 언어 능력의 발달을 도모할 수 있다. 합주 활동이나 다른 친구의 음악을 감상해 봄으로써 타인의 정서를 이해하고 공감하는 능력을 기르고, 타인을 배려하는 태도를 기르도록 한다.

음률 영역에서 할 수 있는 논리 · 논술 교육 활동의 예를 |표 5-6|에 제시하였다.

|표 5-6| 음률 영역에서 할 수 있는 논리 · 논술 교육 활동

활동명	활동내용	논리 · 논술 교육 영역				
		비판적 사고	창의적 사고	논리적 사고	도덕적 사고	배려적 사고
곡식 마라카스	페트병에 조, 쌀, 팥, 콩을 각각 넣어 곡식 마라카스를 만든다. 유아에게 흔들어 보게 하고 각각의 소리를 비교해 보도록 한다. 각 마라카스를 굴려 보고, 흔드는 속도를 다르게 해보는 등 다양한 소리를 낼 수 있는 방법을 구상해 보게 한다. 마라카스로 주변에서 들을 수 있는 소리를 만들어 본다.		○	○		

활동명	활동내용	논리 · 논술 교육 영역				
		비판적 사고	창의적 사고	논리적 사고	도덕적 사고	배려적 사고
나만의 '봄' 노래	'산토끼', '학교 종이 땡땡땡', '똑같아요' 등 유아들이 익숙한 동요에 '봄'을 주제로 각자 가사를 만들어 불러 보게 한다. 친구들이 만든 노래를 감상해 본다.		○		○	
악기를 분류해 보아요	여러 가지 악기들 사이의 공통점과 차이점에 대해 이야기해 본다. 악기들을 관악기, 현악기, 타악기 등으로 분류해 본다.	○		○		
합주하기	유아들에게 쉽고 익숙한 노래를 하나의 악기로, 그리고 여러 가지 악기로 합주해 본다. 하나의 악기로 연주할 때와, 여러 가지 악기로 연주할 때 차이점에 대해 이야기 나누어 본다. 합주할 때 어려웠던 점이나 주의해야 할 점에 대해 이야기해 보도록 한다.			○		○
음악에 맞추어 움직여 보아요	음악에 맞추어 자유롭게 몸을 움직여 보도록 한다. 서로 다른 표현 방법을 비교 · 감상하며, 각자 왜 그렇게 표현했는지 이유를 설명해 보도록 한다.	○	○	○	○	○

자신이 만든 악기를 흔들고 있는 유아들

6) 역할놀이 영역과 유아 논리 · 논술 교육

역할놀이 영역은 소꿉놀이 영역 또는 극화 영역이라고도 한다. 역할놀이 영역에서는 유아들이 실생활에서 보고 경험한 다양한 역할을 놀이를 통해 재경험하고 표현하는 활동을 할 수 있는 영역이다. 또한 역할놀이 영역에서는 자신의 내적 욕구나 희망을 표현해 보고 감정을 발산함으로써 정서적인 안정감을 느낄 수 있다. 역할놀이 영역은 충분한 공간을 두고 동적인 영역과 인접하여 배치하도록 하여, 유아들이 움직이고 활동하는 데 무리가 없도록 한다. 역할놀이 영역을 쌓기 영역과 가까이 배치하면 여러 가지 블록을 역할놀이에 활용할 수 있고, 상황에 따라 두 영역을 통합하여 확장된 놀이가 될 수도 있다. 소파나 쿠션 등을 두면 유아들이 가정과 같은 안락한 분위기를 느낄 수 있다.

역할놀이 영역에는 실생활에서 일어나는 다양한 직업과 역할들을 표현해 볼 수 있는 의상이나 도구 등을 비치한다. 가정놀이를 위한 도구로 모형으로 된 부엌 기구(싱크대, 냉장고, 오븐 등), 음식(과일, 채소 등), 요리 도구(프라이팬, 냄비 등), 그릇(접시, 우유병 등), 가정 기계(전화기, 청소기 등) 등을 두어 유아들이 일상적인 주제로 역할놀이를 할 수 있게 한다. 인형과 인형 옷, 와이셔츠나 블라우스, 치마, 넥타이, 구두, 핸드백, 모자, 스카프, 액세서리 등 실제 의상과 소품들도 함께 마련해 둔다. 의사놀이를 위해 의사 가운이나 간호사복, 청진기, 체온계, 붕대, 약솜, 모형 주사기, 시력 차트

역할놀이 영역

그림 등을 둘 수 있다. 그 외에 식료품 가게 놀이나 소방서 놀이, 우체국 놀이 등을 할 수 있는 실제 물건의 축소판(모형 지폐와 동전, 금전등록기, 저울, 소방관 모자, 우체통 등)을 다양하게 비치한다. 모형으로 된 집, 탈것(자동차, 오토바이, 비행기 등)과 차고 및 차도, 동물과 동물원 또는 농장 등도 함께 둔다.

역할놀이를 통해 유아들은 또래와 함께 다양한 역할을 경험하며, 타인의 존재와 생각을 접하고 점차 자기중심성에서 벗어나 사회인지가 발달하게 되어 궁극적으로 다른 사람의 관점을 이해하는 조망수용능력과 역할수행력이 발달된다. 즉, 역할놀이를 통해 유아는 여러 인물의 역할을 해 보는 기회를 통해 그 인물들과 자신을 동일시함으로써 다른 사람의 입장과 요구 그리고 느낌과 사고를 이해할 수 있는 기회를 제공받아 자연스럽게 다른 사람과의 관계를 경험하게 된다(지성애, 정현주, 이영선, 박유영, 2007). 또한 유아들은 역할놀이를 통해 논리적 사고 능력과 문제 해결 능력을 향상시킬 수 있다. 왜냐하면 유아들은 역할놀이를 하기 위해 나름대로의 가상 세계를 만들고 이를 현실과 구분하며, 가상 세계에 적합한 시간적 · 공간적 역할 관계의 논리를 형성하면서 놀이하기 때문이다(이지현, 2001). 그리고 역할놀이에서 발생하는 여러 문제 상황은 유아들의 일상과 매우 밀접한 관련이 있는데, 이러한 의미 있고 실제적인 문제 상황은 유아로 하여금 해결 방안을 모색하게 이끌기도 한다(이은영, 2010). 유아는 역할놀이를 통해 가상해 보는 활동을 함으로써 사물과 행동을 상징적으로 변화시킬 수 있는 능력과 상호작용을 통한 대화와 협상, 역할 선택, 대본 구성, 즉흥성, 공동 계획, 협상, 문제해결, 목표 찾기 등의 능력, 정신적 표상 능력, 사회 언어적 능력, 학습 기술 등의 전인적 발달이 이루어질 수 있다(지성애 외, 2007; Lindsey & Mize, 2000; Johnson, Christie, & Yawkey, 2001).

역할놀이 영역에서는 유아가 실생활에서 접할 수 있는 다양한 역할 및 직업을 경험해 보도록 함으로써, 자기중심성에서 벗어나 타인에 대한 이해와 배려를 할 수 있도록 한다. 또한 시장놀이, 병원놀이, 소방서놀이 등의 간접 경험을 통해 인지 능력 및 수 개념을 발달시키고, 과학적 지식의 습득이 촉진될 수 있도록 한다.

역할놀이 영역에서 할 수 있는 논리 · 논술 교육 활동의 예를 |표 5-7|에 제시하였다.

| 표 5-7 | 역할놀이 영역에서 할 수 있는 논리 · 논술 교육 활동

활동명	활동내용	논리 · 논술 교육 영역				
		비판적 사고	창의적 사고	논리적 사고	도덕적 사고	배려적 사고
엄마 · 아빠가 되어 보아요	옷과 액세서리를 활용하여 엄마 또는 아빠로 분장한다. 다른 친구는 자녀가 되어 역할놀이를 한다. 아이가 밥을 먹지 않는 상황, 백화점에서 장난감을 사달라고 떼쓰는 상황 등을 설정하여 놀이해 본 후 엄마, 아빠가 되었을 때 어떠한 기분이었는지, 자신도 그러한 경험이 있는지 등에 대해 이야기해 보게 한다.	○	○	○	○	○
시장 놀이	음식 모형, 음식 그림이나 사진, 유아들이 만든 음식 작품 등을 이용하여 시장 놀이를 한다. 모조지폐나, 유아들이 직접 만든 돈을 활용하고, 유아들이 직접 가격을 책정해 보도록 한다. 100원/500원/1,000원을 만들 수 있는 경우의 수를 알아본다.		○	○		
장애를 체험해 보아요	유아들에게 눈을 가리거나, 귀를 막거나, 팔에 붕대를 감게 하여 시각장애, 청각장애, 신체장애 등을 체험해 보게 한다. 신체의 각 부분을 제대로 사용하지 못할 때 불편한 점을 이야기해 본다.			○	○	○

7) 쌓기놀이 영역과 유아 논리 · 논술 교육

쌓기놀이 영역 또는 블록놀이 영역은 유아들이 다양한 블록을 사용하여 구성물을 만들어 보는 가운데, 수 · 형태 · 색깔 · 공간에 대한 개념을 형성하고, 대 · 소근육의 발달도 이루어지게 되는 영역이다. 또한 유아들이 함께 작업하는 가운데 사회성 및 언어능력이 발달할 수 있고, 만들어진 구성물을 가지고 역할놀이가 이루어지기도 한다.

쌓기놀이 영역은 유아들이 블록을 최대한으로 활용하여 구성물을 확장시킬 수 있도록 충분한 공간이 요구된다. 따라서, 역할놀이 영역과 인접하게 하고 바퀴가 달린 교구장으로 구분하여, 필요에 따라 유아들이 영역을 통합하여 활동할 수 있도록 하는 것이 좋다. 바닥에는 카펫을 깔아 쌓기놀이 시 발생할 수 있는 소음을 방지하고, 유아들이 앉아서 편안하게 작업할 수 있는 안정된 분위기를 제공한다.

쌓기놀이 영역에는 레고 블록, 종이 블록, 우레탄 블록, 유닛 블록 등을 배치할 수 있다. 블록으로 만든 구성물로 역할놀이가 이루어질 수 있도록, 교통신호 및 표지판 모형, 작은 동물 모형, 사람 모형, 탈것 모형(소형차나 트럭, 오토바이, 배, 비행기 등)과 같은 보조 자료를 함께 둔다.

쌓기놀이 영역

쌓기놀이는 신체적인 발달은 물론 인지, 정서, 사회성 및 언어 발달에 도움을 주어 통합적으로 교육적 가치가 높은 놀이이다(이순복, 2010). 쌓기놀이의 주된 놀잇감인 블록은 구성물을 만들고 변형 · 해체하는 등의 자유로운 특성을 지니고 있으며, 손으로 조작할 수 있는 블록의 특성으로 인해 눈과 손의 협응력, 시각적 인식, 대 · 소근육의 협응력 등의 신체 발달을 고무시키고, 인지와 연관된 다양한 개념, 즉 수 개념, 공간관계, 연속과 길이 관계에 대한 개념 등을 향상시킬 수 있다(Morrison, 2009). 쌓기놀이를 통해 정확한 관찰력과 측정 기술, 원인과 결과를 연결짓는 조직적이고 체계적인 사고 능력이 증진될 뿐만 아니라, 형태, 크기, 길이, 높이, 위치 개념을 습득하게 되고 부분과 전체의 관계, 수의 많고 적음 등을 이해하게 된다(교육인적자원부, 1998). 쌓기놀이를 통해 유아는 만든 구조물로 역할놀이를 하고 다른 유아와 상호작용을 하면서, 역할 개념에 대한 습득과 타인의 관점에 대한 이해, 언어 및 의사소통 능력의 향상과 사회성 기술 등이 향상될 수도 있다. 또한 만든 구조물을 무너뜨리는 과정에서 부정적인 정서를 해소하여 정서 순화의 매개가 되기도 한다(이기숙, 2008). 쌓기놀이를 통해 다양한 구조물을 창의적으로 만들어 보는 가운데 창의적 사고 능력과 표현 능력도 향상될 수 있다.

쌓기놀이 영역에서는 유아들이 블록으로 글자나 다양한 구조물을 창의적으로 만들어 볼 수 있게 하여, 유아의 창의적 사고력뿐 아니라 길이 및 공간 개념과 같은 기본적인 수학적 개념을 발달시킬 수 있다. 구조물을 만들고 난 후에는 유아에게 설명해 보도록 하여 논리적인 의사 표현 능력을 기르도록 한다. 또한 친구들과 협동하여 놀이하고, 만든 구조물로 역할놀이를 하는 가운데 역할 개념에 대한 습득과 타인의 관점에 대한 이해 능력, 언어 능력 및 사회성 기술 등이 향상될 수도 있다.

쌓기놀이 영역에서 만든 구조물로 놀이하는 유아들

쌓기놀이 영역에서 할 수 있는 논리 · 논술 교육 활동의 예를 |표 5-8|에 제시하였다.

|표 5-8| 쌓기놀이 영역에서 할 수 있는 논리 · 논술 교육 활동

활동명	활동내용	논리 · 논술 교육 영역				
		비판적 사고	창의적 사고	논리적 사고	도덕적 사고	배려적 사고
블록을 나누어 보아요	다양한 블록을 크기, 모양, 색깔 등으로 분류해 본다.			○		
블록으로 길이를 재어요	교실에 있는 책상, 옷장 등의 사물들을 단위 블록으로 측정해 본다. 블록의 길이를 재어서, 측정한 사물의 실제 길이를 계산해 본다.			○		
블록으로 글자를 만들어요	블록으로 다양한 글자를 만들어 보게 한다.		○	○		
탑을 높이 쌓아요	유아들을 두 팀으로 나누어 블록을 높이 쌓는 게임을 한다. 탑을 다 쌓은 후 서로 비교해 본다.		○	○		
집을 꾸며요	블록으로 집의 내부 구조를 꾸민다. 역할놀이 영역의 놀이 재료들을 함께 사용하여 역할놀이를 해본다.		○	○	○	○

3. 실외 영역과 유아 논리 · 논술 교육

실외 영역은 유아가 실내에서 계속적인 집중 활동으로 인해 가지게 될 수 있는 긴장과 억압을 해소할 수 있는 곳이다. 실외 영역에서는 실내 영역에서 주로 하였던 소근육 활동이나 상징 놀이 외에, 신체를 전체적으로 움직이는 대근육 활동이 원활하게 이루어질 수 있다. 실외 영역에서 유아들은 자연을 체험을 통해 학습하며, 역할놀이와 사회화 등이 이루어진다.

여기서는 실외 영역을 유아들의 활동이 주로 이루어지는 신체활동 영역, 자연학습 영역, 개방된 영역, 물 · 모래놀이 영역으로 나누어, 영역별로 이루어질 수 있는 논리 · 논술 교육 활동에 대해 살펴보도록 하겠다.

1) 신체활동 영역과 유아 논리 · 논술 교육

신체활동 영역은 대근육을 사용하는 활동적인 신체놀이가 이루어지는 영역으로, 이 영역에는 시소, 그네, 회전목마, 미끄럼틀, 오르기 시설, 터널, 평행봉 등 신체놀이를 위한 각종 기구들이 배치된다. 신체활동 영역에서는 다양한 사회적 상호작용과 협동놀이, 게임 등이 이루어질 수 있으며, 이를 통해 유아들의 운동 능력, 의사소통 능력, 사회적 상호작용 능력, 인지 능력 등이 발달될 수 있다. 또한 놀이를 하는 가운데 유아들 스스로 기구를 안전하게 함께 사용할 수 있는 규칙을 만들어 보고, 그 규칙을 준수하는 가운데 자기조절 능력이 길러질 수 있다.

신체활동 영역의 기구들

신체활동 영역에서 할 수 있는 논리 · 논술 교육 활동의 예를 |표 5-9|에 제시하였다.

| 표 5-9 | 신체활동 영역에서 할 수 있는 논리 · 논술 교육 활동

활동명	활동내용	논리 · 논술 교육 영역				
		비판적 사고	창의적 사고	논리적 사고	도덕적 사고	배려적 사고
가장 먼저 떨어지는 것은?	미끄럼틀 위에서 깃털, 풍선, 공 등 여러가지 물체를 떨어뜨려 본다. 떨어지는 속도가 왜 다른지 이야기해 보도록 한다.	○		○		
균형을 잡아보아요	시소의 양쪽에 친구들이 올라타고 평행을 이루도록 해 본다. 시소가 한 쪽으로 기울어졌다면 균형을 잡을 수 있는 방법에는 어떤 것이 있을지 이야기해 보도록 한다.		○	○		
차례를 지켜요	미끄럼틀에서 차례를 지키지 않고 끼어들었을 때, 줄을 서고 있는 다른 친구들의 기분은 어떨까 생각해 보고 이야기를 나눈다.				○	○
앗, 위험해요!	친구들이 그네를 타고 있는데 앞으로 지나가면 어떻게 될지, 높은 곳에서 뛰어내리면 어떻게 될지 등 실외 놀이터에서 발생할 수 있는 위험한 상황을 가정하고 결과에 대해 생각해 보게 한다.	○		○	○	

2) 자연학습 영역과 유아 논리 · 논술 교육

자연학습 영역에서 유아들은 다양한 동 · 식물을 직접 기르고 관찰해 봄으로써 자연에 대한 학습 경험을 가질 수 있다. 자연학습 영역에서는 화원을 만들거나 화분을 두어 콩, 봉숭아꽃, 감자, 고구마 등을 기르는 식물재배 영역을 두어, 유아들이 직접 씨를 뿌리고 물을 주는 경험을 갖고, 식물의 성장 과정을 관찰해 볼 수 있다. 또한 동물사육장을 두어 토끼, 병아리, 강아지, 고양이, 새 등의 동물들에게 먹이를 주는 경험을 제공하고, 동물의 성장 과정을 관찰해 보게 할 수 있다. 이처럼 동 · 식물을 직접 길러 보는 경험은 유아들에게 즐거움과 자신감을 느끼게 한다. 또한 동 · 식물의 변화를 보고, 느끼는 과정을 통해 유아들은 자연을 사랑하는 마음을 갖게 되고, 자연과 관련된 여러 과학적 지식을 직접 체험을 통해 알게 된다.

자연학습 영역에서 식물에 물을 주고 있는 유아

자연학습 영역에서 할 수 있는 논리 · 논술 교육 활동의 예를 |표 5-10|에 제시하였다.

|표 5-10| 자연학습 영역에서 할 수 있는 논리 · 논술 교육 활동

활동명	활동내용	논리 · 논술 교육 영역				
		비판적 사고	창의적 사고	논리적 사고	도덕적 사고	배려적 사고
어떤 콩이 빨리 자랄까요?	콩을 화분에 심고 물을 주고 햇빛을 비춰 주는 조건을 각기 달리 하여 길러 본다. 어떤 조건의 콩이 가장 빨리, 가장 튼튼하게 자랄까 예측해 보게 한다.	○		○		
동물들이 하고 싶은 말	사육장에서 기르고 있는 동물들은 친구들에게 무슨 말을 하고 싶을까 생각해 보고 이야기 나눈다.		○		○	○
꽃이 아파요	꽃을 밟거나 꺾으면 꽃은 어떻게 될지, 꽃의 기분이 어떠할지 생각해 보고 이야기 나눈다.	○		○		○

3) 개방된 영역과 유아 논리 · 논술 교육

개방된 영역은 실외 영역에서 놀이 시설이 배치되지 않은 평평하고 넓은 공간이다. 개방된 넓은 공간에서는 유아들이 세발 자전거, 영아용 자동차 등의 실외 놀이 기구를 사용하여 자유롭게 놀 수 있다. 또한 유아들은 각종 게임, 공놀이, 술래잡기, 뛰어놀기, 달리기 등의 개인 활동 및 집단 활동을 할 수 있다. 개방된 영역에서는 대근육 활동과 자유로운 신체 표현이 가능하며, 이를 통해 유아들의 운동 능력과 표현 능력이 향상될 수 있다. 또한 개방된 영역의 넓은 공간에서 이루어질 수 있는 집단 게임은 놀이방법이나 규칙을 정하는 단계에서 유아들의 의사결정 능력을 기를 수 있으며, 게임의 목표를 달성하기 위해 집단 구성원들의 결속과 노력을 통하여 감정이입 능력, 조망수용 능력, 친사회적 능력, 행동 및 감정조절 능력, 협동적 태도 등이 증진된다.

개방된 영역에서 할 수 있는 논리 · 논술 교육 활동의 예를 |표 5-11|에 제시하였다.

| 표 5-11 | 개방된 영역에서 할 수 있는 논리 · 논술 교육 활동

활동명	활동내용	논리 · 논술 교육 영역				
		비판적 사고	창의적 사고	논리적 사고	도덕적 사고	배려적 사고
몸으로 표현해 보아요	바람, 시냇물, 구름, 씨앗, 나무와 같은 자연에서 느끼는 감정을 몸으로 표현해 보게 한다. 친구들의 다양한 표현 방법을 감상해 보고, 각자 왜 그렇게 표현했는지 설명해 보게 한다.		○	○	○	○
어떤 운동을 하고 있을까요?	두 팀으로 나누어 각 팀에서 친구 한 명씩 앞으로 나와서 몸으로 테니스, 하키, 스키, 수영 등 운동 경기를 표현해 보게 한다. 다른 팀원들은 친구가 어떤 운동을 표현하는 지 알아맞혀 본다.		○	○		
2인 3각 게임	2인 3각으로 짝을 지어 반환점을 돌아오는 게임을 해 본다. 혼자서 달릴 때와 비교하여 어떤 차이점이 있었는지, 넘어지지 않기 위해 어떻게 했는지 이야기해 보게 한다.			○	○	○
거울놀이	유아들이 서로 마주보고 거울놀이를 하게 한다. 먼저, 친구가 오른손을 움직이면 자신은 어느 손을 움직여야 하는지, 친구가 왼쪽으로 움직이면 어느 쪽으로 움직여야 하는지 등을 예상해 보게 한다. 친구와 마주보고 한 친구가 하는 행동을 다른 친구가 똑같이 따라해 보게 한다.	○		○		

4) 물 · 모래놀이 영역과 유아 논리 · 논술 교육

실외 영역에서 모래놀이는 모래상자나 모래장을 햇빛이 비치는 곳에 두고, 햇빛을 차단할 수 있는 지붕이나 파라솔, 차양 등으로 부분적으로 그늘을 만들어 한낮이나 무더운 여름날에도 놀이를 할 수 있도록 한다. 모래는 청결한 상태를 유지하기 위해 1년에 1~2회 갈아 주거나 씻어 넣어 준다. 모래놀이 영역에는 삽, 그릇 등을 두어 유아들이 손쉽게 모래를 파고 담을 수 있게 한다. 물놀이는 수영 풀을 이용하거나 양동이를 사용하여 할 수 있는데, 계량컵, 물뿌리개, 물에 뜨는 장난감 등의 기구를 함께 제공해 준다.

물 · 모래놀이 영역에서 가공되지 않은 자연적인 놀이 재료인 물과 모래를 이용하여 놀이 활동을 하면서 유아는 자신의 생각과 느낌을 말로 표현해 보고, 다른 유아와 대화하면서 역할놀이로 연결시킬 수 있어 언어 발달이 이루어지기도 한다(이영일, 이정숙, 양승희, 2010). 유아들은 손으로 모래를 만지며 감각과 소근육 운동능력을 발달시킬 수 있으며, 여러 가지 창의적인 표현 활동을 하게 된다. 물놀이를 통하여 유아들은 다양한 기구와 물체를 가지고 실험해 보는 가운데 과학적인 탐구 활동이 가능하다. 또한 물과 모래를 가지고 놀면서 유아들의 정서적인 긴장감이 해소되고, 다양한 개념의 학습이 이루어지며, 상징놀이나 역할놀이가 이루어질 수도 있다.

물 · 모래놀이 영역에서 할 수 있는 논리 · 논술 교육 활동의 예를 |표 5-12|에 제시하였다.

|표 5-12| 물 · 모래놀이 영역에서 할 수 있는 논리 · 논술 교육 활동

활동명	활동내용	논리 · 논술 교육 영역				
		비판적 사고	창의적 사고	논리적 사고	도덕적 사고	배려적 사고
정리해 보아요	놀이터에서 놀이 도구를 쓰고 난 후 정리하지 않고 집에 간다면 놀이 도구들은 어떤 감정을 느낄까, 남겨진 놀이 도구들은 친구들에게 무슨 말을 하고 싶을까 생각해 보고 이야기 나누어 보도록 한다.	○	○	○	○	○
서로 다른 모래놀이	유아들이 마른 모래와 물에 젖은 모래로 놀이해 보게 한다. 마른 모래와 물에 젖은 모래는 어떤 차이점이 있는지 이야기해 보도록 한다.	○		○		

활동명	활동내용	논리 · 논술 교육 영역				
		비판적 사고	창의적 사고	논리적 사고	도덕적 사고	배려적 사고
모래 뺏기 게임	모래를 쌓고 깃발을 꽂아 모래 뺏기 게임을 해 본다. 게임을 하고난 후 어떻게 하였을 때 깃발이 쓰러지지 않게 모래를 가져올 수 있었는지 이야기해 보도록 한다.	○	○	○		

생각해 볼 문제

1. 한 활동 영역을 선택하고, 그 영역에서 이루어질 수 있는 논리 · 논술 교육의 활동 계획안을 작성해 보시오('Part Ⅱ. 유아 논리 · 논술 교육의 실제'의 활동 계획안 형식을 참고한다).
2. 1.에서 작성한 활동 계획안을 가지고, 모의 수업을 진행해 보시오.

참고문헌

강영아(2000). **도덕은 무엇으로부터 오는가**. 서울: 소나무.

교육과학기술부 편(2008). **유치원 교육과정 해설**. 서울: 교육과학기술부.

교육부(2000). **유치원교육활동 지도자료 총론**. 서울: 교육부.

교육인적자원부(1998). 유치원 교육과정. 교육부 고시 제 1998-10호.

권영례, 이재연(2007). **아동환경**. 서울: 한국방송통신대학교 출판부.

김문오(2005). **좋은 글의 요건: 실용문을 중심으로**. 서울: 국립국어원.

김병무(2005). **현대사회학의 이해: 인간과 사회 그리고 문화**. 서울: 청목.

김영정(2004). 비판적 사고와 학술적 글쓰기. 서울대학교 교수학습개발센터 글쓰기교실 연구노트 3.

김영채(1999). **창의적 문제해결: 창의력의 이론, 개발과 수업**. 경기: 교육과학사.

김영철, 허경철, 이용남(2009). **세계화와 교육**. 경기: 교육과학사.

김정진(1990). 아동의 정서적, 인지적 조망수용능력의 발달에 관한 연구. 성균관대학교 대학원 석사학위논문.

김현희, 박상희(2008). **유아문학: 이론과 적용**. 서울: 학지사.

김희영, 이문정(2009). 그림책을 활용한 실험구성활동이 유아의 과학적 탐구 능력 및 태도에 미치는 영향. **미래유아교육학회지, 16**(4), 1-21.

도성달(1997). 덕이 곧 지식인가. 진교훈 외(1997). **윤리학과 윤리교육**. 서울: 경문사.

박고운, 김선영(2011). 구성주의 접근의 요리활동이 유아의 과학적 태도와 창의성에 미치는 영향. **아동학회지, 32**(1), 141-156.

박찬옥, 지성애, 조형숙, 서동미, 곽현주, 엄은나, 한진원, 김현주, 김민정, 홍찬의(2010). **유아교사를 위한 논리 · 창의 교육**. 경기: 정민사.

방명숙, 권승애, 황현아, 양영선(1995). **논리력 신장을 위한 CAI 프로그램 연구 개발. 한국교육개발원 수탁 연구과**제 CR 95-26-3. 서울: 한국교육개발원.

서현석(2007). 말하기 교육의 내용으로서 배려적 사고의 개념 탐구. **국어교육학연구, 28**, 393-421.

설규주(2002). 칸트 도덕 철학에서의 도덕적 지식과 행위의 문제에 대한 비판적 연구. **시민교육연**

구, 34(1), 161-180.

소홍렬(2000). **논리와 사고**. 서울: 이화여자대학교 출판부.

육아정책연구소(2012). **5세 누리과정 운영지원을 위한 교사 연수 자료집**. 서울: 육아정책연구소.

윤지영, 임승렬(2011). 유아교사의 음악수업과 교수방법에 대한 실제적 연구. **음악교육연구, 40**(1), 113-141.

이기숙(1997). **유아교육과정**. 경기: 교문사.

이기숙(2008). **유아교육과정**. 경기: 교문사.

이만식, 김용경(2007). **글쓰기와 말하기를 어떻게 할 것인가**. 서울: 한올출판사.

이세나, 이영석(2000). 유아를 위한 친사회적 프로그램이 유아의 우정개념과 공감능력에 미치는 영향. **아동학회지, 21**(2), 147-156.

이순복(2010). 쌓기놀이 활동 프로그램이 유아의 기하 및 공간 감각능력과 창의적 문제해결력에 미치는 효과. **유아교육연구, 30**(1), 95-119.

이영일, 이정숙, 양승희(2010). 물과 모래를 이용한 유아 놀이 활동 프로그램의 적절성에 관한 연구. **한국보육학회지, 10**(1), 47-72.

이영찬, 임영규, 정혜숙(2010). (주제로 보는) **현대사회 · 탈현대사회**. 대구: 계명대학교 출판부.

이은영(2010). 역할놀이를 활용한 수학활동이 유아의 수학적 개념 형성에 미치는 영향. **유아교육학논집, 14**(2), 193-215.

이정화, 한희승(2010). 악기를 활용한 음악·과학 통합활동이 유아의 음악적 개념 및 과학적 과정기술에 미치는 영향. **아동학회지, 31**(1), 283-300.

이지명(2007). 도덕적 사고하기를 통한 논술 지도 전략. **윤리연구, 64**, 279-303.

이지현(2001). 유아들의 극화놀이에 나타난 수학 활동 내용과 수 이름의 사용 맥락. **열린유아교육연구, 6**(2), 113-136.

이춘희, 정대련(2008). 철학적 탐구공동체 활동을 통한 유아의 배려적 사고 증진에 관한 연구. **유아교육연구, 28**(3), 225-242.

이화여자대학교 부속유치원 편(2002). **이화유치원 교육 과정**. 경기: 교문사.

정대련(2009). **유아의 논리 논술**. 서울: 창지사.

정보통신윤리위원회(2005). **정보사회윤리학**. 경기: 이한출판사.

정소영(2006). 자연체험에 기초한 과학 활동이 유아의 과학관련 태도 및 과학적 탐구능력에 미치는 영향. 한국교원대학교 교육대학원 석사학위논문.

정옥분(2002). **아동발달의 이해**. 서울: 학지사.

조선희(2008). 철학적 토론활동에 나타난 4세 유아의 '이유 표현'에 대한 연구. **미래유아교육학회지, 15**(4), 417-442.

조선희(2009). 철학적 토론활동에 나타난 유아의 논리적 사고에 대한 연구. **유아교육연구, 29**(6), 141-163.

조선희, 전명남(1998). 유아의 비판적 사고를 촉진하는 질문에 대한 탐색적 연구: QFCT의 활용가능성에 대한 유치원 교사의 지각과 5세 유아의 직접적 반응을 중심으로. **미래유아교육학회지, 5**(2), 249-270.

지성애, 정현주, 이영선, 박유영(2007). 유치원과 초등학교에서의 역할놀이 현장 활용 비교. **유아교육연구, 27**(1), 405-430.

최훈(2010). 김영정 교수의 비판적 사고론. **논리연구, 13**(2), 1-26.

한국유아교육학회(1997). **제6차 유치원교육과정 개정 시안 연구 · 개발**. 서울: 한국유아교육학회 교육과정개정연구위원회.

한기정(1993). 유아의 칭의성 교육을 위한 철학적 심리학적 기초. 단국대학교 대학원 박사학위논문.

황경식(1993). **(재미있는) 논리 논술 이야기**. 경기: 열림원.

Amabile, T. M.(1996). *Creativity in context: Update to the social psychology of creativity*. Boulder, CO: Westview.

Blosser, P. (1985). Science education for the year 2000 and beyond. In R. K. James & U. R. Kurtz(Eds.), *Science and mathematics for the year 2000 and beyond*(pp. 52–72). O.H.: School Science and Mathematics Association.

Clements, D. H.(2002). Mathematics in the preschool. *Teaching Children Mathematics, 8*, 340–343.

Csiikszentmihalyi, M.(1996). *Creativity: Flow and the psychology of discovery and invention*. New York: Harper Collins.

Decker, C. A. & Decker, J. R.(2001). *Planning and administering early childhood programs*(7th ed.). N.J: Prentice Hall.

Jose, P. M.(1990). Just world reasoning in children s immanent justice arguments. *Child Development, 61*, 1024–1033.

Frost, J. L. & Kissinger, J. B.(1976). *The young child and the educative process*. New York: Holt, Rinehart and Winston.

Gardner, H.(1993). Multiple intelligences: *The theory in practice*. New York: Basic Books.

다중지능의 이론과 실제(김명희, 이경희 공역). 경기: 양서원.

Gray, E. M. & Tall, D. O.(1994). Duality, ambiguity and flexibility: A perceptual view of simple arithmetic. *Journal for Research in Mathematics Education, 12*(1), 129-152.

Guilford, J. P.(1956). *Structure of intellect. Psychological Bulletin, 53*, 267-293.

Hansen, J.(2004). "Tell me a story": Developmentally appropriate retelling strategies. Newark, DE : International Reading Association.

Held, D. & McGrew, A.(2007). *Globalization/anti-globalization*. Cambridge, UK: Blackwell Publishers.

Herberholz, B. & Hanson, L.(1990). *Early childhood art*. IA: Brown Publishers.

Johnson, J. E., Christie, J. F., & Yawkey, T. D.(2001). *Play and early childhood development*. Glenview: Scott, Foresman, & Company.

Kamii, C. & DeVries, R.(1978). *Physical knowledge in preschool education: Implications of Piaget s theory*. Englewood Cliffs, New Jersey: Prentice Hall.

Lapsley, D. K.(1993). Moral psychology after Kohlberg. Unpublished manuscript, Departmant of Psychology, Brandon University, Manitoa.

Lindsey, E. W. & Mize, J.(2000). Parent-child physical and pretense play: Links to children s social competence. *Merrill-Palmer Quarterly, 46*(4), 565-591.

Lipman, M.(2003). Thinking in education(2nd ed.). NY: Cambridge University Press.

Lipman, M.(1988). Critical thinking: *What Can It Be?*, Montclair State College: Resource Publication, Series 1, No. 1.

Lipman, M., Sharp, A. M., & Oscanyan, F. S.(1980). *Philosophy in the classroom*. Philadelphia: Temple University Press.

Markman, E. M.(1978). Empirical versus logical solutions to part-whole comparison problems concerning classed and collections. *Child Development, 49*, 168-177.

McGarrigle, J., Grieve, R., & Hughes, M.(1978). Interpreting inclusion. *Journal of Experimental Child Psychology, 26*, 528-550.

McIntyre, M.(1981). The sound of music. In M. McIntyre(1984). *Early childhood and science*. Washington, D.C.: NSTA.

Morrison, G. S.(2009). *Early childhood education today*. NJ: Merrill Pearson.

Nelson, S. A.(1990). Factors in fluencing young children s use of motives and outcomes as moral criteria. *Child Development, 51*, 823–829.

Nicoll, B.(1996). Developing minds: Critical Thinking in K–3. Paper presented at the California Kindergarten Conference. San Francisco, CA.

Palsson, H.(1996). We think more than befor about others and thier opinions(an evaluation report from Iceland). *Thinking, 12*(4), 24–29.

Paul, R., Binker, A. J., Jensen, K., & Kreklau, H.(1990). *Critical thinking handbook: 4th–6th Grades*. CA: Foundation for Critical Thinking(Sonoma State University).

Piaget, J.(1965). *Moral judgement of the child*. New York: Free Press.

Piaget, L. & Inhelder, B.(1958). *The growth of logical thinking from childhood to adolcscence*. New York: Basic Books.

Pinker, S.(1997). **마음은 어떻게 작동하는가?** [*How the mind works*]. (김한영 역)(2007). 경기: 동녘 사이언스.

Runco, M. A.(1996). Personal creativity: Definition and developmental issues. In M. A. Runco(Ed.), *Creativity from childhood through adulthood: The developmental issues*. San Francisco: Jossey–Bass.

Schleifer, M. & Poirier, G.(1996). The effect of philosophical discussions in the classroom on respect for others and non–stereotypic attitudes. *Thinking, 12*(4), 32–34.

Seefeldt, C.(1980). *A curriculum for preschools*. Columbus, OH: Charles E. Merrill.

Simonton(2003). It s absoutely impossible? A longitudinal study of one psychologist s response to conventional naysayers. In R. J. Sternberg(Ed.), *Psychologists defying the crowd: Stories of those who battled the establishment and won* (pp. 239–254). Washington, D.C.: American Psychological Association.

Splitter, L. J.(1991). Critical thinking, what, why, when and how. *Educational Philosophy and Theory, 23*(2).

Tomas, E. & Dannie, P. W.(1985). *A viewpoint on the arts as reinforcing the basic academic skills of students*. Basic Education.

Torrance, E. P.(1962). *Guiding creative talent*. Englewood Cliffs, NJ : Prentice–Hall.

Torrance, E. P.(1963). *Education and the creative potential*. Minneapolis: University of Minnesota Press.

Torrance, E. P.(1975). Creativity research in education: Still alive. In I. A. Taylor & J. W.

Cetzel(Eds.), *Perspectives in creativity*. Hawthorne, NY: Creative Education.

Wallace, A. H., Abott, D., & Blary, R. M.(2007). The classroom that math built: Encouraging young mathematicians to pose problems. *Young Children, 62*(5), 201–225.

Webster, F(1995). *Theories of the information society*. London, New York: Routledge, **정보사회이론**(조동기 역). 서울: 사회비평사.

Wilson. J.(1970). *Moral Thinking: A Guide for Students*. London: Heinemann Educational Books Ltd., 박장호(역)(1993). **도덕적으로 생각하기**. 서울: 하나미디어.

Part 2

유아 논리·논술 교육의 실제

Chapter 1

누리과정에 기초한 논리 · 논술 교육 활동

누리과정 영역	활동명
신체운동 · 건강 영역	맛있는 음식, 즐거운 요리
신체운동 · 건강 영역	불이 났어요
의사소통 영역	글자가 옷을 입어요
의사소통 영역	나도 쓸 수 있어요
사회관계 영역	여러 나라의 돈
사회관계 영역	내가 가고 싶은 나라
예술경험 영역	소리를 나타내 보아요
예술경험 영역	내가 만든 명화 속 이야기
자연탐구 영역	내 짝꿍은 어디에 있을까?
자연탐구 영역	패턴을 찾아라

신체운동 · 건강 영역

맛있는 음식, 즐거운 요리

활동 목표:
- 음식을 골고루 먹어야 함을 안다.
- 다양한 요리 방법을 안다.

누리과정 관련 요소:
신체운동 · 건강 영역 – 건강하게 생활하기 – 바른 식생활하기

논리 · 논술 목표:
- 주장하기, 가정하기
- 독창성, 상상력, 정교성, 응용력
- 설명하기

활동자료:
음식과 요리사, 음식 먹는 장면의 사진이나 그림
활동지 1 – 내가 만든 요리

활동방법:
1. 음식과 관련된 사진이나 그림을 보고 어떤 느낌이 드는지 물어 본다.
2. 각 사진이나 그림의 음식과 장면에 대해 자유롭게 이야기해 본다.
3. 음식을 먹는 즐거움과 다양한 음식의 종류에 대해 말해 본다.
4. 유아가 요리사가 된다고 가정하여 나만이 할 수 있는 독창적인 요리방법을 상상하고 생각하여 요리 과정을 발표해 본다(활동지 1).

확장활동:
요리의 재료를 두세 가지 이상으로 늘려 독창적이며 상상력이 발휘될 수 있는 응용 요리로 확장해 갈 수 있다.

활동지 1

내가 만든 요리

★ 다음의 재료 중 한 가지만을 가지고 맛있는 요리를 만들어 보세요.

재료 :

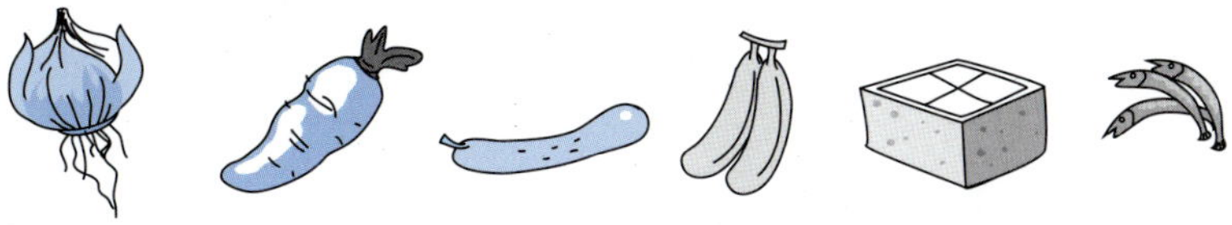

음식이름

도구

재료

요리순서표

완성된 요리

신체운동 · 건강 영역

불이 났어요

활동목표:

- 유치원에서 불이 났을 때 안전하게 대피할 수 있다.
- 위급한 상황에서 대피하는 방법을 안다.

누리과정 관련 요소:

신체운동 · 건강 영역 – 안전하게 생활하기 – 비상시 적절히 대처하기

논리 · 논술 목표:

- 가정하기, 주장하기, 판단하기
- 상상력, 유창성
- 설명하기, 문제 해결, 예측하기

활동자료: 유치원 전개도, 비상구 및 대피 통로도, 사이렌

활동지 1 – 불이 난다면 어떻게 할까요?

활동지 2 – 내가 찾은 대피 통로

활동방법:

1. 만약 유치원에 불이 났다면 어떻게 해야 할지 생각해 본다(활동지 1).
2. 유치원 안의 우리 반에서 불이 났을 때 어디로 이동하여 피해야 할지 생각해 보고, 대피 통로도를 그려 본 후 왜 그렇게 해야 할지 친구들에게 설명한다(활동지 2).
   (옆 반, 1층, 2층, 지하에서 불이 난 경우도 가정하여 대피 통로도를 그려 본다.)

확장활동:

1. 불이 난다면 무슨 일이 일어날지 예측해 본다.
2. 불조심을 해야 하는 이유를 생각해 본다.
3. 불조심을 위한 방법을 생각해 보고 표어를 만들어 본다.

불이 난다면 어떻게 할까요?

★ 우리가 교실에서 재미있게 놀고 있는데 만일 불이 났다면 어떻게 할지 연결해 보세요.

1. 장난감은

- 치워요
- 그대로 두어요

2. 내려갈 때

- 계단으로 가요
- 엘리베이터를 타요

3. 입은

- 벌리고 가요
- 손으로 막아요

4. 혼자 교실에 남았을 때

- 창문을 열고 손을 흔들어요
- 책상 밑에 숨어요

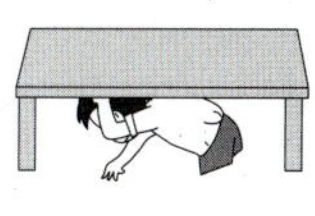

활동지 2

내가 찾은 대피 통로

★ 유치원에 불이 났다면 우리반 친구들은 어디로 가야 할지 그려 보세요.

우리반
교실

★ 왜 가야 할까요?

의사소통 영역

글자가 옷을 입어요

활동목표:
- 동음이의어의 의미를 이해한다.
- 다양한 동음이의어를 써 본다.

누리과정 관련 요소:
의사소통 영역 - 쓰기 - 쓰기에 관심 가지기

논리 · 논술 목표:
- 비판적 사고: 주장하기, 의견 표현하기, 인과관계 알기
- 창의적 사고: 정교성, 상상력
- 논리적 사고: 관찰하기, 설명하기, 재구성하기

활동자료:
그림 카드를 넣는 스프링 상자, 그림 카드(동음이의어 그림-배, 밤, 눈, 다리, 풀, 차), 물풀, 빈 종이, 색모래 상자, 문장 카드, 〈두루미와 여우〉 글자 없는 그림 동화

활동지 1 - 같은 말, 다른 뜻 그림 찾기

활동지 2 - 표정이 달라요

활동지 3 - 이렇게 달라요

활동방법:
1. 스프링 상자의 뚜껑을 열고 튀어나온 그림 카드(예 먹는 배)를 본 후 소리내어 말해 본다.
2. 그림 카드에 제시된 낱말을 종이 위에 물풀로 쓴다.
3. 물풀로 쓴 글자를 색모래 상자에 넣어 가볍게 흔들어서 색모래를 털어낸 후 글자를 확인하고 소리 내어 읽어 본다.
4. 동음이의어 그림을 찾는 활동을 한다(활동지 1).
5. 낱말에 해당하는 문장 카드(예 ~를 먹는다)를 찾아서 나란히 놓고 큰소리로 읽어 본다.

확장활동:

1. 뜻이 같은 말과 다른 말에 대한 이야기를 하고 있는 〈두루미와 여우〉를 글자 없는 그림동화로 들려준다. '글자 없는 그림'을 보고 이야기의 흐름을 알지 못하는 유아에게는 줄거리를 먼저 읽어 주어도 좋다.
2. 두루미의 얼굴 표정과 여우의 얼굴 표정이 왜 그런지에 대해 이야기한다(활동지 2).
3. 두루미와 여우의 대화 속에서 다른 말뜻을 가진 같은 말에 대해 이야기한다(활동지 3).

활동지 1

같은 말, 다른 뜻 그림 찾기

★ 같은 말이지만 듣는 사람에 따라서 다른 뜻으로 이해할 수 있는 말들이 있어요. 같은 말이지만 다른 뜻을 가지고 있는 말(동음이의어)의 그림끼리 연결해 보세요.

밤

배

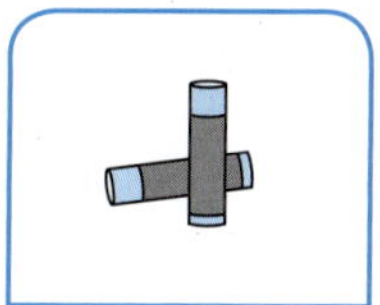
풀

차

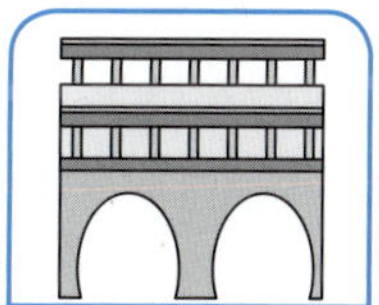
다리

밤

차

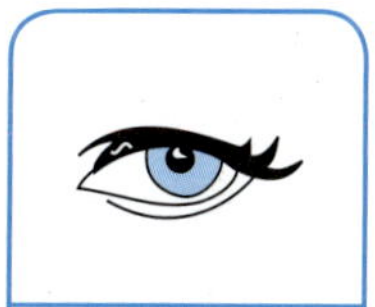
눈

배

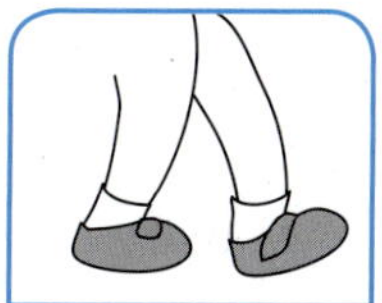
다리

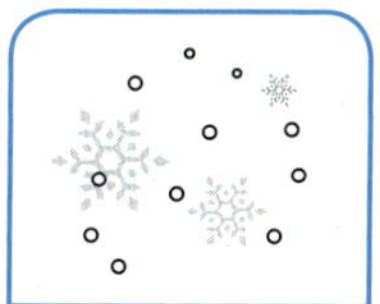
눈

풀

활동지 2

표정이 달라요

★ 두루미는 왜 얼굴이 울상일까요? 또 여우는 왜 배를 잡고 웃고 있을까요? 생각해 보고 써 보세요.

활동지 3

이렇게 달라요

★ 두루미와 여우가 하는 말을 잘 들어 보고, 그 뜻이 어떻게 다른지 얘기해 보고 써 보세요.

두루미: “야~ 눈이 정말 예쁘게 빛나는 구나.”
여우: “고마워. 친구들이 내 눈이 예쁘다고 말해 주면 기분이 좋아.”
두루미: “아니, 나뭇가지 위에 내린 눈이 예쁘게 빛이 나는 것처럼 보여.”

이렇게 달라요

여우: “우와~ 다리가 정말 길다.”
두루미: “내 다리가 조금 긴 편이지?”
두루미: “아니, 저기 멀리 보이는 강 위의 다리가 정말 길다는 말이야.”

이렇게 달라요

의사소통 영역

나도 쓸 수 있어요

활동목표:

- 여러 가지 낱말을 쓸 수 있다.
- 여름에 대해 이해한다.

누리과정 관련 요소:

의사소통 영역 – 쓰기 – 쓰기에 관심 가지기

논리·논술 목표:

- 비판적 사고: 탐구하기, 주장하기, 의견 표현하기
- 창의적 사고: 독창성, 유창성, 상상력
- 논리적 사고: 관찰하기, 설명하기

활동자료:

채소 그림(가지, 당근, 무, 오이, 파, 꽝) 주사위, 낱말(가지, 당근, 무, 오이, 파) 카드, 아크릴 판, 마커

활동지 1 – 누구일까요?

활동지 2 – 이상한 과수원

활동방법:

1. 채소 그림 주사위를 굴려 멈춘 곳의 그림을 보고 이름을 말한다.
2. 해당 낱말 카드를 찾아 아크릴 판 밑에 두고 마커로 아크릴 판 위에 글자를 따라 쓴다.
3. 활동지 1 의 그림에서 채소 그림 주사위를 굴려 나온 채소 이름에 색칠한 후, 나타나는 그림의 이름을 써 본다.
4. 활동지 2 의 사진에서 이상한 부분을 찾아보고 낱말로 써 본 후 문장으로 말하고 써 본다.

확장활동:

교사는 활동지 1 과 활동지 2 처럼 다양한 방법으로 유아가 쓰기에 관심을 가지도록 도와준다.

활동지 1

누구일까요?

★ '채소' 이름이 있는 칸을 초록색으로 칠하면 예륜이가 보고 싶어 하는 그림을 볼 수 있어요. 어떤 그림인지 찾아보고, 큰 소리로 말한 후 써 보세요.

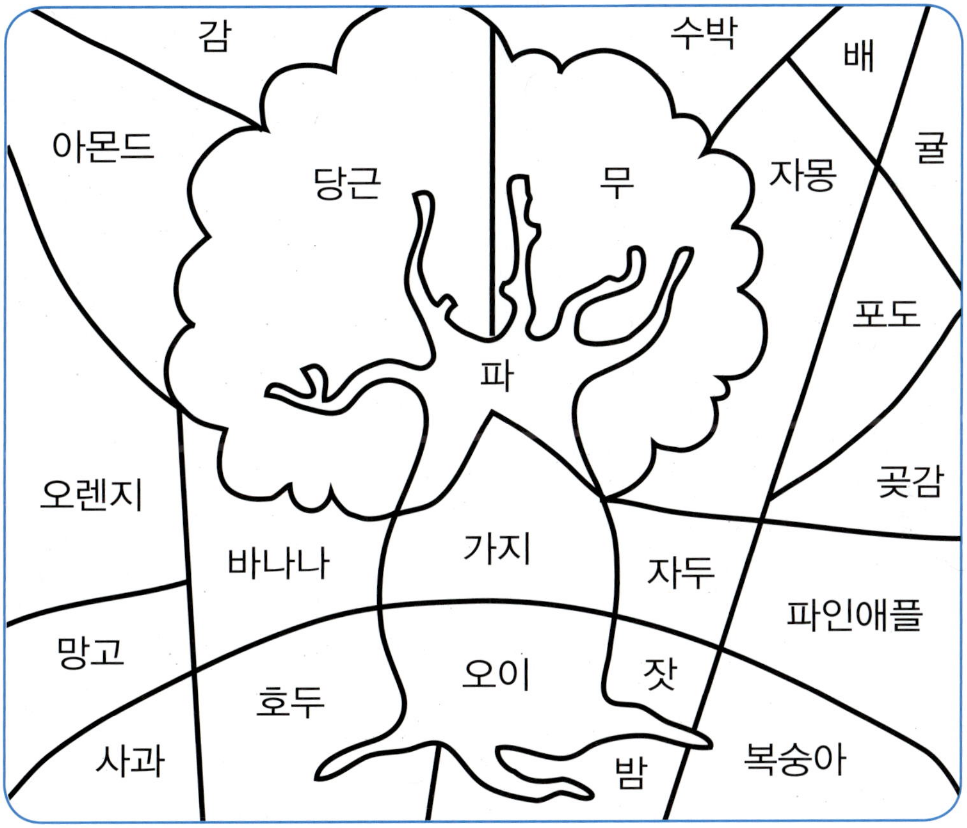

'나'는 누구일까요?

____

활동지 2

이상한 과수원

★ 예홍이는 여름에 시골 할머니 댁 과수원에 놀러 갔습니다. 이상한 부분 두 곳을 찾아 ○표 하세요.

1. 위 그림에서 찾은 이상한 부분 두 곳을 얘기해 보고 낱말로 쓰세요.

2. 1에서 쓴 낱말을 넣어 각각 문장을 만들어 말하고 써 보세요.

사회관계 영역

여러 나라의 돈

활동 목표:

– 세계 여러 나라의 화폐에 관심을 가진다.

– 여러 나라 화폐의 특징을 다양한 방법으로 표현한다.

누리과정 관련 요소:

사회관계 영역 – 사회에 관심 갖기 – 세계와 여러 문화에 관심 가지기

논리 · 논술 목표:

– 관심 갖기

– 유창성

– 비교하기, 탐색하기, 관찰하기

– 감상하기

활동자료: 세계 여러 나라의 화폐

활동지 1 – 다른 나라의 돈을 소개해요

활동지 2 – 지폐를 비교해 보아요

활동방법:

1. 여러 나라의 화폐를 친구들과 탐색한다.
2. 외국 돈의 특징을 그림과 글로 나타내어 본다(활동지 1).
3. 우리나라의 화폐와 비교해서 무엇이 같고 다른지 조사해 본다(활동지 2).

확장활동:

1. 유아의 연령과 수준에 따라 화폐의 수를 늘려서 관찰하고 비교할 수 있도록 한다.
2. 화폐 단위를 알아가며 같은 나라의 화폐끼리 분류해 보도록 하고, 화폐 단위마다의 공통점과 차이점을 말해 보도록 한다.

활동지 1

다른 나라의 돈을 소개해요

★ 이것은 ____________________ (나라 이름)돈입니다.

★ 이돈은 ____________________ (얼마)입니다.

★ 돈의 모습을 그려 보세요(사진을 붙여도 좋아요).

★ 이 돈의 앞면과 뒷면에는 무엇이 있을까요?

앞면

뒷면

활동지 2

지폐를 비교해 보아요

★ 두 나라의 돈을 자세히 보고 같은 점과 다른 점을 써 보세요.

● 같은 점

● 다른 점

사회관계 영역

내가 가고 싶은 나라

활동목표:

– 세계 여러 나라에 대해 관심을 가진다.

누리과정 관련 요소:

사회관계 영역 – 사회에 관심 갖기 – 세계와 여러 문화에 관심 가지기

논리 · 논술 목표:

– 관심 갖기
– 유창성
– 설명하기, 탐색하기
– 감상하기

활동자료:

활동지 1 – ○○이의 여행지도

활동방법:

내가 가고 싶은 나라를 지도에 표시해 보고 왜 그 나라를 좋아하고 가고 싶은지 생각하고 이야기해 본다(활동지 1).

확장활동:

유아가 좋아하고 관심 있는 나라에 대해 조사(예 국가명, 특징, 기후, 국화, 국기, 음식, 가옥, 화폐, 의상 등)해 본다.

활동지 1

○○이의 여행지도

★ 내가 가고 싶은 나라는 다음의 지도에서 어디에 있을까요?

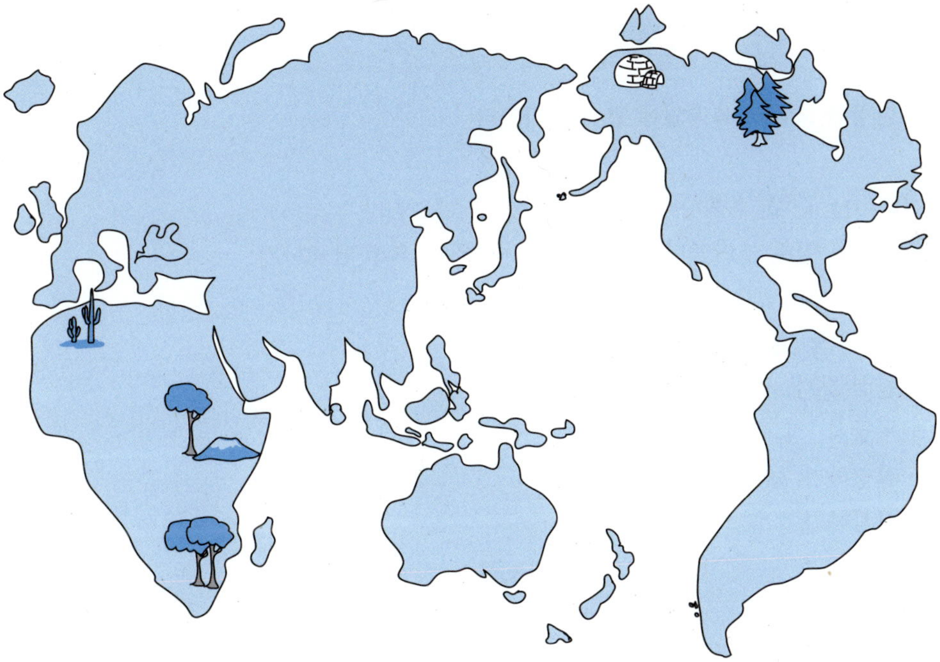

★ 나는 ________________________ 에 가고 싶습니다.

★ 가고 싶은 이유는 무엇인가요?

예술경험 영역

소리를 나타내 보아요

활동목표:
- 다양한 소리와 움직임에 관심을 가진다.

누리과정 관련 요소:
예술경험 영역 – 아름다움 찾아보기 – 음악적 요소 탐색하기

논리 · 논술 목표:
- 관심 갖기, 인과관계 알기
- 독창성, 정교성
- 설명하기, 탐색하기, 예측하기
- 감상하기

활동자료:
여러 가지 소리를 낼 수 있는 물건들, 자장가

활동지 1 – 어떤 소리가 날까요?

활동방법:
1. 여러 가지 상황의 소리를 듣거나 움직임을 보고 그 소리를 말로 표현해 본다.
   - 낙엽을 밟아 본다.
   - 신문지를 구겨 본다.
   - 나팔을 분다.
   - 물컵에 물을 담아 빨대로 불어 본다.
2. 자장가를 들려주고 그 느낌을 말해 보게 한다.

확장활동:
유아의 적극적 참여를 유도하고 느낌을 의성어 · 의태어를 사용하여 표현하도록 일상의 물건과 상황을 제공한다.

활동지 1

어떤 소리가 날까요?

★ 옆의 그림을 보고 무슨 소리가 날지 생각해 보고 말해 보세요. 그리고 글로 써 보세요.

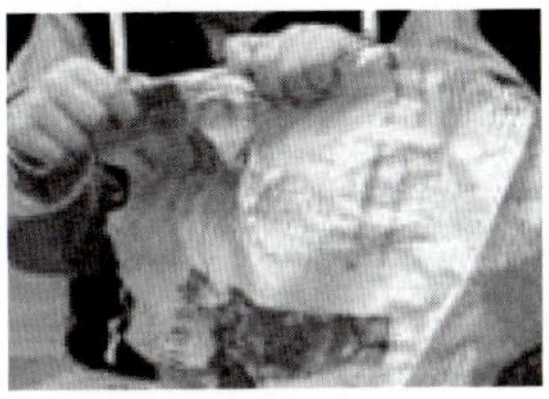

예술경험 영역

내가 만든 명화 속 이야기

활동목표:

- 명화를 감상한다.
- 그림을 본 후 이야기를 꾸며 말할 수 있다.

누리과정 관련 요소:

예술경험 영역 – 예술 감상하기 – 다양한 예술 감상하기

논리·논술 목표:

- 인과관계 알기
- 독창성, 상상력, 유창성
- 탐색하기, 재구성하기
- 타인의 정서 이해하기
- 감상하기

활동자료: 명화

활동지 1 – 너의 생각을 말해줘

활동방법:

1. 명화를 보여 준다.
2. 명화의 모습을 보고 그림 속의 이야기를 느낀 대로 말해 본다.
3. 명화 속의 인물들에게 말풍선을 만들어 유아가 생각한 대로 대화를 꾸며 본다.

확장활동:

2~3개의 명화를 탐색·감상한 후 명화들 간의 이야기를 재구성하여 새로운 인과관계에 의한 독창적인 이야기를 상상해 보고 꾸며 본다.

활동지 1

너의 생각을 말해줘

자연탐구 영역

내 짝꿍은 어디에 있을까?

활동목표:

- 모양을 인식할 수 있다.
- 실물 인식 감각을 기른다.

누리과정 관련 요소:

자연탐구 영역 – 수학적 탐구하기 – 공간과 도형의 기초개념 알아보기

논리 · 논술 목표:

- 비판적 사고: 탐구하기
- 창의적 사고: 정교성, 상상력
- 논리적 사고: 관찰하기

활동자료: 구, 원기둥, 정육면체, 각각의 투영판, 각각의 그림 카드, 폴라로이드
활동지 1 – 나의 이름을 찾아주세요

활동방법:

1. 구, 원기둥, 정육면체를 살펴보고 이름을 알아본다.
2. 구, 원기둥, 정육면체와 각각의 투영판을 찾아 일치시켜 본다.
3. 구, 원기둥, 정육면체와 각각의 그림 카드를 찾아 나란히 놓는다.
4. 활동지에 있는 사진이 어떤 도형의 사진인지 생각해 보고 폴라로이드로 찍어서 확인한다(활동지 1).

확장활동:

1. 유아의 흥미에 따라 과일의 한 부분을 크게 확대한 사진을 자세히 살펴보고 어떤 과일인지 맞춰 볼 수도 있다.
2. 구, 원기둥, 정육면체 등의 도형을 모아 자동차, 돛단배, 비행기 등의 탈 것을 구성해 봄으로써 기본 도형을 이용해 다양한 모양 구성하기 확장 활동을 할 수도 있다.

나의 이름을 찾아주세요

★ 도형의 한 부분을 크게 확대한 사진이에요. 사진을 자세히 살펴보고 어떤 도형인지 생각해 보고 말해 보세요(써 보세요).

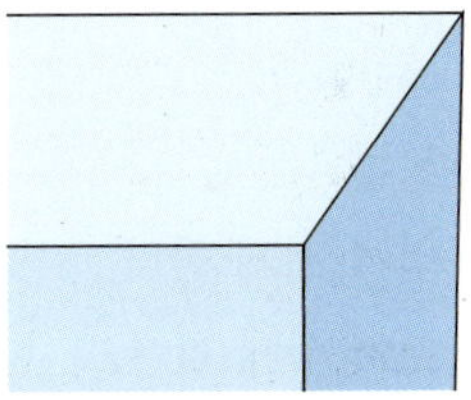

자연탐구 영역

패턴을 찾아라

활동 목표:

- 패턴을 발견한다.
- 패턴의 규칙성을 인식하고 다음 패턴을 예측한다.

누리과정 관련 요소:

자연탐구 영역 – 수학적 탐구하기 – 규칙성 이해하기

논리 · 논술 목표:

- 비판적 사고: 탐구하기, 인과관계 알기
- 창의적 사고: 독창성, 유창성, 융통성, 상상력
- 논리적 사고: 추론하기, 관찰하기, 예측하기, 문제 해결, 재구성하기

활동자료: 여러 장의 ○카드, △카드, □카드

활동지 1 – 패턴 채우기

활동지 2 – 패턴 부채

활동방법:

1. 반 전체 유아에게 ○카드(반 인원수의 약 1/3 만큼), △카드(반 인원수의 약 1/3 만큼), □카드(반 인원수의 약 1/3 만큼)를 나누어 준다.
2. 교사는 ○카드를 가진 유아 중에서 한 명만 나오도록 얘기한다.
3. 교사는 △카드를 가진 유아 중에서 한 명만 나와서 2의 유아 옆에 서게 한다.
4. 교사는 □카드를 가진 유아 중에서 한 명만 나와서 3의 유아 옆에 서게 한다.
5. 2~4와 같은 방법으로 ○–△–□패턴을 계속 만들어 나가면서 유아가 규칙성을 파악하게 한다.
6. 다음에는 어떤 카드를 가진 유아가 나올지 물어 본다.
7. 전체 유아가 모두 나와 패턴이 완성되면 유아들과 함께 다른 패턴을 만들어 본다.

확장활동:

1. 활동지 1 을 완성하여 확장된 패턴에 대해 알게 한다.
2. 부채를 만들어 각각의 면에 색깔을 칠하거나 색깔 스티커를 붙여 패턴의 규칙성을 이해하고 예측할 수 있도록 도와준다(활동지 2).

활동지 1

패턴 채우기

★ 마법의 글자 사이에 모양이 숨어 있습니다. 모양을 찾아 순서대로 빈 칸에 그리고 나머지 빈 칸에 들어갈 모양을 생각해서 채워 넣으세요.

• 시작 ⟶

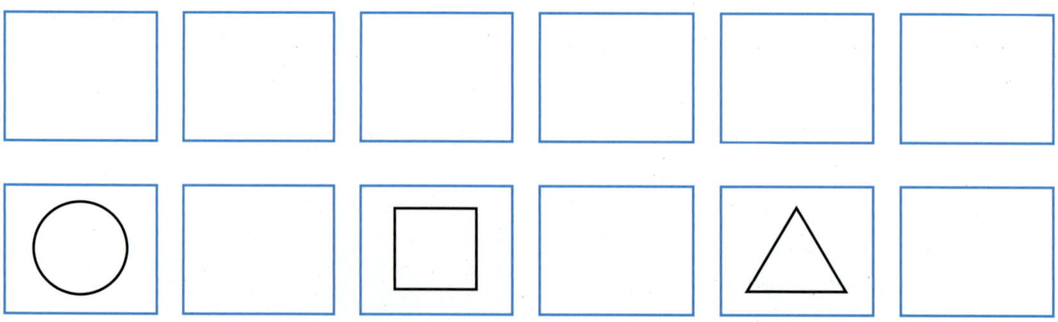

활동지 2

패턴 부채

★ 아래 부채의 각 면에 내가 생각한 패턴에 따라 색깔을 칠하거나 색깔 스티커를 붙여 보세요.

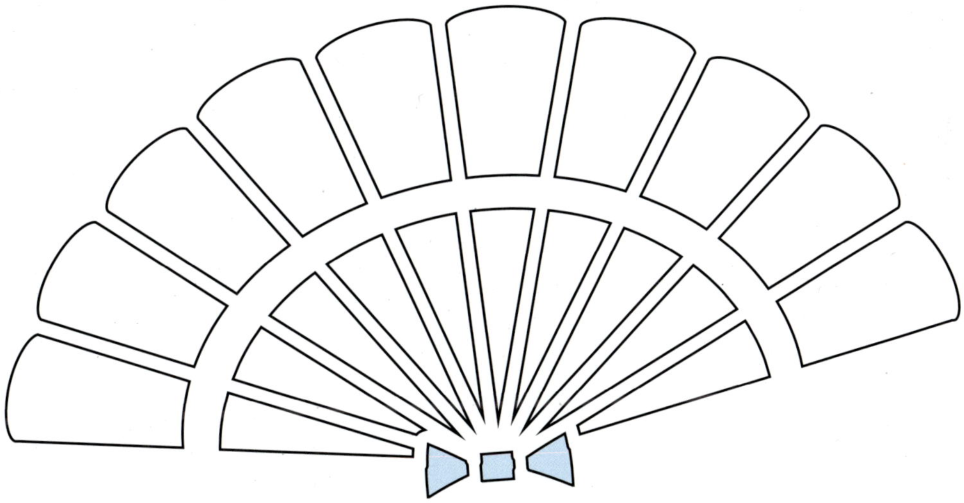

Chapter 2

생활주제에 기초한 논리 · 논술 교육 활동

생활주제	활동명
유치원과 친구	꼭꼭 약속해
	사이좋은 친구
	유치원 찾아가기
나와 가족	다섯 손가락
	소중한 몸
	참 좋은 우리 가족
우리 동네	고마운 우리 동네
	우리 동네
동식물과 자연	달걀이 태어났어요
	동물 이름 찾기
	토끼와 거북이의 경주
건강과 안전	맛있는 김치요리
	여러 가지 콩
생활도구	나만의 그림책 '금도끼와 은도끼'
	마법의 문 들어가기
	온도계
	우리는 쌍둥이
교통기관	비눗방울 낱말 기차
	글자친구 찾기
우리나라	우리나라의 고유음식
	우리나라의 전통놀이
세계 여러 나라	세계 여러 나라의 인사
	나라마다 달라요
환경과 생활	날씨이야기
	거미가 살고 있어요
봄, 여름, 가을, 겨울	우리는 친구
	완두콩 오형제

유치원과 친구

꼭꼭 약속해

활동목표:

- 약속의 중요성을 안다.
- 유치원에서 즐겁게 지내기 위해 친구들과 약속한 규칙을 지키는 생활 태도를 기른다.

누리과정 관련 요소:

신체운동 · 건강 영역 – 안전하게 생활하기 – 안전하게 놀이하기

논리 · 논술 목표:

- 명료화하기
- 정교성
- 가치판단하기, 타인의 정서 이해하기

활동자료: 사진(그림) 자료, 색상지, 필기 도구

활동지 1 – 우리반 약속

활동지 2 – 약속을 지키면 행복해요

활동지 3 – 우리반 친구들과 약속해요

활동방법:

1. 약속하는 모습의 손 사진(그림)을 보며 약속에 대한 여러 가지 이야기를 나눈다.
2. 유치원에서 우리들이 꼭 지켜야 할 점은 무엇인지 이야기한다.
3. 유아가 정한 약속을 유아 스스로 쓰고 그림으로 꾸며서 모든 유아가 잘 볼 수 있는 곳에 게시한다.

확장활동:

1. 행복하고 사이좋은 우리반을 만들려면 어떤 약속이 있어야 하는지 문장으로 구성해 본다(활동지 1).
2. 이 약속들을 지키면 어떤 점이 좋은지 생각해 본다(활동지 2).
3. 만약 내가 우리반 선생님이라면 무슨 약속을 만들까에 대해 판단해 본다(활동지 3).

활동지 1

우리반 약속

1.

2.

3.

- ○○반 친구들-

활동지 2

약속을 지키면 행복해요

활동지 3

우리반 친구들과 약속해요

★ 내가 만약 선생님이라면 꼭 하고 싶은 말을 써 보세요.

1.

2.

3.

– ○○반 선생님 ____________

유치원과 친구

사이좋은 친구

활동목표:

- 친구의 마음에 대해 안다.
- 친구와 사이좋게 지낼 수 있는 방법을 알고 실천한다.

누리과정 관련 요소:

사회관계 영역 – 다른 사람과 더불어 생활하기 – 친구와 사이좋게 지내기

논리·논술 목표:

- 관심 갖기, 의견 표현하기
- 유창성
- 문제 해결, 설명하기
- 자신의 정서 이해하기, 타인의 정서 이해하기, 공감적 이해하기
- 칭찬하기

활동자료: 화이트보드, 마커

활동지 1 – 친구 생각모으기

활동지 2 – 친구

활동지 3 – 친구야 도와줘!

활동방법:

1. 친구가 없었을 때의 감정(예 심심하다, 쓸쓸하다 등)을 이야기해 본다.
2. 친구와 사이좋게 놀고 친해지기 위한 방법(예 놀이하자고 해요, 예쁘다고 해요, 좋다고 해요, 웃어요, 친구 손을 잡아요 등)을 생각해 본다.

확장활동:

1. 친구에 대해 관심을 갖고, 친구에 대한 생각에 의견을 표현할 수 있게 한다(활동지 1).
2. 친구에 대한 다양한 측면을 설명할 수 있게 한다(활동지 2).
3. 친구와의 관계에서 문제 해결을 할 수 있는 상황을 제공한다(활동지 3).

활동지 1

친구 생각모으기

★ '친구'하면 생각나는 것을 그림이나 글로 표시해 보세요.

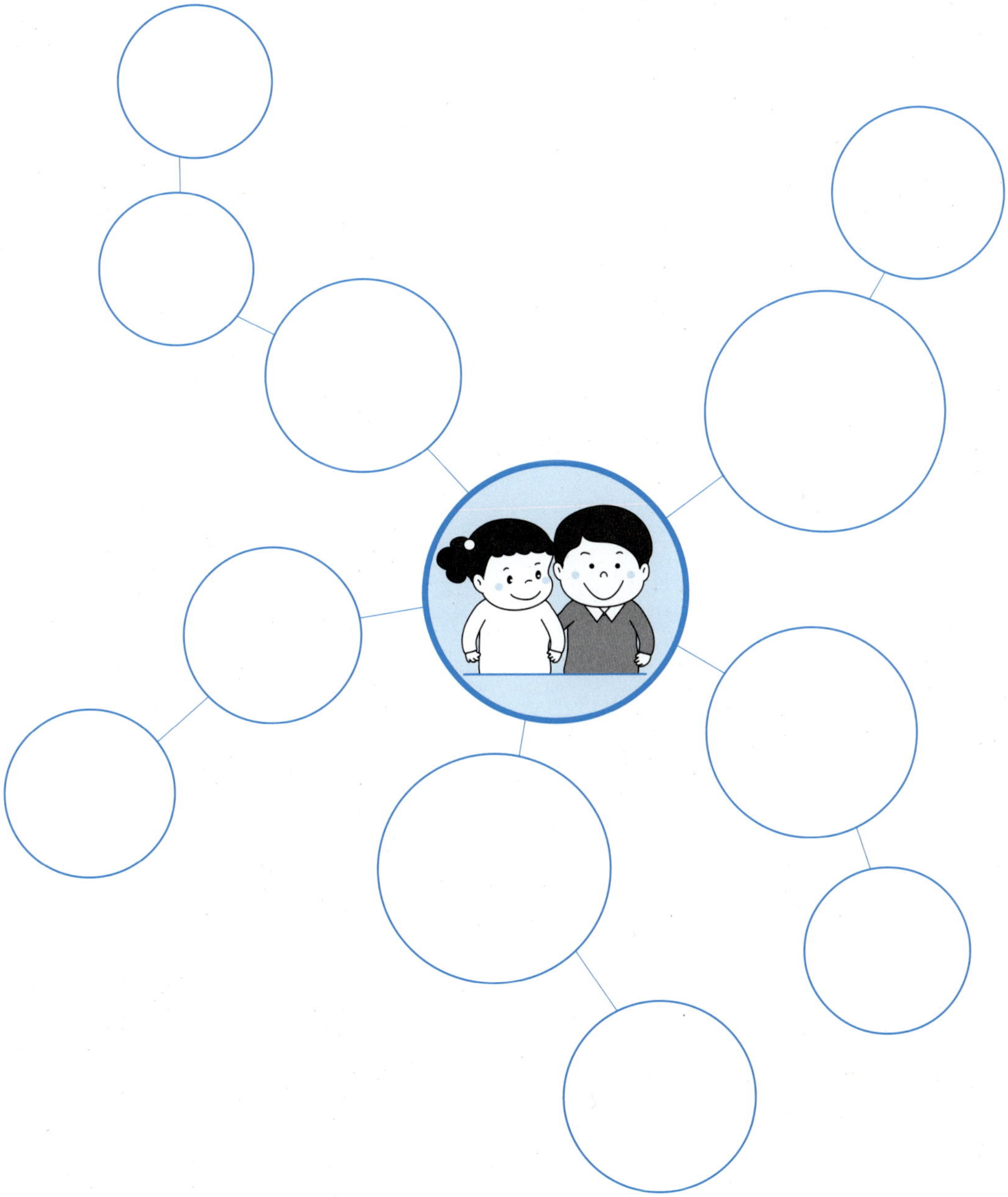

활동지 2

친구

1. 내가 제일 좋아하고 친한 친구 이름을 써 보세요.

2. 이 친구가 왜 좋은지요?

3. 친구와 제일 가 보고 싶은 곳은 어디입니까?

4. 친구와 같이 하고 싶은 일이 무엇입니까?

5. 친구에게 잘못한 일이 있었다면 용서를 구하는 쪽지를 써 봅시다.

활동지 3

친구야 도와줘!

★ 다음 그림을 보고 어떻게 친구를 도울 수 있는지 생각해 보고 이야기해 보세요.

"친구가 넘어졌어요"

"엄마가 베트남인이어서
한국말이 서투른 친구가 왔어요"

"친구의 다리가 아파서 계단을
올라갈 수 없어요"

"친구가 없어서 쓸쓸하고
심심해요"

유치원과 친구

유치원 찾아가기

활동목표:

- 수와 양과의 관계를 이해한다.
- 수의 크기를 안다.

누리과정 관련 요소:

자연탐구 영역 – 수학적 탐구하기 – 수와 연산의 기초개념 알아보기

논리·논술 목표:

- 비판적 사고: 판단하기, 인과관계 알기
- 창의적 사고: 융통성
- 논리적 사고: 추론하기, 예측하기, 문제 해결, 재구성하기

활동자료:

유치원 찾아가기 윷놀이 게임판, 말 2개(유치원 가방을 메고 있는 토끼 · 거북이 모형 각각 1개), 윷, 윷 해설판

활동지 1 – 윷과 숫자

활동지 2 – 비밀번호 완성하기

활동방법:

1. 실제로 윷을 던져 본 후 윷 해설판에 나와 있는 이름과 수를 이해한다(활동지 1).
2. 말을 나누어 갖고 각각의 출발점에 놓은 후 순서를 정한다.
3. 윷을 던져 나온 수만큼 말을 움직인다.
4. 가운데 있는 유치원에 도착하는 말이 있으면 게임이 끝난다.

확장활동:

다양한 방법으로 수 세기에 흥미를 가질 수 있도록 한다. 예를 들어, 현관문의 비밀번호를 찾아 유치원에 들어가는 놀이를 하자고 한다(활동지 2).

활동지 1

윷과 숫자

★ 다음 윷이 뜻하는 수를 바르게 연결하세요.

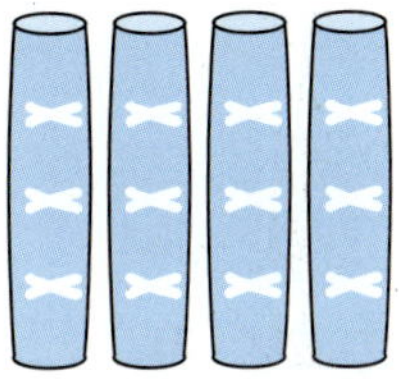

1

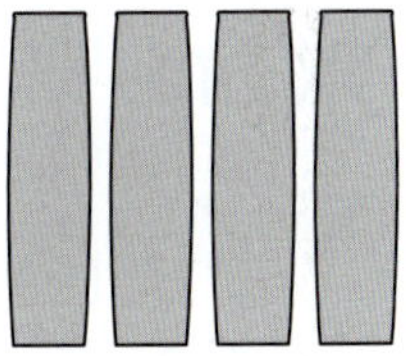

3

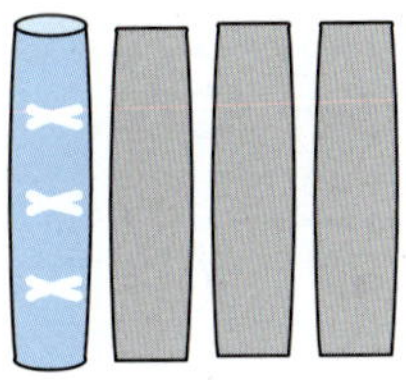

5

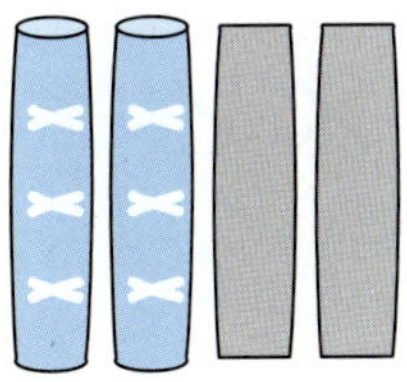

2

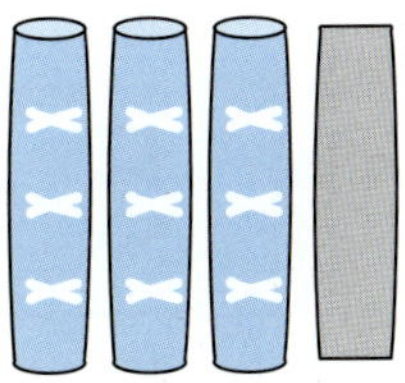

4

활동지 2

비밀번호 완성하기

★ 마법의 글자 사이에 숫자가 숨어 있습니다. 숫자를 찾아 순서대로 빈 칸에 쓰면 유치원문을 열 수 있는 비밀번호가 완성됩니다. 비밀번호를 찾아 쓰세요.

	2			5

나와 가족

다섯 손가락

활동목표:

- 각각의 손가락마다 기능이 다름을 안다.
- 자신의 신체에 대해 소중한 마음을 갖는다.

누리과정 관련 요소:

신체운동 · 건강 영역 – 신체 인식하기 – 감각기관 활용하기

논리 · 논술 목표:

- 탐구하기
- 상상력, 독창성
- 추론하기, 비교하기, 관찰하기
- 소중하게 여기기

활동자료:

물감(또는 스탬프), 도화지
활동지 1 – 손가락 수수께끼

활동방법:

1. 손바닥 물감(또는 스탬프) 찍기 놀이를 한다.
2. 찍혀진 손바닥을 보며 무엇이 있는지 이야기해 본다.
3. 손가락은 몇 개이며 모양, 길이가 어떻게 다른지 관찰하고 표현해 본다.
4. 왜 길이가 다르고 지문의 모양도 다른지 생각해 본다.

확장활동:

1. 각 손가락의 이름을 알아본다(활동지 1).
2. 사실과 의견–각 손가락의 모양과 기능을 수수께끼로 알아본다(사실).
   사실과의 구별–각자가 생각하는 각 손가락의 모양과 기능을 길이가 다른 이유를 말해 보게 한다(의견).

활동지 1

손가락 수수께끼

★ 맞는 답을 쓰고 보기에서 골라 그림도 그려 보세요.

1. 손가락 중에서 제일 두껍고 처음에 있지요.

2. 둘째 손가락이구요, 먼 데를 가리키지요.

3. 제일 가운데 있구요, 키도 가장 크답니다.

4. 약을 저을 때 쓰는 손가락이에요.

5. 제일 막내 손가락이지만 약속할 때 정말 필요하답니다.

보기

엄지 검지 중지 약지 새끼

나와 가족

소중한 몸

활동목표:

- 신체 각 부분의 기능에 대해 이해한다.
- 자신의 신체를 소중하게 여기는 태도를 가진다.

누리과정 관련 요소:

신체운동 · 건강 영역 – 신체 인식하기 – 신체를 인식하고 움직이기

논리 · 논술 목표:

- 관심 갖기
- 유창성, 정교성
- 설명하기, 기억하기

활동자료: 신체 각 부분의 그림, 신체 각 부분의 명칭 카드

활동지 1 – 내 몸이 하는 일

활동방법:

1. 신체 각 부분의 이름을 생각해 본다.
2. 얼굴에는 어떤 기관들이 있는지 생각해 보고 말해 본다.
3. 신체 각 부위의 이름을 생각하고 그 곳이 하는 일을 이야기해 본다(활동지 1).

확장활동:

자세히 설명하기 – 몸의 각 부분 명칭 카드의 양을 점차적으로 늘려가며 신체 각 부분의 기능을 유아가 이해하고 경험한 것을 다양한 어휘를 사용하여 문장으로 구성해 본다.

활동지 1

내 몸이 하는 일

★ 내 몸의 여러 곳이 어떤 일을 할까요?

나와 가족

참 좋은 우리 가족

활동 목표:
- 가족 구성원이 누군지 안다.
- 가족 구성원의 역할과 유아와의 관계를 이해한다.

누리과정 관련 요소:
사회관계 영역 – 가족을 소중히 여기기 – 가족과 화목하게 지내기

논리·논술 목표:
- 주장하기, 관심 갖기, 명료화하기
- 유창성
- 설명하기, 기억하기
- 소중하게 여기기

활동자료: 가족 사진
활동지 1 – 우리 가족
활동지 2 – 가족이 좋은 이유

활동방법:
1. 가족을 친구들에게 소개하기 위해 그림이나 간단한 기호로 표시하거나 글을 쓴다(활동지 1).
2. 가족 구성원별로 왜 좋은지 이유를 써 본다(활동지 2).

확장활동:
1. 활동지 1을 진행할 경우 교사가 기호의 개념을 알려 준다.
2. 유아가 언제, 어떤 도움을 가족들로부터 받았는지 이야기해 보고 글로 써 본다.
3. 친구들에게 자신의 가족을 말로 소개한다.

활동지 1

우리 가족

가족	그림	기호	소개하는 글
할아버지			
할머니			
아버지			
어머니			
형(오빠)			
누나(언니)			
남동생			
여동생			
그 외의 가족			

활동지 2

가족이 좋은 이유

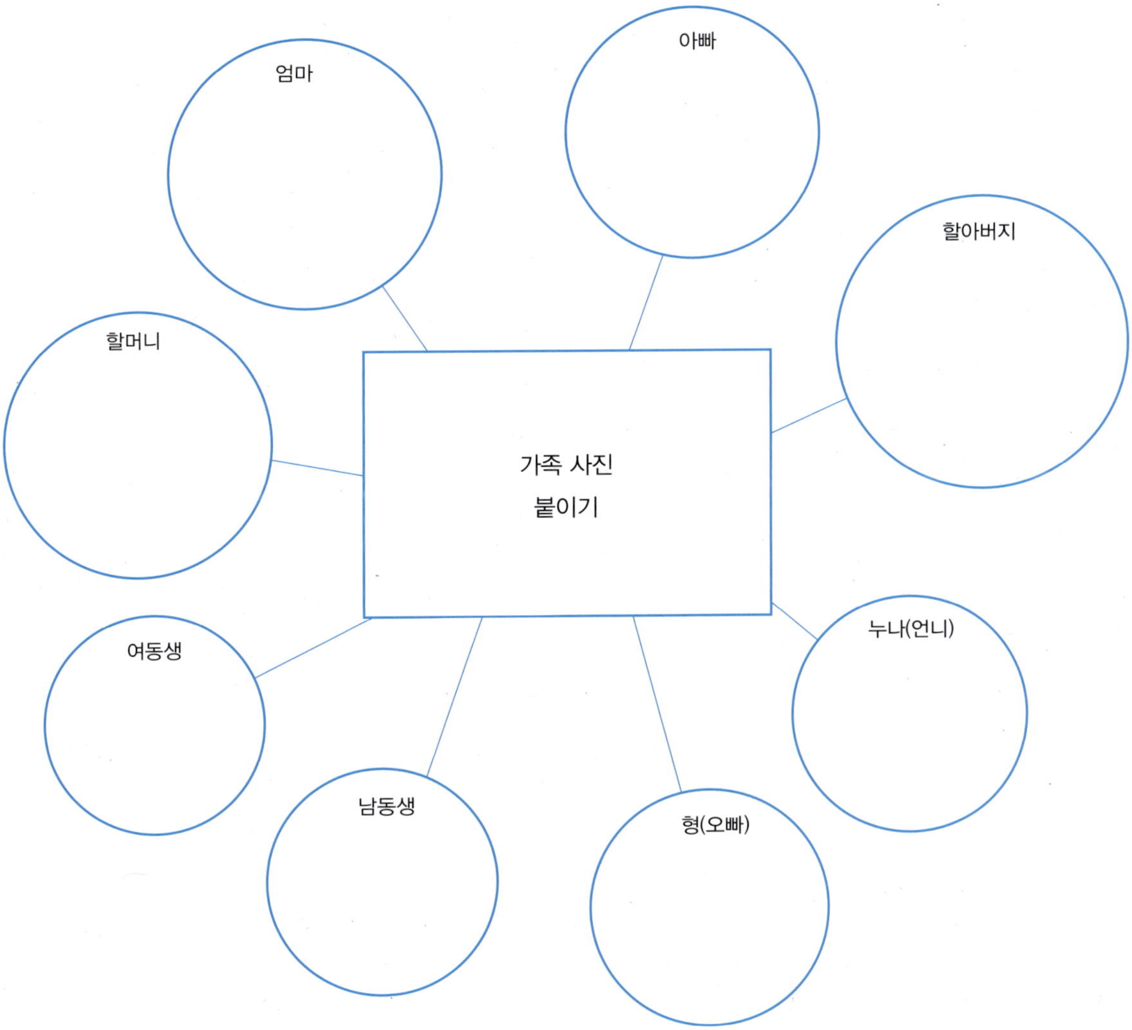

우리 동네

고마운 우리 동네

활동목표:

- 우리 동네에는 어떤 기관이 있는지 관심을 갖는다.
- 우리 동네의 기관들이 하는 일을 이야기한다.

누리과정 관련 요소:

사회관계 영역 – 사회에 관심 갖기 – 지역사회에 관심 갖고 이해하기

논리 · 논술 목표:

- 판단하기
- 상상력, 유창성
- 추론하기, 기억하기, 예측하기

활동자료: 여러 가지 기관(예 경찰서, 병원, 소방서, 우체국 등)의 그림

활동지 1 – 만약에 …

활동방법:

1. 기관 그림을 보며 각 기관의 특징과 하는 일에 대해 유아의 경험을 생각하고 이야기 해 본다.
2. 이러한 시설이나 기관이 없다면 어떨지 예측해 본다(활동지 1).

확장활동:

유아가 지역사회의 여러 기관들을 잘 기억해 낼 수 있도록 주요 단서를 제공하고, 여러 유아의 생각들을 비교해 보도록 한다. 또한 유아의 추론과정에 논리적인 근거를 찾을 수 있도록 격려한다.

활동지 1

만약에 …

★ 열이 나고 배가 아픈데 병원이 없다면 우리는 어떻게 될지 이야기해 보세요.

★ 불이 났는데 소방서가 없다면 우리는 어떻게 살고 있을지 이야기해 보세요.

★ 유치원(어린이집)이 없다면 우리는 어떻게 지내고 있을지 이야기해 보세요.

우리 동네

활동목표:

- 우리 동네에 관심을 가진다.
- 유아가 자신의 동네와 관련한 이야기를 한다.

누리과정 관련 요소:

사회관계 영역 – 사회에 관심 갖기 – 지역사회에 관심 갖고 이해하기

논리·논술 목표:

- 탐구하기, 관심 갖기
- 유창성
- 재구성하기, 기억하기, 관찰하기

활동자료: 동네 전경이 있는 사진, 융판
활동지 1 – 유치원 오는 길

활동방법:

1. 유치원 주변 동네를 돌아보면서 어떤 건물, 가게, 기관이 있는지 관찰하고 이용해 본다.
2. 동네 전경이 있는 사진을 보며 이야기를 한다.

확장활동:

1. 유치원 오는 길에 보았던 사물, 장소 등을 순서대로 그림과 글씨로 표시하고 이야기 해 보게 한다(활동지 1).
2. 지역사회에 도움이 되는 여러 기관·기업체에 대하여 기억하게 한다.

활동지 1

유치원 오는 길

★ 집에서 유치원까지 오는 길을 그려 봅시다.

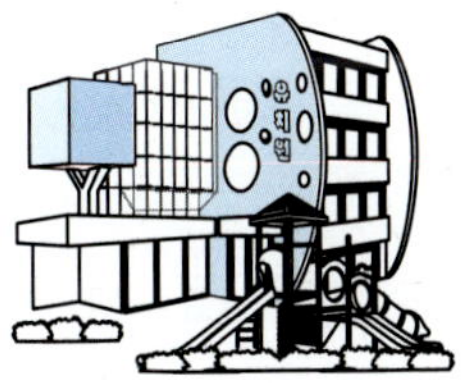

★ 유치원 오는 길에서 무엇을 보았나요?

동식물과 자연

달걀이 태어났어요

활동 목표:

– 상대방의 말을 주의 깊게 듣고 기억한다.

– 여러 가지 낱말을 듣고 뜻을 이해한다.

누리과정 관련 요소:

의사소통 영역 – 듣기 – 낱말과 문장 듣고 이해하기

논리 · 논술 목표:

– 비판적 사고: 인과관계 알기

– 창의적 사고: 유창성, 상상력

– 논리적 사고: 관찰하기, 재구성하기

활동자료: 닭 모형, (여러 가지 몸 기관) 그림과 낱말이 표시된 달걀 모형 9개, 개인 달걀판

활동지 1 – 내 이름은?

활동방법:

1. 두 명의 유아 중에서 술래 한 명(A 유아)을 정하고 술래는 닭이 낳은 달걀을 꺼낸다.
2. 달걀 안쪽에 그려진 그림과 낱말을 보고 다른 유아(B 유아)에게 설명한다.
3. 알아맞힌 경우 유아는 술래로부터 달걀을 받아 자신의 개인 달걀판에 달걀을 채운다.
4. 닭이 9개의 달걀을 다 낳으면 게임은 끝난다.

확장활동:

게임을 한 후 그림자를 보고 몸 중에서 어떤 기관인지 이름을 모두 말하고 왜 그렇게 생각하는지 설명(활동지 1)하는 심화 활동을 한다.

활동지 1

내 이름은?

★ 아래 그림자를 보고 나의 몸 중에서 어떤 기관인지 이름을 모두 말하고 (쓰고) 왜 그렇게 생각하는지 설명하세요(쓰세요).

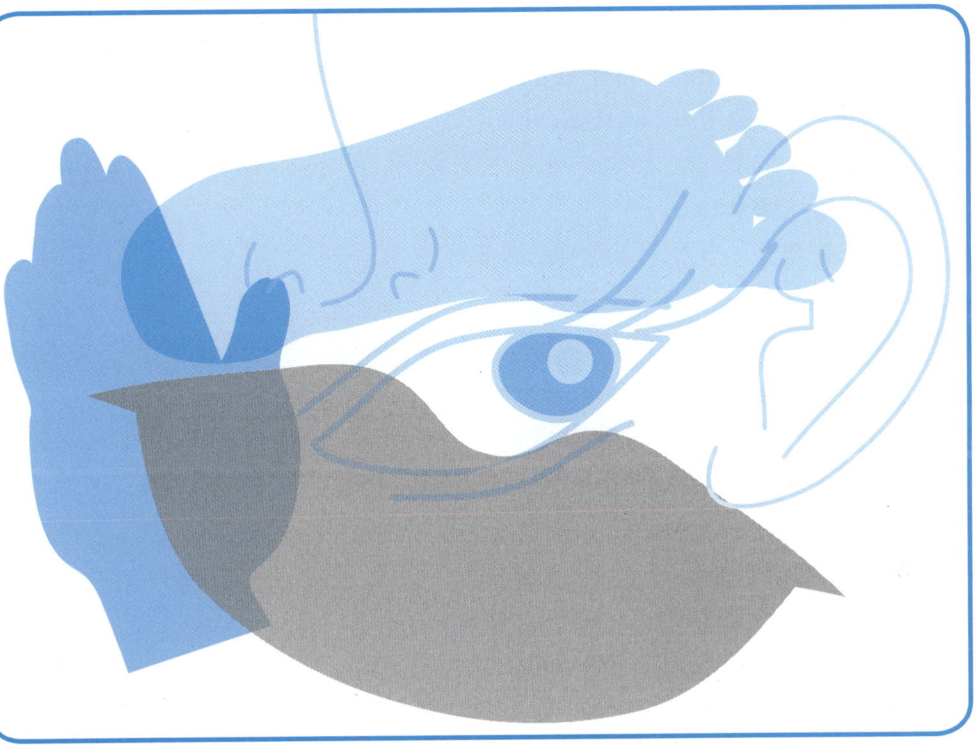

동식물과 자연

동물 이름 찾기

활동 목표:

- 다양한 동물의 울음 소리를 판별할 수 있다.
- 동물의 이름을 알고 그 낱말을 안다.

누리과정 관련 요소:

의사소통 영역 - 듣기 - 바른 태도로 듣기

논리 · 논술 목표:

- 비판적 사고: 인과관계 알기, 판단하기
- 창의적 사고: 독창성, 유창성, 융통성, 상상력
- 논리적 사고: 기억하기, 추론하기, 예측하기, 문제 해결, 재구성하기

활동자료:

CD플레이어, (다양한 동물 소리가 녹음된) CD, 헤드폰, 동물 사진 카드, 낱말 카드, 게임판

활동지 1 - 숨은 소리 찾기

활동방법:

1. 한 유아(A 유아)가 헤드폰을 끼고 동물 소리를 들은 후, 다른 유아(B 유아)에게 동물 흉내를 내면 그 유아는 동물 이름을 알아맞힌다.
2. 정답을 알아맞히면 해당하는 동물 사진을 골라 게임판의 그 동물 이름이 쓰여 있는 낱말 카드가 붙어 있는 칸에 붙인다.

확장활동:

게임이 끝나면 교사는 역할을 바꿔 B 유아가 활동지 1의 설명을 읽은 후 소리와 흉내를 내면 A 유아는 알맞은 낱말을 찾아 줄을 그어 잇는 활동을 할 수 있도록 도와준다.

활동지 1

숨은 소리 찾기

★ 다음 퍼즐에는 동물의 소리를 나타내는 말이 숨어 있습니다. 설명에 알맞은 말을 찾아 줄을 그어 이어보세요.

1.  강아지 소리
2.  고양이 소리
3.  돼지 소리
4.  송아지 소리
5.  오리 소리

예  참새 소리

가	음	메	음	메	나
마	카	버	더	사	꿀
야	너	서	머	가	꿀
차	옹	러	꽤	거	아
짹	파	야	하	타	라
짹	다	바	엉	멍	멍

예

동식물과 자연

토끼와 거북이의 경주

활동목표:

- 이야기를 꾸며 말할 수 있다.

누리과정 관련 요소:

예술경험 영역 – 예술적 표현하기 – 통합적으로 표현하기

논리 · 논술 목표:

- 독창성, 융통성
- 문제 해결, 재구성, 추론하기
- 공감적 이해하기
- 감정이입하기

활동자료: 〈토끼와 거북이〉 동화

활동지 1 – 말(생각) 풍선꾸미기: 토끼가 이겼어요

활동지 2 – 말(생각) 풍선꾸미기: 우리 모두 이겼어요

활동방법:

1. 〈토끼와 거북이〉 동화를 들려준다.
2. 이번에는 토끼가 경주에서 이길 수 있는 방법이 없는지 이야기를 새로 만들어 보자고 제안한다.
3. 새로 만든 이야기를 나누어 본다.
4. 토끼와 거북이가 무승부할 수 있는 방법으로 이야기를 구성해 보자고 제안하고 새로 이야기를 만들어 보고 함께 나눈다.
5. 토끼가 이긴 경우와 무승부인 경우로 이야기를 꾸몄을 때 토끼와 거북이의 말풍선도 꾸며 본다(활동지 1, 활동지 2).

확장활동:

유아들의 독창적인 이야기 꾸미기를 통해 원작이 재구성되고 새로운 스토리의 창출이 이루어지도록 격려한다.

활동지 1

말(생각) 풍선꾸미기: 토끼가 이겼어요

활동지 2

말(생각) 풍선꾸미기: 우리 모두 이겼어요

건강과 안전

맛있는 김치요리

활동목표:

- 몸에 이로운 음식을 안다.
- 김치를 이용한 새로운 요리법을 생각한다.

누리과정 관련 요소:

신체운동 · 건강 영역 – 건강하게 생활하기 – 바른 식생활하기

논리 · 논술 목표:

- 판단하기, 탐구하기, 의견 발표하기
- 독창성, 상상력, 유창성, 응용력
- 탐색하기, 문제 해결, 기억하기

활동자료:

김치 사진, (종류별) 김치

활동지 1 – 나만의 김치요리 만들기

활동방법:

1. 한국인은 왜 김치를 먹어야 할까에 대해 이야기 나눈다.
2. 유아가 먹어 보거나 알고 있는 김치의 종류에 대해 이야기해 본다.
3. 김치의 맛과 색, 냄새는 어떤지, 김치를 좋아하는지 또는 싫어하는지와 그 이유 등을 탐색한다.
4. 김치를 응용하여 맛있게 먹을 수 있는 여러 가지 요리 방법을 탐구하고, 그 요리를 어떻게 만들지 재료를 상상해 보고 요리명과 함께 요리법을 발표한다(활동지 1).

확장활동:

요리법을 설명하기 어려운 경우는 김치를 응용한 상상의 요리명만 많이 나열해 보도록 한다.

활동지 1

나만의 김치요리 만들기

★ 김치를 넣어서 맛있는 음식을 만들어 보세요.

김치찌개

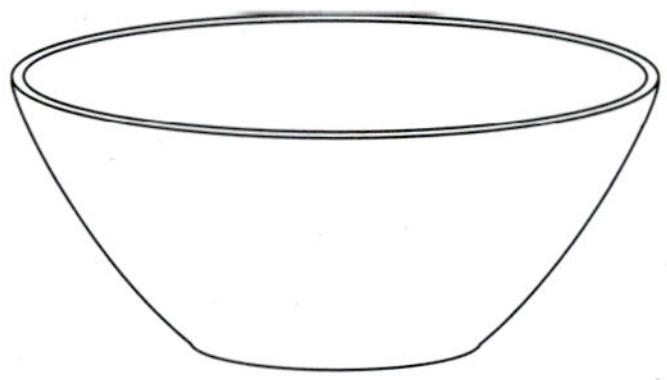

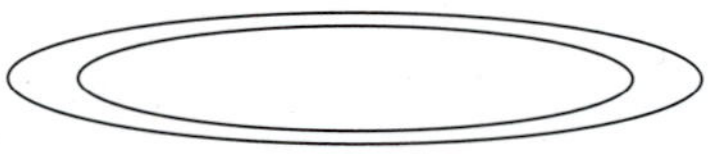

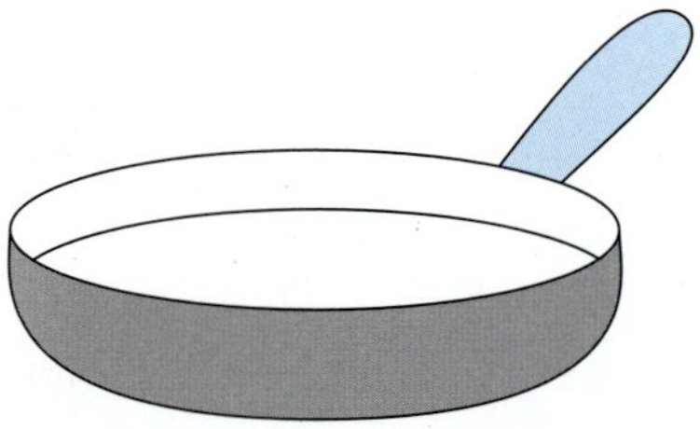

건강과 안전

여러 가지 콩

활동목표:

- 다양한 콩의 특징을 안다.
- 콩의 변화에 관심을 가진다.

누리과정 관련 요소:

자연탐구 영역 – 탐구하는 태도 기르기 – 탐구과정 즐기기

논리·논술 목표:

- 비판적 사고: 탐구하기
- 창의적 사고: 정교성
- 논리적 사고: 추론하기, 관찰하기, 예측하기, 문제 해결

활동자료:

강낭콩, 불린 강낭콩, 삶은 강낭콩, 얼린 강낭콩, 관찰 접시, 돋보기(또는 현미경), 필기 도구

활동지 1 – 강낭콩의 변화

활동지 2 – 콩나물이 좋아요

활동방법:

1. 유아의 경험과 관련지어 콩에 대한 이야기를 한다.
2. 눈과 돋보기(또는 현미경)를 이용하여 강낭콩을 관찰한다.
3. 준비한 강낭콩, 불린 강낭콩, 삶은 강낭콩, 얼린 강낭콩의 변화를 관찰하고 기록한다(활동지 1).

확장활동:

콩의 다양성을 알 수 있도록 강남콩 외에 여러 가지 콩의 종류에 대해 조사하고 콩의 모든 것을 알 수 있게 〈콩나물이 좋아요〉를 만들어 보면서 관심을 가지도록 격려한다(활동지 2).

활동지 1

강낭콩의 변화

★ 여러 가지 강낭콩을 관찰하여 그려보고 특징을 이야기해 보세요.

강남콩

특징 :

불린 강남콩

특징 :

삶은 강남콩

특징 :

얼린 강남콩

특징 :

활동지 2

콩나물이 좋아요

★ 원하는 대로 표지를 꾸며 보세요.

나는 '콩'이에요

★ 콩의 종류를 관찰해요.

특징 :

콩

특징 :

콩

특징 :

콩

특징 :

콩

★ 콩나물이 자라는 모습을 그려 보아요.

콩나물의 변화과정

★ 다양한 물(간장 탄 물, 물, 물감 탄 물, 설탕 탄 물, 소금 탄 물, 식초 탄 물 등)에서 자란 콩나물의 변화과정을 비교해서 그려 보세요.

간장 탄 물에서 자란 콩나물의 변화과정	물에서 자란 콩나물의 변화과정	물감 탄 물에서 자란 콩나물의 변화과정
설탕 탄 물에서 자란 콩나물의 변화과정	소금 탄 물에서 자란 콩나물의 변화과정	식초 탄 물에서 자란 콩나물의 변화과정

★ 검은 천을 씌워서 키운 콩나물과 그냥 키운 콩나물의 변화과정을 비교해서 그려 보세요.

검은 천을 씌워서 키운 콩나물의 변화과정	그냥 키운 콩나물의 변화과정

★ 콩나물로 요리를 해 보고 과정을 그려 보세요.

'냠냠냠' 내가 만든 콩나물 요리

★ 콩나물의 성장과정을 몸으로 표현해 보세요.

〈사진 붙이기〉

★ 콩과 콩나물을 관찰해 보고 같은 점과 다른 점을 생각해서 벤다이어그램으로 그려 보세요.

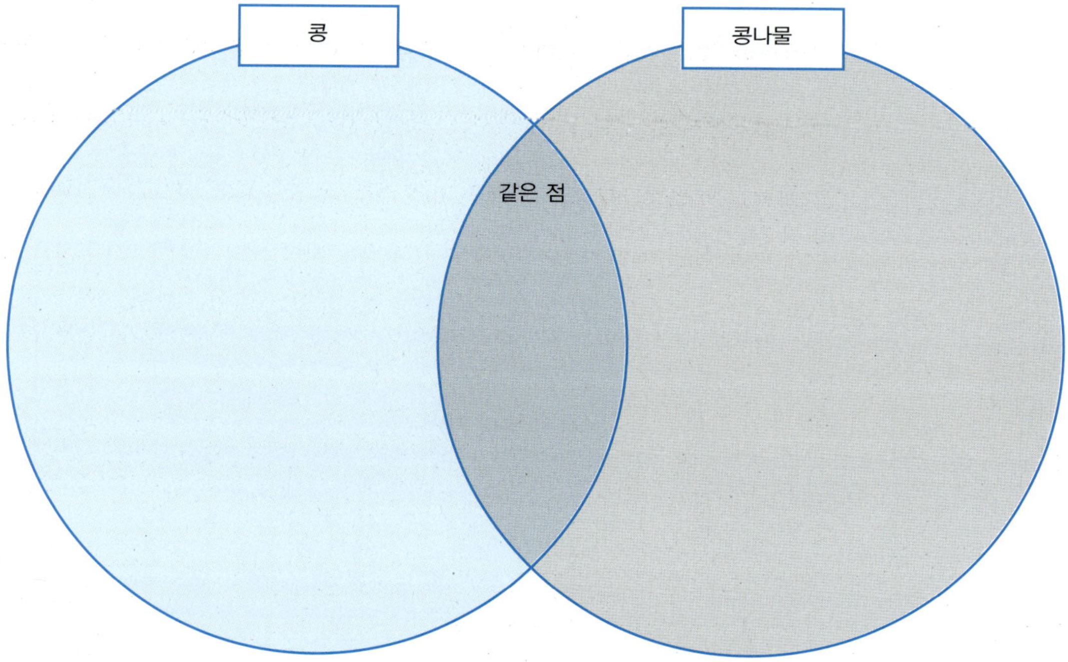

생활도구 나만의 그림책 '금도끼와 은도끼'

활동목표:

- 그림책을 듣고 자기의 생각대로 새롭게 이야기를 꾸며 본다.
- 그림책을 듣고 생각과 느낌을 말할 수 있다.

누리과정 관련 요소:

의사소통 영역 – 말하기 – 느낌, 생각, 경험 말하기

논리·논술 목표:

- 비판적 사고: 주장하기, 의견 표현하기, 인과관계 알기, 탐구하기
- 창의적 사고: 독창성, 유창성, 정교성, 융통성, 상상력
- 논리적 사고: 관찰하기, 설명하기, 재구성하기

활동자료: 〈금도끼와 은도끼〉 그림책

활동지 1 – 이야기 순서 찾기

활동지 2 – 말풍선 금도끼와 은도끼

활동지 3 – 내가 찾은 나무 자르기 방법

활동방법:

1. 〈금도끼와 은도끼〉 그림책을 들려주고 유아의 생각과 느낌을 이야기해 본다.
2. 그림을 이야기 순서대로 정리하고 줄거리를 말해 본다(활동지 1).
3. 그림책의 내용 중에서 글씨의 일부분을 말풍선으로 처리한 그림동화에 이야기를 꾸며 본다(활동지 2).
4. 활동지 2를 묶어서 나만의 그림책으로 만든 후 감상한다.

확장활동:

교사는 이야기를 제대로 이해할 수 있게 도와주기 위해 나무를 자를 때 쓰는 도구에 대해 이야기해 보기(활동지 3) 등 다양한 활동지를 구성해서 적용해 본다.

활동지 1

이야기 순서 찾기

★ 다음은 〈금도끼와 은도끼〉의 줄거리를 섞어 놓은 그림입니다. 이야기 순서대로 번호를 쓰고, 그림에 대한 설명을 간단히 해 보세요.

활동지 2

말풍선 금도끼와 은도끼

★ 그림책의 내용 중에서 글씨의 일부분을 말풍선으로 처리한 그림동화에 이야기를 꾸며 보세요.

①

②

③

④

⑤

⑥

⑦

⑧

활동지 3

내가 찾은 나무 자르기 방법

★ 나무를 자르는 다양한 방법에 대해 생각해 보세요. 그리고 생각한 내용을 그림으로 그려보고 글로 써 보세요.

생활도구

마법의 문 들어가기

활동목표:

– 내가 상상한 것을 글로 표현할 수 있다.

누리과정 관련 요소:

의사소통 영역 – 쓰기 – 쓰기에 관심 가지기

논리 · 논술 목표:

– 비판적 사고: 탐구하기, 주장하기, 의견 표현하기, 가정하기

– 창의적 사고: 독창성, 유창성, 상상력

– 논리적 사고: 관찰하기, 설명하기

활동자료: 색연필, 연필

활동지 1 – 마법의 문 들어가기

활동방법:

1. 유아에게 활동지 1 을 주고 다양한 질문을 한다.
2. 유아가 다양하고 창의적인 표현을 하도록 격려한다.

확장활동:

상상 속에서만 가능한 여러 가지 상황을 준다.

활동지 1

마법의 문 들어가기

★ 유왕이는 마법의 문으로 들어가는 여러 갈래의 길 입구에 서 있어요. 가장 들어가고 싶은 문 한 개를 선택하여 그 안에서 어떤 일이 일어날지 그림으로 그려 보고 써 보세요. 그리고 왜 그 문으로 들어갔는지 이유를 이야기해 보고 써 보세요. 또 다른 마법의 문이 있다면 어떤 마법의 문이 있으면 좋을지 생각해 보고 써 보세요.

왜?

만약 다른 마법의 문이 있었다면…

생활도구

온도계

활동목표:

- 날씨와 장소에 따라 온도가 어떻게 변하는지 안다.
- 온도계의 빨간 부분이 온도에 따라 오르고 내리는 것을 안다.
- 길이, 넓이, 무게, 부피, 속도, 시간, 온도 등을 측정하는 방법과 단위가 있음을 이해한다.

누리과정 관련 요소:

자연탐구 영역 – 수학적 탐구하기 – 기초적인 측정하기

논리 · 논술 목표:

- 비판적 사고: 탐구하기
- 창의적 사고: 독창성, 유창성, 정교성, 융통성
- 논리적 사고: 관찰하기

활동자료: 온도계, 단위 카드, 뜨거운 물, 얼음물, 다양한 기후를 나타내는 상황 카드, 빨간색 펜

활동지 1 – 달라진 온도계

활동지 2 – 나도 잴 수 있어요

활동지 3 – 어떻게 잴까요?

활동방법:

1. 오늘 날씨에 대해 이야기하고 날씨의 변화에 따라 온도가 변화함을 알려 준다.
2. 온도계를 보여 주면서 온도의 변화를 알려 주는 기구라고 설명하고 단위 카드를 보면서 온도를 측정하는 단위에 대해 알려 준다.
3. 온도계를 뜨거운 물에 넣어서 날씨가 더우면 빨간 부분이 올라가는 것을 관찰한다.
4. 온도계를 얼음물에 넣어서 날씨가 추우면 빨간 부분이 내려가는 것을 관찰한다.
5. 상황 카드를 보여 주면 유아가 몸으로 온도가 높고 낮음을 표현한다.

6. 유치원 교실의 과학 영역과 실외 놀이터에 온도계를 두고 약 1시간 후에 온도계를 관찰하고 기록한다(활동지 1).
7. 장소에 따라 온도차가 생긴 이유에 대해 생각해 본다.
8. 날씨 외에 온도를 잴 수 있는 경우에 대해 이야기해 본다.

확장활동:

1. 유아가 온도는 낮과 밤, 날씨, 계절에 따라 변하고 불이나 태양빛의 유무에 따라 달라진다는 것을 이해할 수 있도록 도와준다.
2. 유아가 온도계의 성질에 대해 알고, 온도계 읽는 법을 배울 수 있도록 도와준다.
3. 온도 외에 길이, 무게, 부피, 넓이, 속도, 시간 등을 측정하는 표준화된 도구가 있음에 대해 이야기하고 이러한 측정 방법이 왜 필요한지에 대해 알아보면서 과학과 수학 개념을 확장할 수 있도록 도와준다(활동지 2, 활동지 3).

달라진 온도계

★ 교실의 과학 영역과 실외 놀이터에 온도계를 두고 현재의 온도를 빨간색으로 표시하세요. 약 1시간 후에 다시 온도계를 관찰하고 다시 빨간색으로 표시해 보세요.

현재

(예)

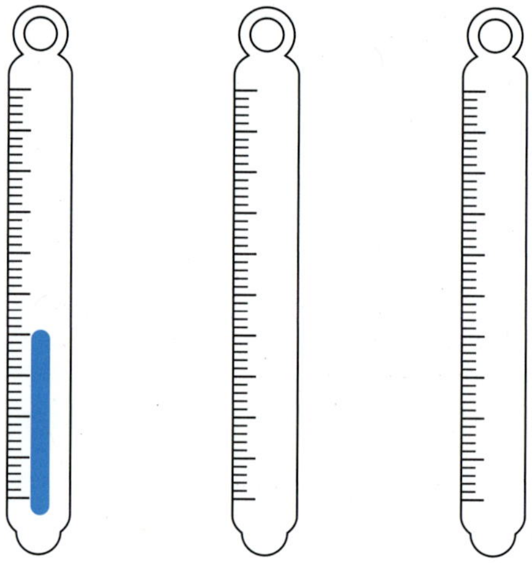

과학 영역 실외 놀이터

1시간 후

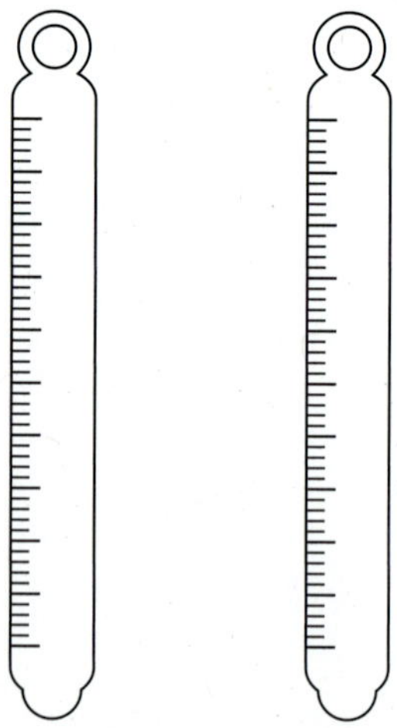

과학 영역 실외 놀이터

tip: 실제 온도계와 크기를 같게 그려 놓는다.

활동지 2

나도 잴 수 있어요

★ 다음 그림은 길이와 무게나 부피를 재는 도구의 그림입니다.

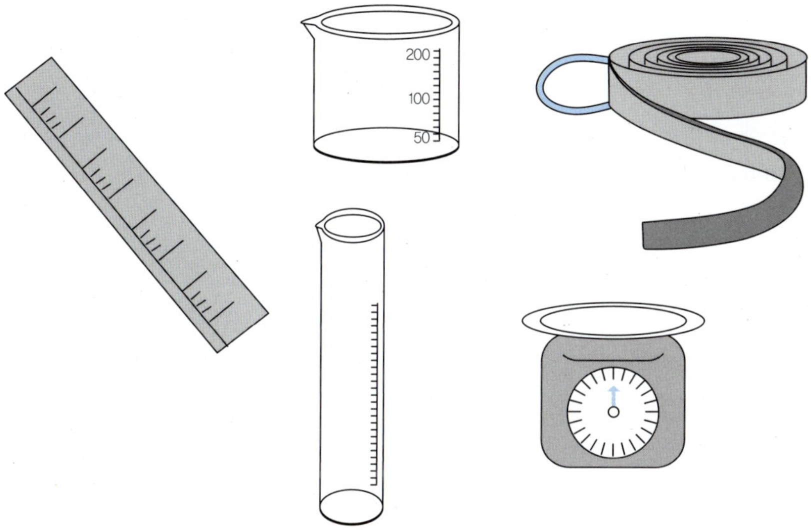

1. 길이를 재는 도구의 그림을 찾아 ○표 하고 이름을 쓰시오.

2. 무게를 재는 도구의 그림을 찾아 △표 하고 이름을 쓰시오.

3. 부피를 재는 도구의 그림을 찾아 □표 하고 이름을 쓰시오.

활동지 3

어떻게 잴까요?

★ 넓이, 속도, 시간 등을 측정하는 다양한 방법이 있어요.

1. 넓이를 재어야 해요.

"얼마나 넓은지"
몸을 이용해 측정해 보세요.
도구를 이용해 측정해 보세요.

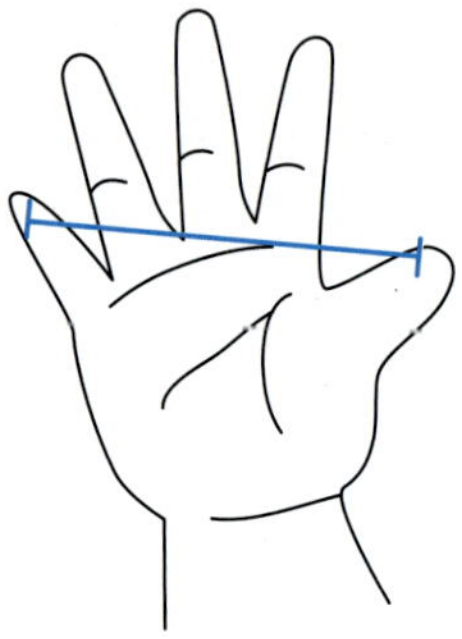

2. 속도를 재어야 해요.

"얼마나 빠른지"
몸을 이용해 측정해 보세요.
도구를 이용해 측정해 보세요.

3. 시간을 재어야 해요.

"몇 시 몇 분"
몸을 이용해 측정해 보세요.
도구를 이용해 측정해 보세요.

생활도구

우리는 쌍둥이

활동목표:

- 거울의 성질을 탐구한다.
- 다양한 거울의 용도를 안다.

누리과정 관련 요소:

자연탐구 영역 – 과학적 탐구하기 – 간단한 도구와 기계 활용하기

논리·논술 목표:

- 비판적 사고: 탐구하기
- 창의적 사고: 정교성

활동자료:

전신거울, 경첩으로 연결된 전신거울, 손거울, (테두리에 테이프 처리를 한) 유리, 오목거울, 볼록거울, 여러 가지 반쪽 그림 카드, 반쪽 그림 카드를 비출 거울

활동지 1 – 다르게 보여요

활동지 2 – 나와 거울

활동지 3 – 반쪽을 찾아라

활동지 4 – 오목거울과 볼록거울 관찰하기

활동지 5 – 손거울과 유리 관찰하기

활동방법:

1. 집이나 유치원 교실에서 나를 비추는 물건을 생각하고 찾아본다(활동지 1).
2. 전신거울에 자신의 모습을 다양하게 비춰 보면서 거울의 역할에 대해 이야기한다.
3. 두 명의 유아가 짝을 지어 한 유아가 거울이 되고 다른 유아는 거울에 비친 상이 되어 따라해 보고 느낀 점을 이야기해 본다(활동지 2).
4. 대칭이 될 수 있는 다양한 반쪽 그림 카드에 거울을 대보고 비춰지는 모습을 관찰한다(활동지 3).

확장활동:

1. 거울의 성질을 보다 깊이 탐구하기 위한 활동으로 경첩으로 연결된 전신거울을 각이 생기게 한 후 비춰진 모습을 살펴본 후 거울의 간격을 점점 좁히면(넓히면) 어떻게 보일지 생각해보고 변화를 관찰한다.
2. 거울의 종류에 따른 같은 점과 다른 점이 무엇인지 탐구하기 위해 오목거울과 볼록거울을 제공하여 비치는 모습을 살펴본다(활동지 4).
3. 거울과 비슷한 역할을 하는 물체를 살펴보기 위해 손거울과 유리를 주어 같은 점과 다른 점에 대해 생각해 본 후, 햇빛을 비춰 다른 점이 무엇인지 알아본다(활동지 5).

활동지 1

다르게 보여요

★ 내가 잘 보이는 물건, 나의 모습이 다르게 보이는 물건, 내가 여러 개로 보이는 물건들을 찾아서 분류해 보고 그려 보세요.

내가 잘 보이는 물건	나의 모습이 다르게 보이는 물건	내가 여러 개로 보이는 물건

활동지 2

나와 거울

★ 왼쪽에 내 사진을 붙이고 오른쪽에는 거울에 비친 내 사진의 모습을 상상해서 그려 보세요. 다 그린 후 사진을 찍어 비교해 보세요.

내 사진	거울에 비친 내 사진

활동지 3

반쪽을 찾아라

★ 다음 그림을 거울에 비추었다고 생각하고 나머지 반쪽 그림을 완성하세요.

활동지 4

오목거울과 볼록거울 관찰하기

★ 오목거울과 볼록거울을 관찰해 보고 같은 점과 다른 점을 생각해 보세요.

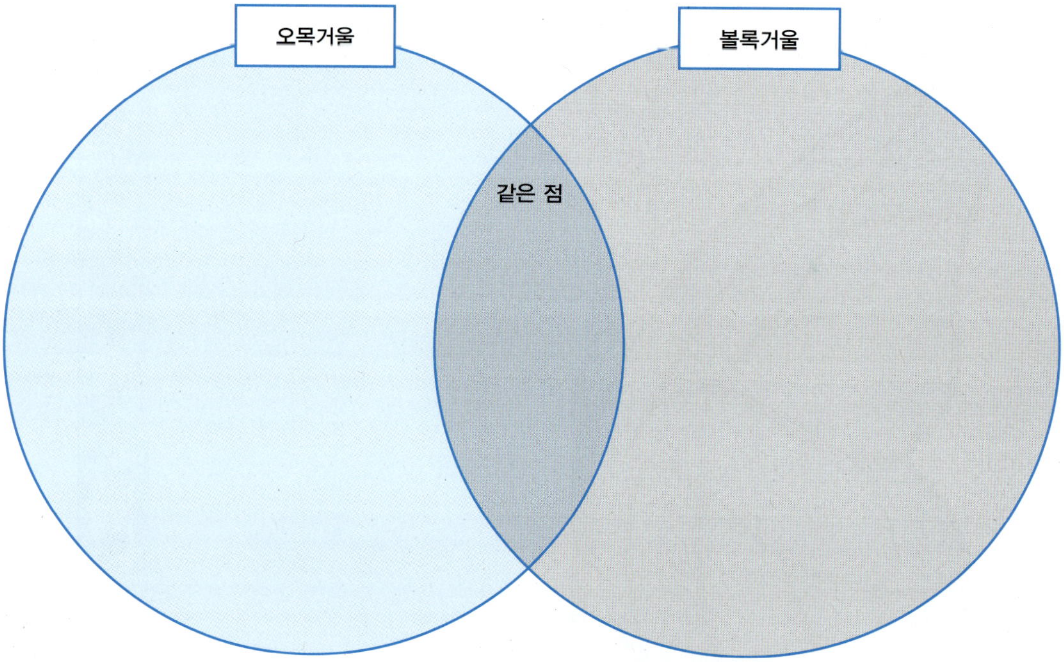

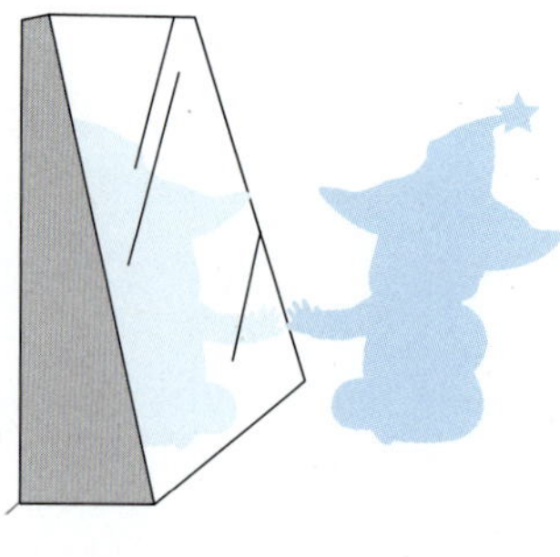

활동지 5

손거울과 유리 관찰하기

★ 손거울과 유리를 관찰해 보고 같은 점과 다른 점을 이야기해 보세요.

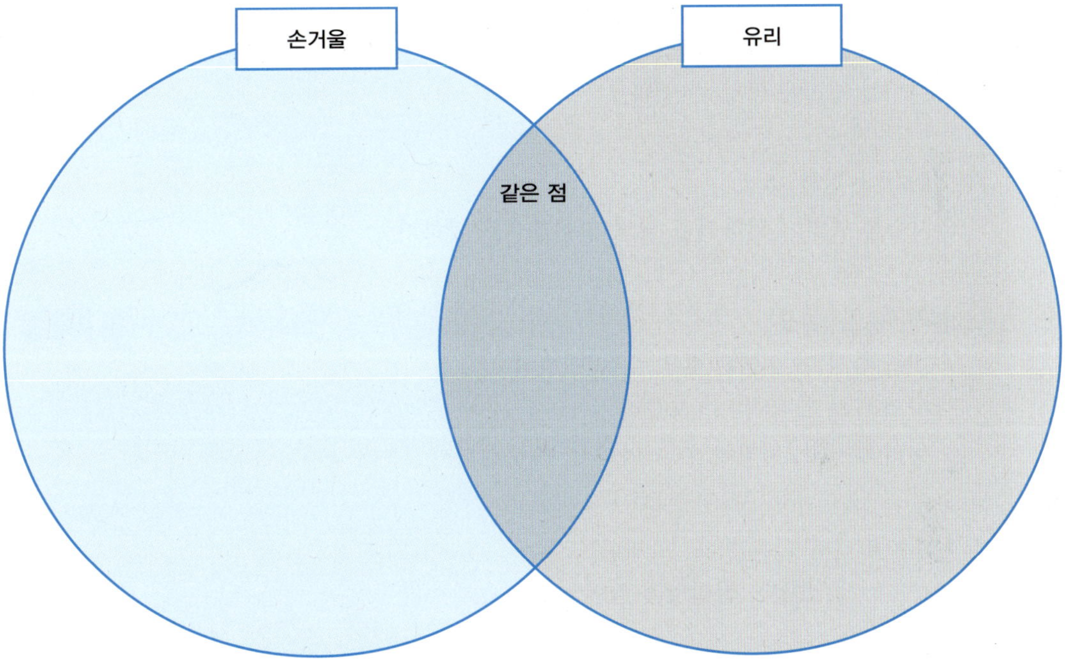

교통기관

비눗방울 낱말 기차

활동 목표:

- 같은 글자의 모양을 보고 구별할 수 있다.
- 다양한 낱말을 말할 수 있다.

누리과정 관련 요소:

의사소통 영역 – 말하기 – 낱말과 문장으로 말하기

논리 · 논술 목표:

- 비판적 사고: 인과관계 알기, 판단하기
- 창의적 사고: 유창성, 상상력
- 논리적 사고: 관찰하기, 기억하기, 재구성하기

활동자료: '리' 글자 카드, 노래판
활동지 1 – 끝말잇기 놀이

활동방법:

1. 교사가 '리' 글자 카드와 노래판을 이용해 노래('리리리 자로 끝나는 말은')를 불러 주고 같은 글자로 끝나는 낱말을 말하게 한다.
2. 동물원에서 친구들과 비눗방울 놀이를 한다면 어떨까 상상해 보자고 한다.
3. 비눗방울에 쓰인 글자를 이용해 끝말이 이어지도록 낱말을 만들어 본다(활동지 1).

확장활동:

끝말잇기 놀이를 통해 같은 글자가 들어 있는 낱말을 더 재미있게 배울 수 있도록 도와준다.

활동지 1

끝말잇기 놀이

★ 예홍이가 비눗방울 놀이를 하고 있어요. 비눗방울에 쓰인 글자를 이용해 끝말이 이어지도록 낱말을 만들어 얘기해 보고 써 보세요.

동물원

→	→	→	→	

글자친구 찾기

교통기관

활동목표:

– 같은 글자의 모양을 보고 구별할 수 있다.
– 다양한 낱말을 말할 수 있다.

누리과정 관련 요소:

의사소통 영역 – 읽기 – 읽기에 흥미 가지기

논리 · 논술 목표:

– 창의적 사고: 독창성, 유창성, 융통성, 상상력
– 논리적 사고: 분류하기

활동자료:

('기', '선', '차', '꽝'이 쓰여 있는) 삼각주사위, (빨간색, 노란색, 파란색) 색연필
활동지 1 – 같은 색 글자친구
활동지 2 – 누구일까요?

활동방법:

1. 활동지 1 과 색연필(빨간색, 노란색, 파란색)을 준비한다.
2. 활동 순서를 정한 후 어떤 글자('기', '선', '차')로 끝나는 탈 것에 색칠할지 결정한다.
3. 삼각주사위를 던져 자기가 색칠하기로 결정한 탈 것의 끝 글자(예 '기')가 나오면 활동지 1 의 그림에 색칠한다(활동지 1).

확장활동:

교사는 활동지 2 처럼 같은 글자로 시작하거나 끝나는 낱말에 대해 이야기할 수 있는 다양한 활동지를 활용한다.

활동지 1

같은 색 글자친구

★ 다음 그림에서 '기'로 끝나는 탈 것에는 빨간색을 칠하고, '선'으로 끝나는 탈 것에는 노란색을 칠하고, '차'로 끝나는 탈 것에는 파란색을 칠하세요.

여객기 유조선 구급차

화물선 경찰차 화물기

전투기 여객선 소방차

활동지 2

누구일까요?

★ 같은 글자로 시작하거나 끝나는 낱말이 있는 칸을 색칠해 보고, 완성된 그림을 큰 소리로 말하고 보기에서 그림의 이름에 ○표 하세요. 그리고 점선을 따라 써 보세요.

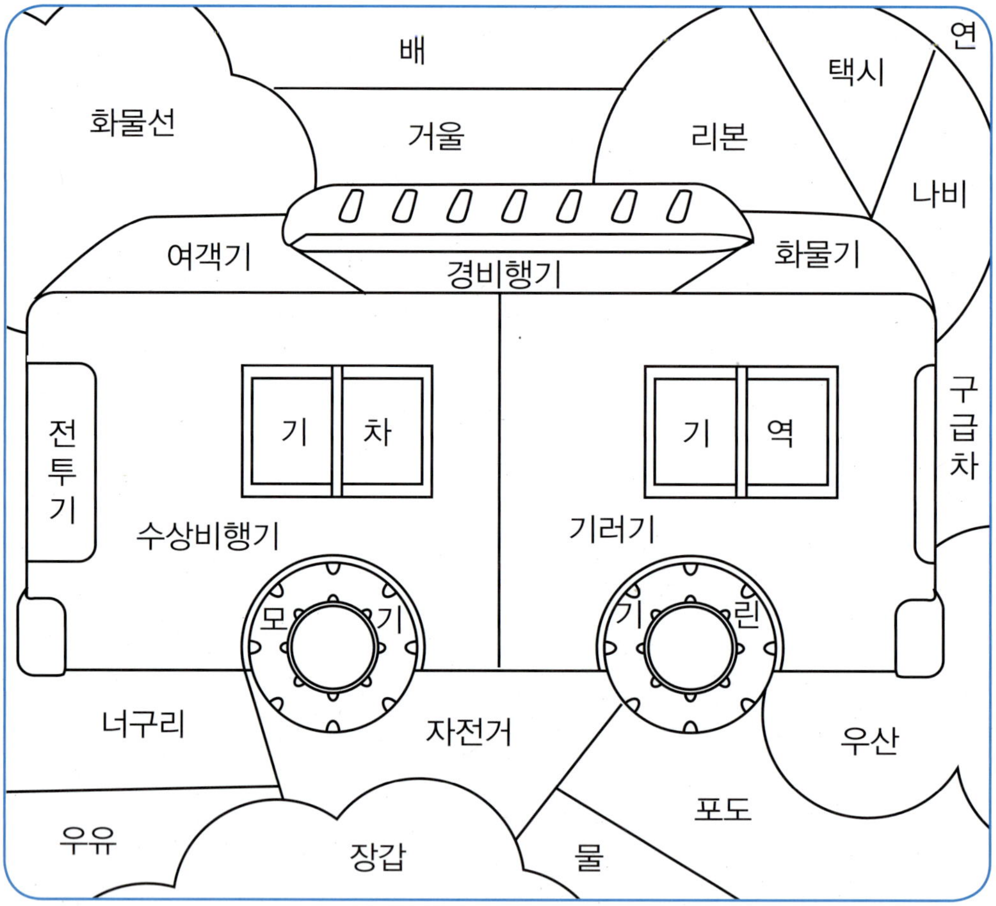

보기

당근 버스 곰 바나나 모자

우리나라

우리나라의 고유음식

활동목표:

- 우리나라 고유음식에 관심을 가진다.
- 우리나라 고유음식의 이름을 안다.

누리과정 관련 요소:

사회관계 영역 – 사회에 관심 갖기 – 우리나라에 관심 갖고 이해하기

논리·논술 목표:

- 관심 갖기, 주장하기
- 유창성
- 비교하기, 분류하기, 설명하기, 관찰하기

활동자료: 전통음식(예 떡, 한과, 식혜 등)

활동지 1 – 우리나라의 전통음식 찾아보기

활동지 2 – 내가 더 좋아하는 음식은?

활동방법:

1. 우리나라의 고유음식을 관찰하고 탐색한 후 먹어 본다.
2. 우리나라 고유음식의 모양과 맛, 색깔 등에 관해 이야기해 본다.

확장활동:

1. 우리나라 고유음식과 비교할 만한 요즈음의 음식(패스트푸드)에는 무엇이 있는지 관심을 가져 본다(활동지 1).
2. 요즘의 패스트푸드와 우리나라 고유음식을 보고 자신이 더 좋아하는 음식과 그 이유를 설명해 본다(활동지 2).

우리나라의 전통음식 찾아보기

★ 패스트푸드 대신 먹을 수 있는 우리나라의 고유음식에는 무엇이 있을까요?

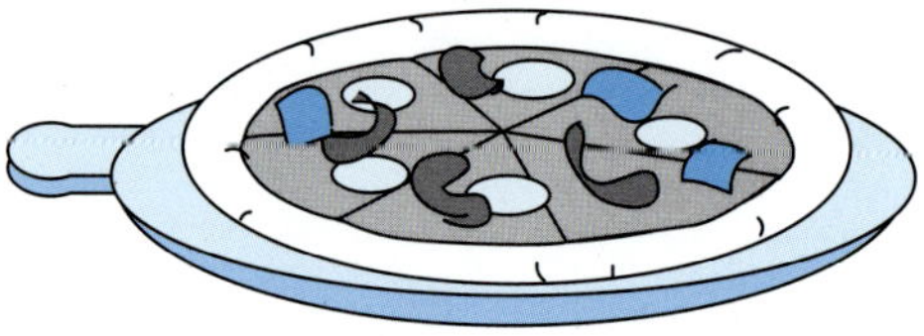

활동지 2

내가 더 좋아하는 음식은?

★ 내가 좋아하는 음식의 이름과 이유를 알아봅시다.

1. 우리나라 음식을 아는 대로 써 보세요.

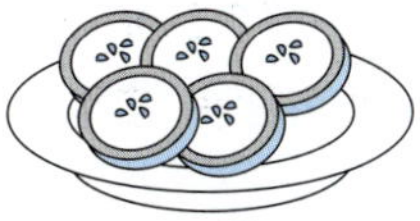

2. 우리나라 음식이 더 좋은 이유를 써 보세요.

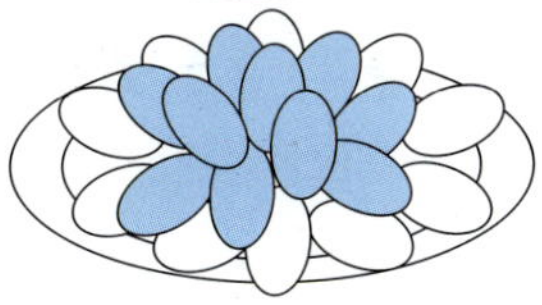

1. 좋아하는 패스트푸드를 아는 대로 써 보세요.

2. 패스트푸드가 더 좋은 이유를 써 보세요.

우리나라의 전통놀이

우리나라

활동목표:
– 우리나라의 전통놀이에 관심을 갖는다.

누리과정 관련 요소:
사회관계 영역 – 사회에 관심 갖기 – 세계와 여러 문화에 관심 가지기

논리 · 논술 목표:
– 관심 갖기
– 유창성
– 설명하기, 비교하기, 재구성하기
– 존중하기, 주의 기울이기

활동자료:
놀이 그림, 놀이 도구
활동지 1 – 우리나라의 놀이

활동방법:
1. 우리나라 놀이의 종류를 아는 대로 말해 본다.
2. 놀이 그림을 보며 놀이 방법을 설명해 본다(활동지 1).

확장활동:
우리나라의 놀이와 다른 나라의 놀이를 비교해 보고 공통점과 차이점을 설명해 본다.

활동지 1

우리나라의 놀이

★ 가장 재미있게 놀아 본 적이 있는 우리나라와 다른 나라 놀이는 무엇인가요?

★ 그중 한 가지만 소개해 볼까요?

1. 놀이 이름은 무엇입니까?

2. 놀이 도구 그림을 그려 주세요.

3. 어디서 하나요?

4. 어떻게 놀이하나요?

세계 여러 나라

세계 여러 나라의 인사

활동목표:

- 다른 나라의 인사말에 관심을 가진다.
- 다른 나라의 인사를 할 수 있다.
- 여러 나라의 언어는 달라도 마음은 같다는 것을 이해한다.

누리과정 관련 요소:

사회관계 영역 – 사회에 관심 갖기 – 세계와 여러 문화에 관심 가지기

논리·논술 목표:

- 관심 갖기
- 융통성
- 추론하기, 설명하기
- 타인의 정서 이해하기
- 감정이입하기

활동자료: 나라별 인사말 카드, 〈세계의 아침인사〉 노래
활동지 1 – 세계의 친구들은 어떻게 인사할까?

활동방법:

1. 〈세계의 아침인사〉 노래를 통해 다양한 나라의 인사말을 익혀 본다.
2. 나라마다 인사할 때 독특한 신체 행동을 함께 해본다.

확장활동:

1. 여러 나라의 인사말에 관심을 갖고 조사해 본다(활동지 1).
2. 인사할 때 세계 여러 나라 사람들의 마음은 어떨지 예측해 본다.

활동지 1

세계의 친구들은 어떻게 인사할까?

한국

중국

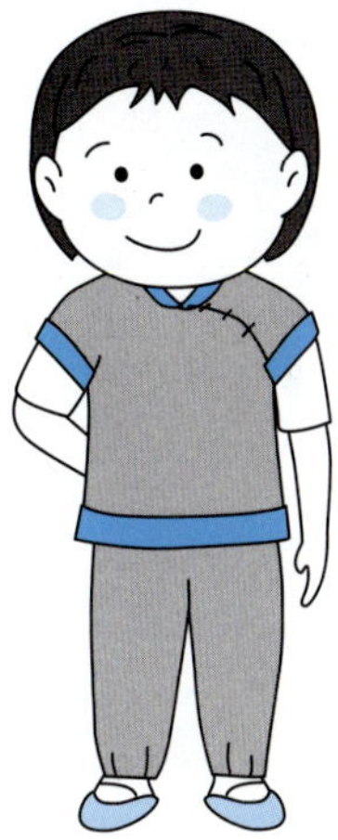

일본

인도

미국

프랑스

하와이

페루

세계 여러 나라

나라마다 달라요

활동목표:

- 여러 나라의 다양한 생활상에 관심을 가진다.
- 나라마다 모습은 다르지만 쓰임새가 같은 것들이 있다는 것을 안다.

누리과정 관련 요소:

사회관계 영역 – 사회에 관심 갖기 – 세계와 여러 문화에 관심 가지기

논리 · 논술 목표:

- 관심 갖기
- 유창성
- 비교하기, 설명하기, 기억하기
- 감상하기

활동자료: 각 나라를 대표하는 유명한 장소, 동상, 집, 의상 등의 그림이나 사진

활동지 1 – 어느 나라의 것일까요?

활동방법:

1. 각 나라를 대표하는 유명한 장소, 동상, 집, 의상 등의 그림이나 사진을 보고 어느 나라에서 볼 수 있는지 이야기해 본다(활동지 1).
2. 각 나라의 것 중 두세 가지 정도만 같은 점과 다른 점 등을 비교해 본다.

확장활동:

유아가 스스로 감상하고 탐색하여 발견한 사실들을 이야기할 수 있도록 충분하고 매력적인 자료를 제공해 주며 분류하기 공통점 찾기 등을 잘 할 수 있도록 적절한 발문을 한다.

활동지 1

어느 나라의 것일까요?

★ 나라 이름을 써 보세요.

환경과 생활

날씨이야기

활동 목표:

- 동시를 즐겁게 듣는다.
- 동시를 짓는다.

누리과정 관련 요소:

예술경험 영역 – 예술적 표현하기 – 통합적으로 표현하기

논리 · 논술 목표:

- 가정하기, 관심 갖기
- 유창성

활동자료: 기후를 나타내는 그림 자료, 동시판, 펜

활동지 1 – 동시 짓기: 어떤 날씨일까?

활동방법:

1. 오늘의 날씨, 좋아하는 날씨, 사계절의 날씨 등 날씨에 관해 여러 가지 이야기를 나눈다.
2. 여러 날씨에 초점을 두어 예측해 본다.
3. 여러 날씨에 관해 다양한 표현으로 동시를 지어 본다(활동지 1).
4. 완성된 동시를 읽어 보고 느낌을 나눈다.

확장활동:

유아들이 날씨에 대한 자신의 생각을 자유롭고 창의적으로 표현하도록 지지해 주고 동시의 아름다움을 느낄 수 있도록 지도한다.

활동지 1

동시 짓기: 어떤 날씨일까?

• 어떤 날씨일까?

____________________ 안개 낀 날

• 어떤 날씨일까?

____________________ 바람 부는 날

• 어떤 날씨일까?

____________________ 소나기 오는 날

• 어떤 날씨일까?

____________________ 푸른 하늘의 날

• 어떤 날씨일까?

____________________ 추운 날

환경과 생활

거미가 살고 있어요

활동목표:

- 거미의 특징을 안다.
- 거미의 서식지를 안다.

누리과정 관련 요소:

자연탐구 영역 – 과학적 탐구하기 – 생명체와 자연환경 알아보기

논리 · 논술 목표:

- 비판적 사고: 탐구하기
- 창의적 사고: 독창성, 정교성, 상상력
- 논리적 사고: 관찰하기

활동자료: 여러 장의 거미집 사진, 돋보기, 다양한 종류의 실

활동지 1 – 우리 집 알려주기

활동방법:

1. 사진을 통해 거미집을 관찰한 후 특징을 설명한다.
2. 유아들과 함께 관찰한 거미집을 몸으로 표현해 본다.
3. 다양한 종류의 실로 거미집을 만들어 본다.
4. 동물마다 사는 집이 서로 다르다고 설명하고 각 동물과 사는 집을 연결해 본다(활동지 1).

확장활동:

1. 유아의 흥미에 따라 동물들은 모두 각각의 습성에 맞는 집에서 알맞은 먹이를 먹으면서 살아간다는 것까지 익힐 수 있게 도와준다.
2. 1을 위해 〈집 – 먹이 퍼즐판〉을 만들어 각각의 집과 먹이를 찾아 주는 활동을 할 수 있다.

활동지 1

우리 집 알려주기

★ 여러 가지 동물과 집 그림을 살펴보고, 바르게 연결해 보세요.

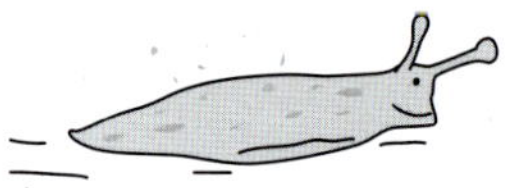
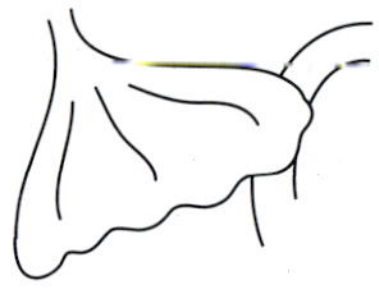

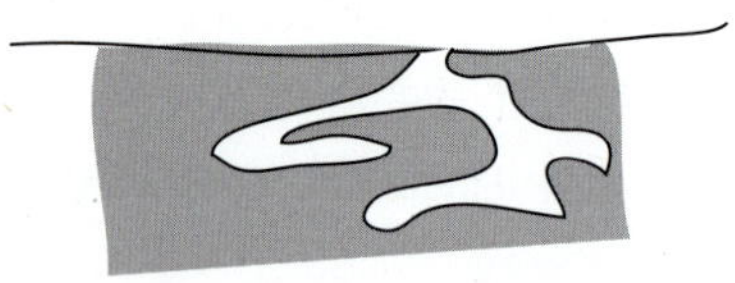

봄, 여름, 가을, 겨울

우리는 친구

활동목표:

- 빛의 성질에 대해 이해한다.
- 그림자가 생기는 원리를 안다.
- 그림자의 크기가 변화함을 안다.

누리과정 관련 요소:

자연탐구 영역 – 과학적 탐구하기 – 물체와 물질 알아보기

논리 · 논술 목표:

- 비판적 사고: 탐구하기
- 창의적 사고: 독창성, 정교성, 융통성
- 논리적 사고: 추론하기, 관찰하기, 예측하기, 문제 해결

활동자료:

레이저 포인터, 손전등(또는 갓 없는 백열등, 촛불 등), 유아의 키만큼 큰 흰 천(또는 창호지와 같은 흰 종이), 환등기

활동지 1 – 나 따라 해봐라!

활동지 2 – 그림자는 쌍둥이

활동지 3 – 변하는 그림자

활동방법:

1. 여러 가지 생물(예 게, 뱀, 사람 등)의 움직임에 대해 이야기 나눈다.
2. 빛의 움직임에 대해 생각해 본 후 레이저 포인터로 빛이 앞으로 똑바로 나아가는 것을 보여 준 후 유아가 빛이 되어 움직이도록 해 본다.
3. 빛의 친구 그림자에 대한 수수께끼를 낸다.
4. 손전등(또는 갓 없는 백열등, 촛불 등)을 이용하여 그림자가 어떻게 생기는지에 대해 이야기 나누기를 한다(활동지 1).
5. 한 쪽 벽면에 유아의 키만큼 큰 흰 천(또는 창호지와 같은 흰 종이)을 붙이고 유아의 몸

전체를 비출 수 있는 거리에 환등기를 놓아두고 한 유아씩 나와 그림자 놀이를 한다(활동지 2).

확장활동:

1. 환등기의 위치에 따라 그림자의 크기와 모양이 어떻게 달라지는지 관찰한다(활동지 3).
2. 같은 물건에도 항상 같은 그림자가 아닌 다른 그림자를 가릴 때도 있음에 대해 이야기해 보고 다양한 그림자의 모양이 생기는 이유에 대해 생각해 본다.
3. 그림자 놀이는 햇빛 좋은 실외 놀이터에서도 할 수 있다.

활동지 1

나 따라 해봐라!

★ 그림자를 생기게 하는 것은 무엇인지 생각해 보세요. 또 그림자는 어떻게 하면 없어질까 생각해 보세요.

★ 모든 물체에는 그림자가 있을까요? 친구들과 이야기해 보세요.

활동지 2

그림자는 쌍둥이

★ 자기가 하고 싶은 동작을 표현해 보고 친구들과 이야기 나누어 보세요. 그리고 자신이 표현한 동작을 그림으로 그려 보세요.

활동지 3

변하는 그림자

★ 나는 가만히 있어도 해가 움직이면 그림자는 계속 변해요. 해가 만들어 주는 내 그림자를 생각해 보고 그림으로 그려 보세요.

봄, 여름, 가을, 겨울

완두콩 오형제

활동목표:

- 꽃이 지면 씨앗과 열매가 생긴다는 것을 안다.
- 씨앗과 열매의 모양이 다양함을 안다.

누리과정 관련 요소:

자연탐구 영역 – 과학적 탐구하기 – 자연현상 알아보기

논리·논술 목표:

- 비판적 사고: 탐구하기
- 창의적 사고: 유창성, 정교성
- 논리적 사고: 관찰하기

활동자료:

〈완두콩 오형제〉 그림책, 완두콩의 한살이를 그린 그림 카드 4장과 설명 카드 4장

활동지 1 – 완두콩이 자라요

활동지 2 – 계절과 과일

활동지 3 – 과일의 속 모양

활동방법:

1. 〈완두콩 오형제〉 그림책을 읽고 우리 주변 식물의 한살이에 대해 자세히 알아보자고 한다.
2. 씨앗에서 꽃을 피우고 열매를 맺기까지 완두콩의 한살이에 대해 그림 카드와 설명 카드를 보면서 살펴본다.
3. 완두콩의 한살이를 순서대로 그려 본다(활동지 1).
4. 식물들이 열매를 맺는 시기는 모두 다르다고 얘기하고 어떤 계절에 어떤 열매가 열리는지 알아본다(활동지 2).
5. 식물의 열매가 가지고 있는 각각 다른 모양과 크기, 색깔의 씨앗을 살펴본다(활동지 3).

확장활동:

1. 흥미가 높은 유아에게는 식물의 다양한 번식 방법에 대하여도 알려 준다.
2. 〈동산 그림판〉을 그려 민들레, 우엉, 보리수 씨앗 등에게 알맞은 번식 스티커를 짝지어 붙여 주는 활동을 통해 일대일 대응 개념과 비교 개념도 익힐 수 있다.

활동지 1

완두콩이 자라요

★ 완두콩이 자라는 과정을 생각해 보고 그려 보세요.

콩을 심어요

싹이 나요

꽃이 피어요

열매를 맺어요

활동지 2

계절과 과일

★ 어떤 계절에 어떤 과일 열매가 열리는지 찾아보고 그려 보세요.

봄	여름
가을	겨울

활동지 3

과일의 속 모양

★ 맛있는 과일의 속 모양은 어떻게 생겼을까요? 먼저 상상해서 그려보세요. 과일을 반으로 자르고, 자른 면을 관찰한 후 사진을 찍어 붙여 보세요. 관찰한 내용을 설명해 보세요(써 보세요).

귤 〈그려 보아요〉	귤 〈사진을 붙여요〉	귤
사과 〈그려 보아요〉	사과 〈사진을 붙여요〉	사과
키위 〈그려 보아요〉	키위 〈사진을 붙여요〉	키위

찾아보기

인명

내용

ㄱ

ㅈ

저자 약력

김헤라

이화여자대학교 물리학과 졸업
서울대학교 대학원 아동학 전공 박사
서울대학교 부속어린이집 주임교사 역임
서울대학교 소비자아동학부 강사 역임
現) 대덕대학교 유아교육과 교수

김지영

이화여자대학교 유아교육학과 졸업
이화여자대학교 교육대학원 졸업(유아교육전공)
안양대학교 일반대학원 교육학과 박사
한양여자대학교 부속유치원 원감 역임
한양여자대학교 유아교육과 겸임교수 역임
現) 대덕대학교 유아교육과 교수

지경진

서울대학교 아동가족학과 졸업
서울대학교 대학원 아동학 전공 박사수료
서울대학교 부속어린이집, 서울 법원 어린이집 등 교사 역임
한국방송통신대학교, 백석문화대학 등 강사 역임

성연승

한양대학교 가정관리학과 졸업
한양대학교 교육대학원 졸업(유아교육전공)
한양여자대학교 부속유치원 연구교사 역임
명지대학교 · 한남대학교 · 한양대학교 사회교육원, 한양여자대학교 등 강사 역임
現) 충청대학교 유아교육과 외래교수

제3판
유아 논리 · 논술 교육

1판 1쇄 발행 2011년 8월 10일
1판 2쇄 발행 2012년 3월 10일
2판 1쇄 발행 2013년 2월 28일
2판 3쇄 발행 2015년 8월 10일
3판 1쇄 발행 2018년 3월 10일
3판 2쇄 발행 2020년 8월 20일

지 은 이 | 김헤라 김지영 지경진 성연승
발 행 인 | 박철용
발 행 처 | 양서원
주 소 | 경기도 파주시 직지길 522 파주출판도시
전 화 | 031-955-8000(代)
팩 스 | 031-955-8005
홈페이지 | www.yswpub.co.kr
이 메 일 | yswgroup@naver.com
출판등록 | 1987년 11월 24일 제 406-2003-037 호

ISBN 978-89-994-0815-1

정가 18,000원